Wagenbachs Taschenbücherei

Die Reihe mit dem Karnickel

PETER BRÜCKNER

Freiheit, Gleichheit, Sicherheit

Von den Widersprüchen des Wohlstands

Mit einem Vorwort von Ulrich K. Preuß

Verlag Klaus Wagenbach Berlin

Wagenbachs Taschenbücherei 163
Neuausgabe

Umschlaggestaltung: Rainer Groothuis unter Verwendung des Gemäldes *Hundert Jahre Wacht am Rhein* (1983) von Gudrun Differenz
Gesamtherstellung: Druckerei Wagner, Nördlingen
 Printed in Germany. ISBN 3 8031 2163 9

INHALT

Ulrich K. Preuß

Die Risiken der Sicherheit

I.

Jede Revolution ist unvollendet. Bisher hat noch der Eigensinn jeder Revolution, gerade auch, wenn sie siegreich gewesen ist, die Revolutionäre um ihre Hoffnungen betrogen. Die Erben der Revolution pflegen sich wenig um deren Utopien zu kümmern, denn sie sind damit beschäftigt, den Geist der Revolution zu veralltäglichen und in die Normalität einer neuen Ordnung zu überführen. Erst hier entscheidet sich ihr endgültiges historisches Schicksal. Die revolutionäre Beseitigung einer alten Ordnung geschieht im Namen neuer Ideen und Prinzipien, deren ordnungsgestaltende Kraft sich nicht nur an den Restbeständen der alten Ordnung bricht, wie die Protagonisten der Oktoberrevolution meinten, sondern vielleicht mehr noch an der durch die Revolution selbst freigesetzten Dynamik neuer Interessen und Herrschaftsansprüche. Der Universalismus der Prinzipien der Großen Französischen Revolution endete in der Herrschaft Bonapartes, der der Oktoberrevolution in dem Regime Stalins, und selbst die – historisch mit jenen Revolutionen gewiß nicht vergleichbaren – antikapitalistischen Revolten von 1968 führten zunächst vor allem nur zu einer Modernisierung und Optimierung eines sklerotisch gewordenen autoritären Ordnungs- in einen konsensuellen Sozialkapitalismus.

Es wäre indessen ganz falsch, aus dieser Selbsterschöpfung der Revolution auf die Kraftlosigkeit ihrer utopischen Gehalte zu schließen. Revolutionen, und die Große Französische zumal, bewirken einen Bruch der historischen Kontinuität und erzeugen ein neues Zeitbewußtsein, das die französische Revolution auch äußerlich sichtbar durch die Einführung des republikanischen Kalenders dokumentierte, nach dem der Gründungstag der Republik, der 22. Sept 1792, der erste Tag des ersten Jahres eines neuen Zeitalters wurde; auch wenn dieser Kalender dann im Jahre 1805 wieder abgeschafft wurde, beseitigte er doch nicht den ihm vorausliegenden Gründungsmythos, der von nun an weniger die Erinnerung an das tatsächliche Geschehen der Revolution selbst als das Niveau der Reflexion prägte, in der sich das heraufziehende bürgerliche Zeitalter – in welch verzerrter Gestalt auch immer – mit ihrem Gründungsgeist unentrinnbar konfrontiert sah. Die Revolutionen des 18. Jahrhunderts etablierten nicht nur die bürgerliche Klassen- und Herrschaftsordnung im Namen universeller Prinzipien, sondern sie eröffneten zugleich eine Epoche gesellschaftlicher

Selbstinterpretation und Selbstkritik. Sie beruhten auf der naturrechtlich begründeten Überzeugung der Verfügbarkeit der Gesellschaft durch freie und gleiche Individuen und damit auch auf der Behauptung ihrer Verantwortlichkeit für ihre Geschichte. Rousseau beginnt das erste Kapitel seines Gesellschaftsvertrages mit den selbstbewußten Worten: »Der Mensch wird frei geboren, aber überall liegt er in Ketten. (...) Wie ist es zu dieser Entwicklung gekommen? Ich weiß es nicht. Was kann sie rechtmäßig machen? Ich glaube, daß ich dieses Problem lösen kann« – und entwickelt dann in seinem *Contrat Social* die Bedingungen einer Gesellschaft, in der die Individuen stets um die gesellschaftliche Konstitution ihrer Freiheit wissen. Erst durch diese, in den geschichtsphilosophischen Systemen Hegels und Marx' am konsequentesten vorangetriebene Rückbezüglichkeit der Gesellschaft auf sich selbst wird die Revolution als ein bloßes, in der Vergangenheit liegendes historisches Ereignis transzendiert und zum fortwirkenden Maßstab für die Qualität der gesellschaftlichen Ordnung.

II.

Es ist dieses Reflexionspotential der Revolution, das kritische Intelektuelle immer wieder ihre Gedanken um die unvollendete Revolution hat kreisen lassen und die jenen zornig-melancholischen Unterton erklärt, der uns durch die Literatur der letzten zweihundert Jahre so vertraut geworden ist. Sie sind keine Revolutionäre – und gewiß war Peter Brückner keiner –, sondern das lebendige und verletzliche Gedächtnis, in dem die bürgerliche Gesellschaft an ihre Gründungsideen erinnert, ja ständig von ihnen belästigt wird. Lästig und unbequem war Brückners ›Freiheit, Gleichheit, Sicherheit‹ bei seinem Erscheinen im Jahre 1966, in einer Phase der Nachkriegsentwicklung, in der die Geschichte stillzustehen schien, gewiß; nicht so sehr wegen der Konfrontation der Ideen der französischen Revolution mit der tristesse der damaligen Situation – dies ließ sich leicht als abstrakter Radikalismus abtun –, sondern weil er, teilweise mehr intuitiv als analytisch, die innere Logik einer Revolution entfaltete, die deshalb von Anbeginn »unvollendet« blieb, weil sie die bürgerliche Klassenperspektive am Ende nicht überschritt. Es geht in dem Buch nicht um den trivialen Widerspruch zwischen Norm und Wirklichkeit; es pochen da nicht uneingelöste Postulate an das Gehäuse einer unvollkommenen Wirklichkeit. Was der Analyse Brückner's diese angstvolle Einfärbung gibt, ist im Gegenteil die Befürchtung einer ganz und gar verkehrten Einlösung des Universalismus der französischen Revolution: daß »Gleichheit Konformität, das Bedürfnis nach Glück Konsumption und Freiheit zur ohne äußeren Zwang gewährten unkritischen Zustimmung wird«, daß sich mithin Freiheit und Gleichheit des Staatsbürgers in die einverständliche Teilhabe konsumierender Klienten am materiellen Wohlstand der Gesellschaft verwandelt und Brüderlichkeit einen perversen Widerhall in der aggressionsbereiten Kameraderie militärischer Männerbünde findet.

Der Titel des Buchs hat einen ironisch-bitteren Beiklang: Freiheit, Gleichheit, Sicherheit – die Brüderlichkeit ist in der Wohlstandsgesellschaft offenbar dem Streben nach Sicherheit zum Opfer gefallen. Tatsächlich aber proklamierte bereits die Erklärung der Menschen- und Bürgerrechte von 1789 als natürliche und unveräußerliche Menschenrechte »Freiheit, Eigentum, Sicherheit und Widerstand gegen Unterdrückung«, und selbst die radikalere Menschenrechtserklärung von 1793 ändere daran nur insoweit etwas, als sie in Art. 2 der Freiheit, dem Eigentum und der Sicherheit das unveräußerliche Recht der Gleichheit voranstelle. Auch Sicherheit ist also ein von der französischen Revolution proklamiertes Menschenrecht[1]; sie »beruht auf dem Schutz, den die Gesellschaft jedem ihrer Glieder für die Erhaltung seiner Person, seiner Rechte und seines Eigentums zusichert« (Art. 8). Sie ist eine gesellschaftliche Garantie, die in der Morgenröte des bürgerlichen Zeitalters dem Menschenrecht auf Freiheit zum Verwechseln ähnlich sieht: im ursprünglichen Sinne bedeutet Sicherheit in den Menschenrechtserklärungen die Habeas-Corpus-Garantien des Schutzes vor willkürlicher Verhaftung, der Bestrafung allein aufgrund eines vor der Tat erlassenen Gesetzes, des Rechts auf den gesetzlichen Richter – sie bedeutet die Gewährleistung von Freiheit durch das Gesetz. Sicherheit ist nichts anderes als die öffentliche Garantie von Freiheit, und ihr polemischer Gegenbegriff ist die Willkür: die Willkür eines einzelnen ist der Despotismus, die der Menge ist die Anarchie. In den zehn Jahren von 1789 bis zum Staatsstreich des 18. Brumaire des Jahres VIII (1799) blieb der Rousseau'sche Grundgedanke unangefochten, daß der Mensch durch den Gesellschaftsvertrag zwar seine »natürliche Freiheit und ein unbegrenztes Recht auf alles (verliert), was ihn reizt und was er erreichen kann. Er gewinnt die bürgerliche Freiheit und das Eigentumsrecht auf alles, was er besitzt« – und er gewinnt die moralische Freiheit, »die allein den Menschen zum Herrn seiner selbst macht. Reine Begierde ist Sklaverei; Gehorsam dem Gesetz gegenüber, das man sich selber gegeben hat, ist Freiheit«[2]. Die durch das Gesetz vermittelte öffentlich-politische Freiheit, ihre Verankerung in der »politischen Vereinigung« der citoyens – dies ist die Sicherheit, die die Menschenrechtserklärungen der französischen Revolution im Sinn hatten und deren Pathos um nichts geringer war als das der Freiheit, der Gleichheit und des Widerstands gegen Unterdrückung. Ganz ähnlich hatte übrigens bereits die amerikanische Unabhängigkeitserklärung von 1776 argumentiert; sie hielt es für eine offenkundige Wahrheit, daß zu den unveräußerlichen Rechten aller Menschen Leben, Freiheit und das Streben nach Glück gehören, »daß zur Sicherung dieser Rechte Regierungen unter den Menschen eingesetzt werden, die ihre rechtmäßige Macht aus der Zustimmung der Regierten herleiten«, daß es das Recht des Volkes ist, seine Regierung so zu organisieren, »wie es ihm zur Gewährleistung seiner Sicherheit und seines Glücks geboten scheint«, und daß schließlich das Volk das Recht habe, eine despotische Regierung zu beseitigen und »neue Garanten für seine zukünftige Sicherheit vorzusehen«.

III.

Wie kommt es, daß Sicherheit diesen menschenrechtlich-begeisternden Charakter zunehmend verloren, als bourgeoise Sekurität und, wie Marx es formulierte, als »Versicherung des Egoismus«, eine eher verächtliche Konnotation erhalten hat und heute zum Codewort für eine Stimmungslage geworden ist, die zwischen verzweifelter Hoffnung und resigniertem Bangen schwankt? Verzweifelte Hoffnung: in paradoxer Weise versuchen wir, uns der Ubiquität von Bedrohungen und von Unsicherheit zu fügen und ihr gleichzeitig zu entrinnen, indem wir im Begriff der »Risikogesellschaft« das Unvermeidliche reflektieren, um wenigstens theoretische Gewißheit über die Schicksalhaftigkeit unserer unaufhebbaren Ungewißheit zu haben – so wie man in früheren Zeitaltern mit magischen Formeln das Ungreifbare zu bannen versuchte. Resigniertes Bangen: der Rechtsnachfolger des Staates, der in zwölf Jahren Tausende seiner Bürger auf grausamste Weise verfolgte und ermordete, einen historisch beispiellosen Genozid auf dem Verwaltungswege »durchführte« und einen Krieg anzettelte, der fünfzig Millionen Todesopfer forderte, entdeckt in aller Unschuld das »Grundrecht« seiner Bürger auf Sicherheit und gründet es auf die altabsolutistische Wahrheit des Thomas Hobbes: Furcht vor der Gefahr und Vertrauen in den Souverän, sie wirkungsvoll zu bekämpfen[3]. Seine Botschaft lautet: Sicherheit durch kontrollierende Eingrenzung der Gefahr, sei es durch soziale Isolierung und Absonderung der als gefährlich identifizierten Menschen, sei es durch umfassendes Staatswissen über die gesellschaftliche Normalität, in der stets mögliche Gefahren lauern, oder sei es durch die Wissensherrschaft über die Umstände, deren allgemeine Kenntnis die staatliche Legitimation in Frage stellen könnte. Zum Schutz vor Aids wird über gesetzliche Regelung zur

Isolierung von Aids-Kranken nachgedacht; die einzig nennenswerte Reaktion des Bundes nach dem Reaktorunfall von Tschernobyl bestand in der Verabschiedung des »Strahlenschutzvorsorgegesetzes«, durch das die Radioaktivitätsmessungen in den Ländern vereinheitlicht werden und die Bekanntgabe der Meßergebnisse dem Informationsmonopol des zuständigen Bundesministers überantwortet wird. Und all diese ominösen Sicherheitsgesetze, die den Bürgern den sicheren Genuß ihrer Rechte und Freiheiten versprechen, richten sich zu allererst auf die Perfektionierung der Erkenntnismöglichkeiten und des Informationsaustauschs der diversen Sicherheitsapparate.

Dies ist ein ferner Widerhall des menschenrechtlichen Programms der französischen Revolution, Freiheit durch Teilnahme an der Gesetzgebung und Sicherheit durch die Gesetzlichkeit der Regierung zu gewährleisten. Und doch liegt hierin möglicherweise nur die letzte Konsequenz einer Entwicklung, innerhalb derer auch das bürgerlich-revolutionäre Pathos der – als Sicherheit bezeichneten – öffentlich verbürgten Freiheit nur eine Etappe darstellt. Wie viele andere Begriffe so lassen sich auch Sicherheit und die staatliche Aufgabe, sie zu gewährleisten, als die Säkularisierung einer theologischen Wahrheit verstehen: als die Verweltlichung religiöser Heilsgewißheit, deren Erschütterung spätestens seit Luther offenkundig geworden war. Die durch Zweifel immer wieder erschütterte Gewißheit eines persönlichen Gottes, die Suche nach der Offenbarung seines Willens allein in der Heiligen Schrift, die sich zu blutigen Bürgerkriegen steigernden Kämpfe um die Wiederherstellung einer einheitlichen, verbindlichen Glaubenswahrheit in den europäischen Ländern des 16. und 17. Jahrhunderts reflektieren ein Krisenbewußtsein, dessen Übersetzung in den zu jener Zeit eröffneten politischen Diskurs sich als elementares Gefühl von Unsicherheit[4] äußere. Bereits der Humanismus des Erasmus hatte die Möglichkeit unterschiedlicher Auslegungen des Bibeltextes eingeräumt und damit dem sich abzeichnenden religiösen Fundamentalismus aller Religionsparteien – Luther nicht ausgenommen – eine »relativistische« Position entgegengesetzt. In Frankreich bildet sich vor allem unter dem Eindruck der blutigen Bartholomäusnacht von 1572 jene Gruppe von – zunächst im abwertenden Sinne – sogenannten »Politiques«, die die Lösung des politischen Handelns von den stets umstrittenen Maximen der Religion fordern und die Gewähr für die Sicherheit des Staates und seiner Untertanen in der souveränen Gewalt des Staates sehen, der nun nicht mehr als Schiedsrichter, geschweige denn als Partei in den Religionskämpfen fungiert, sondern als ein *pouvoir neutre*, dessen substantielle Gerechtigkeit sich zur ganz diesseitigen Idee der Sicherung der äußeren Bedingungen des gesellschaftlichen Zusammenlebens verwandelt.

Damit war der theoretische Grundstein für die Entmoralisierung des Rechts und seine rationale Konstruktion aus dem Überlebenswillen der Individuen gelegt, wie sie dann fast ein Jahrhundert später Hobbes beispielhaft vorgenommen hat. Bei ihm wird besonders deutlich, was allen naturrechtlichen Vertragstheorien über die Begründung und Rechtfertigung von Herrschaft eigen ist. Sie verlegen das als Prämisse gesetzte Grundbedürfnis nach Sicherheit in das vernünftige Selbstinteresse der Individuen und suchen nach einem diesseitigen Sicherheitsgaranten: es ist der Vertrag und die von ihm erzeugte wechselseitige Verbindlichkeit. Aus der Heilsgewißheit der Religion wird die Erwartungssicherheit des Rechts, dessen Verbürgerung – gewissermaßen die Sicherung seiner Sicherheit – bei den Absolutisten in der Zwangsgewalt des Souveräns liegt, bei Rousseau und den französischen Revolutionären in der Integrität des demokratisch gebildeten Gemeinwillens, bei den amerikanischen Revolutionären in der pluralistischen Aufspaltung und Fragmentierung des politischen Prozesses mit dem Ziel der Verhinderung eines »demokratischen Absolutismus«. Gemeinsam jedoch ist diesen Konzeptionen – bei aller Unterschiedlichkeit der staatstheoretischen Begründung und der konkreten konstitutionellen Ausgestaltung –, daß das unreflektierte Vertrauen in die Schicksalhaftigkeit der Ereignisse endgültig geschwunden ist. Erst jetzt kann von Sicherheit in einem spezifisch modernen Sinne gesprochen werden. Sie bedeutet nicht mehr das feudale Schutzversprechen patrimonialer Herrschaften gegenüber ihren, ihnen durch Treue verbundenen Schutzbefohlenen, denn sie beruht auf der radikalen Individualisierung und Atomisierung gleicher und freier Menschen und muß mit der Dynamik und Unberechenbarkeit ihres ausschließlich vom Eigeninteresse angetriebenen Sozialverhaltens rechnen. Der Mensch und seine durch Affekte bestimmte Unberechenbarkeit wird zum gesellschaftlichen Problem; seine das Denken des christlichen Mittelalters beherrschende Sündhaftigkeit erscheint nun in der säkularisierten Gestalt der zerstörerischen Leidenschaften und wird, wie Albert O. Hirschman gezeigt hat[5], durch die positive Bewertung der selbstsüchtigen Interessen gezähmt und rationalisiert: Interessen sind kalkulierbar, und eine von Interessen regierte Welt garantiert Beständigkeit. »Sicherheit« im modernen Sinne des Wortes gewinnt seit dem 17. Jahrhundert die Bedeutung der Berechenbarkeit der Sozialbeziehungen. Nicht, daß nicht immer noch Krankheiten, Unwetter, Blitzschlag, Überschwemmungen, Dürre und andere Naturereignisse das Leben zumal der überwiegend auf dem Lande lebenden Bevölkerung bis weit ins 19. Jahrhundert hinein unsicher gemacht hätten. Aber erst die Erfahrung der religiösen Bürgerkriege, der ungehemmten Hab- und Gewinnsucht und des absolutistischen Despotismus – die Selbstdestruktivität der Gesellschaft –, erheben in den bürgerlichen Revolutionen des 18. Jahrhunderts die Sicherheit in den Rang eines Menschenrechts.

Noch aus einer anderen Richtung wurde die religiöse Heilsgewißheit in Frage gestellt und durch eine säkularisierte Gewißheit ersetzt, nämlich durch die Wissenschaft. Zu Beginn des 17. Jahrhunderts hatte Francis Bacon[6], philosophisch durchaus noch dem Humanismus verhaftet, Prinzipien der Wissenschaft formuliert, die die Grundlage eines gänzlich neuartigen Begriffs von Gewißheit und, in der Folge, auch von Sicherheit werden sollten[7]. Natur und Gesellschaft sollten nicht länger Gegenstand doktrinärer Deduktionen oder spekulativer Meinungen sein, sondern durch systematische Beobachtung, durch Messung, durch Experimente und unvoreingenommene Feststellung und Verknüpfung von Tatsachen wissenschaftlich erforscht werden. Gewißheit sollte auf Wissen beruhen, und dieses Wissen sollte dem Wohlergehen der Menschheit dienen – damit war der Gedanke des wissenschaftlichen mit dem des sozialen Fortschritts verknüpft, ein Gedanke, der dann in Condorcet und seinem kurz vor seinem Tode im Jahre 1794 geschriebenen »Entwurf einer historischen Darstellung der Fortschritte des menschlichen Geistes« seinen begeistertsten Propheten finden sollte. Der Fortschritt der Menschheit besteht in der immer genaueren Erkenntnis von Natur und Gesellschaft. »Alle politischen und moralischen Irrtümer« schreibt er, »nehmen ihren Ausgangspunkt von philosophischen Irrtümern, die ihrerseits wieder an physikalische Irrtümer anknüpfen. Es gibt kein religiöses System, keine über die Natur hinausstrebende Schwärmerei, die nicht in der Unkenntnis der Naturgesetze begründet wäre«[8], und bei ihm finden wir auch am deutlichsten den Zusammenhang zwischen dem abstrakten Universalismus der staatsbürgerlichen Rechte, der von den citoyens gebildeten *volonté générale* und der abstraktesten aller Wissenschaften, der Mathematik. Sie vor allem vermittelt in Gestalt der Wahrscheinlichkeitsrechnung Sicherheit durch Wissen selbst noch dort, wo sich eine Naturgesetzlichkeit nicht feststellen läßt. Nicht nur läßt sich mit der Wahrscheinlichkeitsrechnung »die Wahrscheinlichkeit außergewöhnlicher Tatsachen« oder die der ständigen Wiederkehr jener Tatsachen berechnen, »die sich oft in der technischen Praxis einstellen und keineswegs schon als solche an eine bereits als allgemeines Gesetz betrachtete Ordnung gebunden sind«[9], sondern sie macht auch »die verschiedenen Grade von Gewißheit absehbar ..., die zu erreichen wir hoffen können, auch die Wahrscheinlichkeit, derzufolge wir eine Meinung annehmen und sie zum Ausgangspunkt unserer Überlegungen machen können, ohne gegen die Rechte der Vernunft und die Regel unseres Verhaltens zu verstoßen, ohne es an Klugheit fehlen zu lassen und die Gerechtigkeit zu verletzen«[10]. Das Menschenrecht auf Sicherheit, das die französische Revolution proklamierte und das wir heute mit sehr gemischten Gefühlen betrachten, hat daher auch eine epistemologische Dimension, die eine spezifische Verbindung zum Sozialen herstellt: der Fortschritt des Wissens und damit unserer wissenschaftlichen Gewißheit dient dem sozialen Fortschritt. Was Condorcet für die Zukunft des Menschengeschlechts erhofft, faßt er in drei Punkten zusammen: »die Beseitigung der Ungleichheit zwischen den Nationen; die Fortschritte in der Gleichheit bei einem und demselben Volke; endlich die wirkliche Vervollkommnung des Menschen«[11]. In diesem Punkt also ist Brückner wohl zu korrigieren: in der Trias von Freiheit, Gleichheit und Sicherheit hat letztere durchaus an dem universalistischen Pathos der ersten beiden teil.

IV.

Natürlich bedeutete Sicherheit von Anbeginn auch die Sicherheit des Eigentums, des Erwerbs, des Marktverkehrs – aber vergessen wir nicht, daß das Eigentum seinerseits der revolutionäre Rammbock des produktiven, den Fortschritt des Wissens, der Technik und der Produktion vorantreibenden Bürgertums gegen die parasitären Stände des Adels und der Geistlichkeit war. Die Sicherheit des Eigentums bedeutete nicht, wie das dann insbesondere für die deutsche Entwicklung des 19. Jahrhunderts charakteristisch wurde, die Abschirmung einer unpolitischen Privatsphäre gegen eine politische Gewalt, von der das Bürgertum ausgeschlossen war. Sicherheit wurde in dieser entpolitisierten Gestalt zu einem Reflex der Berechenbarkeit staatlicher Eingriffe in Eigentum und Freiheit und verschwand folgerichtig aus dem Katalog von Grundrechten. Sie erschöpfte sich in der Gesetzmäßigkeit der Verwaltung, die etwas ganz anderes war als die emphatische Deklaration der französischen Menschen- und Bürgerrechte, denn ihr fehlte das entscheidende Element: sie war nicht der Ausdruck des allgemeinen Willens, an dessen Formung alle Bürger mitzuwirken berechtigt sind. Und nicht zufällig beginnt in diesem Zeitalter in Deutschland die Karriere eines Begriffs, der die Abwendung des Bürgers von der öffentlichen Freiheit in einer in andere Sprachen unübersetzbaren Weise semantisch zum Ausdruck bringt: Gemütlichkeit[12].

Hierin liegt der Ursprung jener Abwertung von Sicherheit zur bourgeoisen Sekurität, die den Verzicht des Bürgertums auf eine eigene aktive politische Gestaltung bezeugt. Schon ein halbes Jahrhundert, bevor dann im Jahre 1919 auch Deutschland seine erste demokratische Verfassung erhielt, hatte sich das Problem der Sicherheit in einer gänzlich anderen Weise neu gestellt. Die »soziale Frage« drängte mit

Macht auf die politische Bühne und erinnerte machtvoll an den Klassencharakter des menschenrechtlichen Universalismus der Revolution des Dritten Standes. Mochte Sicherheit nach dem Verfassungsmodell der französischen Revolution auch ihre Bürgschaft in einer demokratischen Legalität haben, so änderte das doch nichts daran, daß sie einen strikt individualistischen Charakter hatte. Sie garantierte dem einzelnen den Genuß seiner individuellen Freiheit und seines Eigentums und implizierte die Erwartung, daß er sich gegen die allfälligen Unwägbarkeiten des Erwerbslebens selbst schützte: durch Verträge, durch Risikoversicherungen, durch eine gestreute Anlegung seines Vermögens, durch eigene Geschicklichkeit, Vorsicht und Vorsorge. Dies waren natürlich untaugliche Mittel, sobald der Mangel an den dringendsten Lebensmitteln das kollektive Schicksal einer ganzen Klasse war, die kraft ihres sozial-ökonomischen Status vom gesellschaftlichen Reichtum ausgeschlossen war. Das war etwas grundsätzlich anderes als das unternehmerische Risiko auf dem Markt, etwas anderes auch als der traditionelle Pauperismus; es war ein durch die kapitalistische Struktur der Wirtschaft systematisch erzeugte und reproduzierte Abhängigkeit einer Klasse von einer anderen und bezeugte damit vor allem ein gesellschaftliches Herrschaftsverhältnis, das sich für die lohnabhängigen Massen als existentielle Abhängigkeit von den Ungewißheiten des kapitalistischen Arbeitsmarktes auswirkte. Die »soziale Frage« war, wie es z. B. Babeuf[13] durchaus schon in der französischen Revolution erkannt und Marx dann systematisch analysiert hatte, die Frage nach der Legitimität des Privateigentums. Der Begriff der Sicherheit bekommt hier eine ambivalente Bedeutung: er enthält sowohl das Element der sicheren Versorgung mit den notwendigen Lebensmitteln im Sinne von Subsistenzsicherheit; aber in seiner Stoßrichtung gegen das Privateigentum und dessen Überführung in gemeinschaftliches Eigentum – wie es Babeuf vertritt – impliziert es auch die Bedeutung von sozialer Solidarität im Sinne einer durch Gleichheit und Wechselseitigkeit gekennzeichneten gesellschaftlichen Struktur.

Es ist bemerkenswert, daß der uns heute so geläufige Begriff der »sozialen Sicherheit« überhaupt erst in den Dreißigerjahren dieses Jahrhunderts geprägt wird, und dies bezeichnenderweise in den USA[14]. *Social Security* wird in Roosevelts New-Deal-Politik zunächst als ökonomische Sicherheit im Sinne von Einkommenssicherheit aufgefaßt und konzentriert sich folgerichtig auf Maßnahmen der Vollbeschäftigung[15]. Die Gesellschaft erkennt damit an, daß die Unfähigkeit, ein Erwerbseinkommen über den Markt zu erzielen, nicht die Folge eines individuellen Marktversagens der Lohnarbeiter ist und übernimmt eine Verantwortung für das materielle Wohlergehen ihrer Mitglieder. Deutschland war seit dem Beginn der Achtzigerjahre des

19. Jahrhunderts bekanntlich den Weg der Sozialversicherung gegangen, einer Kombination des individualistischen Versicherungsprinzips mit dem Gedanken der sozialen Solidarität: die spezifischen Risiken der Lohnarbeit – Erwerbsunfähigkeit und daraus resultierende Einkommenslosigkeit infolge von Krankheit, Invalidität, Alter und, seit 1927, Arbeitslosigkeit – sollten durch Einkommensgarantien der Solidargemeinschaft aller Lohnarbeiter unter Einbeziehung von Beitragspflichten auch der Arbeitgeber abgedeckt werden. Es ist deutlich, daß dieser wohlfahrtsstaatlich-sozialpolitische Pfad der Entwicklung zur historischen Alternative zu dem vor allem von Marx inspirierten sozialistischen Projekt wurde, die Bedingungen für soziale Solidarität durch die Vergesellschaftung des Produktionsmitteleigentums und durch die Beseitigung des Marktes herzustellen und damit kollektive Formen von Sicherheit zu schaffen.

Wahrscheinlich ist der Gedanke einer auf wechselseitige Sympathie und auf eine rationale Sozialmoral gegründeten Solidarität als Bürgschaft für soziale Sicherheit hoffnungslos romantisch – er ist immerhin verständlich, denn das wohlfahrtsstaatliche, auf den abstrakten Steuerungsmedien Geld, Recht und Macht beruhende Modell hat in den letzten Jahren viel von seiner ursprünglichen Attraktivität eingebüßt. Als Brückner Mitte der Sechzigerjahre »Freiheit, Gleichheit, Sicherheit« schrieb, da richtete sich seine Kritik auf die Erscheinungsformen einer saturierten Wohlstandsgesellschaft, und seine Nachbetrachtung sieben Jahre später reflektierte vor allem ihr Aggressionspotential, das in den Reaktionen auf die kulturrevolutionäre Protestbewegung manifest geworden war.

Heute sehen wir deutlicher und erkennen eine weitere Dimension, die unser kritisches Vermögen womöglich noch stärker herausfordert. Denn es mehren sich die Zweifel, ob jene moralische Infrastruktur, die in Gestalt von relativ stabilen Sozialmilieus mit ihren Traditionen, Verbindlichkeiten und Wertorientierungen die implizite Grundlage einer bürokratisch verwalteten wohlfahrtsstaatlichen Solidarität gewesen ist, nicht allmählich erodiert, dadurch die Wirksamkeit der Medien gesellschaftlicher Selbstorganisation – Recht, Geld und Macht – zunehmend schwächt und damit die Tendenzen gesellschaftlicher Selbstdestruktivität beschleunigt. Die Segmentierung der Erwerbsbevölkerung in eine Kernarbeiterschaft und eine Vielzahl anderer Erwerbskategorien – solche, die sich in diskontinuierlichen und informellen Arbeitsverhältnissen befinden, Arbeitslose, Ausländer, Frauen, Jugendliche, »Vorruhestandsrentner« – mit jeweils sehr unterschiedlichen Arbeitsmarktchancen und -risiken hat nicht nur die auf der Prämisse eines homogenen und kontinuierlichen »Normalarbeitsverhältnisses« beruhenden sozialen Sicherungssysteme finanziell erschüttert, sondern vor allem den ihnen zugrunde liegenden Gedanken sozialer Solidarität. Wo – um ein anderes Beispiel zu nennen – eine nicht vergiftete Umwelt zu einem immer knapperen Gut wird, dessen Erhaltung bzw. Wiederherstellung in einem nicht unerheblichen Ausmaß von unserem eigenen individuellen Verhalten als Naturverbraucher abhängt, mögen ökonomische Marktanreize oder rechtliche Sanktionen in einem gewissen Umfang durchaus noch verhaltensregulierend wirken; aber da die Wirkungen unserer Handlungen sowohl räumlich wie zeitlich weit über unseren Erfahrungshorizont hinausreichen, bedürfen auch unsere Prinzipien sozialer Solidarität einer entsprechenden Ausdehnung auf die Interessen uns geographisch ferner Menschen und auf die zukünftiger Generationen[16], und hier versagen die uns zugänglichen Instrumente der sozialen Regulierung.

Es ist aber gar nicht nötig, den räumlichen und zeitlichen Horizont unserer Gegenwartserfahrung zu überschreiten, um der Erschütterung der – nach dem Niedergang der Religion – in den letzten zweihundert Jahren aufgebauten Sicherheiten durch Recht, Wissenschaft und Sozialpolitik gewahr zu werden. Der wissenschaftliche Fortschritt, dessen Gewißheitsversprechen vielleicht am ehestens als der legitime Erbe der religiösen Heilsgewißheit angesehen werden kann, ist inzwischen zu einer der wesentlichen Quellen von Unsicherheit und Ungewißheit geworden und hat uns zudem mit völlig neuen moralischen Problemen konfrontiert. So hat die biologisch-medizinische Forschung die jahrhundertelang als feststehend angesehenen Grenzen zwischen Beginn und Ende des Lebens unkenntlich gemacht und uns damit gezwungen, darüber gewissermaßen kollektiv eine gesellschaftliche Vereinbarung zu treffen. Ihre technischen Möglichkeiten der Organverpflanzung ermöglichen – und erzwingen – die Zuweisung knapper Organe nach Kriterien der Verteilungsgerechtigkeit, die damit unversehens über den unterschiedlichen »Lebenswert« von Menschen entscheiden. Diese moralischen Gefährdungen sind keineswegs geringer und weniger dringlich als die sattsam bekannten Gefährdungen der physischen Integrität des Menschen und seiner Umwelt etwa durch die Risiken einer unkontrollierbaren Freisetzung von resistenten Krankheitserzeugern oder von ionisierenden Strahlen durch die kriegerische oder friedliche Nutzung der Kernenergie. Versagt die sicherheitsstiftende Funktion von Wissenschaft und Technik, ja wird sie selbst zur Quelle von neuer Unsicherheit, so liegt es nahe – ganz ähnlich wie im Zeitalter des Zerfalls der universalen Verbindlichkeit des einen, katholischen Glaubens im Europa des 16. und 17. Jahrhunderts – Zuflucht in einer radikalen Subjektivierung und Individualisierung von Gewißheit zu suchen, deren Erscheinungsformen wir in so unterschiedlichen Phänomenen wie religiösem und politischem Fundamentalismus oder in der

Suche nach einer Wissenschaftsethik begegnen und deren spiegelbildliche Negation sich in der postmodernen Amoralität des *anything goes* wiederfindet.

Unsicherheit läßt sich heute immer weniger an einem spezifischen sozialen Ort lokalisieren: nicht in der – mit der Forderung nach Rechtssicherheit beantworteten – Willkürlichkeit eines politischen Regimes, nicht in den Zyklen und Konjunkturen des kapitalistischen Wirtschaftsprozesses, denen die Leitidee der sozialen Sicherheit entgegengesetzt wurde, und auch nicht in dem wie ein Alptraum auf uns lastenden Eigensinn von Technik und Wissenschaft, dem Sicherheit durch Technikkontrolle und Wissenschaftsethik abgetrotzt werden soll. Sie ist dort, aber sie ist nicht nur dort. Unsicherheit hat sich gleichsam universalisiert – ich vermute deswegen, weil uns ein verbindliches soziales Projekt fehlt, das uns sagen könnte, welche Elemente unseres Lebens wir zur Disposition stellen – und damit der notwendigen historischen Veränderung aussetzen – und welche stabil gehalten werden sollen. Das bürgerliche Projekt der französischen Revolution erklärte Sicherheit zum Menschenrecht und meinte damit die Sicherheit des Rechts als stabile Bedingung für eine fortschreitende Verbesserung der materiellen Produktion, des Wissens und der Verfügung über die Natur im Medium individueller Freiheit. Dahinter stand das emphatische Ideal der Befreiung des Menschen aus selbstverschuldeter Unmündigkeit, aus Unwissenheit, Aberglaube und tierhafter Abhängigkeit von den Begrenzungen seiner inneren und äußeren Natur. Das sozialistische Projekt proklamierte, insofern nicht anders als das bürgerliche, die planvolle Entfaltung der Produktivkräfte durch den vereinigten Vernunftwillen der Gesellschaft. Diese durch die produktive Arbeit hergestellte gesellige Verbindung der Individuen und ihre Solidarität in der sich zum Subjekt erhebenden Gesellschaft sollte die Grundlage für die wechselseitige Entfaltung des Menschen durch den Menschen werden. Das wohlfahrtsstaatliche Projekt und sein primär als Einkommenssicherheit konzipiertes Sicherheitsideal richtete sich auf die Stabilisierung einiger elementarer Subsistenzbedingungen als Voraussetzung für eine möglichst umfassende und gleichberechtigte Teilhabe am materiellen Reichtum der Gesellschaft – hier ist Sicherheit vielleicht am kompromißlosesten mit dem Prinzip der Steigerung der Produktion und der Verfügung über die Natur verkoppelt, weil das z. B. bei Rousseau, Condorcet oder Marx deutlich dominierende ideelle Element der menschlichen Vervollkommnung in dem Bild des konsumierenden Menschen kaum noch wiederzuentdecken ist. Dessen Existenz ist durch vielfältige Sicherheitserwartungen und -versprechungen gekennzeichnet: Einkommenssicherheit, Geldwertsicherheit, Versorgungssicherheit, Arbeitsplatzsicherheit oder Gesundheitssicherheit sind nur einige Elemente eines sich universalisierenden sozialen Sicherheitsbedürfnisses.

V.

Paradoxerweise wird es, wie von einem Schatten, von einem sich gleichfalls universalisierenden Gefühl der Unsicherheit begleitet[17]. Es wäre reizvoll zu untersuchen, wie im einzelnen diese wechselseitige Beziehung zwischen zunehmendem Sicherheitsanspruch und dem gleichzeitigen Anwachsen des Gefühls von Unsicherheit zu erklären ist. Es dürfte jedenfalls feststehen, daß Sicherheit nicht nur ihren Preis hat[18], sondern auch eine unendliche Spirale ist, in der jede Sicherheit ihrerseits einer Sicherung bedarf und in einem unendlichen Prozeß durch die Kontrolle aller Quellen von Unsicherheit in letzter Konsequenz auch vor der psychischen Konditionierung oder gar genetischen Manipulation, der letzten Ursache aller Unsicherheit, nicht zurückschrecken könnte: der menschlichen Subjektivität. Dies ist einstweilen natürlich eine böse Karikatur, die aber immerhin den Vorteil hat, das Problem zu verdeutlichen. Es kann als ausgemacht gelten, daß der moderne Staat, dessen Daseinsberechtigung als Inhaber des Monopols legitimer physischer Gewaltsamkeit sich vor allem aus dem Versprechen ganz elementarer physischer Sicherheit begründete, seinen Herrschaftsanspruch gegenüber seinen Bürgern in dem Maße ausdehnt, in dem er für die Ordnung immer umfassenderer Lebensbedingungen verantwortlich gemacht wird.

Schon immer war die staatliche Sicherheitsgarantie prekär, weil Sicherheit vor allem die Kontrolle der Zukunft verlangt, denn von ihr wissen wir am wenigsten und sie enthält die ganze Fülle von Schadensmöglichkeiten. Schon bei der bloßen Bewahrung der inneren und äußeren Staatssicherheit war der Konflikt unvermeidlich, ob der Staat es – z. B. bei der Verfolgung und Bestrafung des Hochverräters – auf einen konkreten Angriff auf seine Integrität ankommen lassen und damit dem rechtsstaatlichen Prinzip treu bleiben sollte, nach dem nur äußere Handlungen bestraft werden können, oder ob er, um sich der Zukunft kontrollierend zu vergewissern, präventiv auch schon staatsfeindliche Gesinnungen genügen lassen durfte, um seine Strafgewalt auszuüben. Die völkerrechtlichen Auseinandersetzungen über die Zulässigkeit eines Präventivkrieges als Verteidigungskrieg charakterisieren dieselbe Frage für die äußere Sicherheit.

Das Problem wird ubiquitär, wenn sich der Anspruch auf Sicherheit universalisiert; der perfekte Sicherheitsstaat ist zweifellos der Präventionsstaat, der nicht nur Gefahren abwehrt, sondern »Risikovorsorge«

betreibt[19], d.h. den Bereich sozialer Kontrolle fortschreitend ausdehnt. Das ist die eine Seite des mit dem Wohlfahrtsstaat notwendig verschwisterten Sicherheitsstaates, deren Kritik lange Zeit eine Domäne der Konservativen gewesen ist, heute aber durchaus auch Gegenstand einer linken Sozial- und Sicherheitsstaatskritik geworden ist. Die linke Kritik müßte sich allerdings, wenn sie die konservative nicht bloß hilflos nachbeten will, der anderen Seite dieser Medaille zuwenden: zur Bewältigung der oben beispielhaft genannten Erscheinungen der moralischen Verunsicherung, des grundlegenden Vertrauensverlustes in die Gewißheiten der Wissenschaft und des ihnen zugrundeliegenden Projekts einer immer perfekteren Beherrschung der äußeren und der inneren Natur des Menschen, des Verlustes eines verbindliche Sozialnormen hervorbringenden gesellschaftlichen Projekts sind die dem Staat zur Verfügung stehenden Mittel – Geld, Macht, Recht – nicht nur ungeeignet, sondern geradezu problemverschärfend. Die »Herstellung« solidarischer Beziehungen zu künftigen Generationen, zu Einwanderern, zu Behinderten oder in den Beziehungen der Geschlechter zu einander durch rechtliche Regelungen oder geldliche Transferleistungen bedeutet stets auch die staatliche Definition eines Standards von gesellschaftlicher Normalität als Inbegriff von umfassender gesellschaftlicher Sicherheit und damit potentiell die, wenn zunächst auch vielleicht durchaus wohlwollende, Ausgrenzung der davon abweichenden, als schutzbedürftig identifizierten Individuen und Gruppen. Der Sicherheitsstaat ist ein Staat, der das Schwinden sozialer Solidarnormen durch die rechtliche Definition von Normalitätsstandards substituiert und die Bewahrung dieser gesellschaftlichen Normalität durch unterschiedliche Formen sozialer Kontrolle: je nach politischer Konjunktur durch Geldzahlungen, durch soziale Isolierung oder durch Repression gewährleistet.

Es ließe sich darüber streiten, ob wir bereit sein sollten, diesen Preis für eine umfassende Sicherheit zu zahlen, wenn sie denn dafür zu erlangen wäre. Doch dies ist alles andere als gewiß, ja höchst unwahrscheinlich. Denn wir dürfen nicht die Risiken der Sicherheit vernachlässigen. Sicherheit durch Risikovorsorge des Staates erhöht nicht nur die Abhängigkeit der Lebensbedingungen der einzelnen von dessen Maßnahmen und steuernden Eingriffen mit der Folge, daß dabei sogar die Garantie elementarer Rechtssicherheit gefährdet wird, wie sie die französische Revolution gefordert hatte. Sicherheit bedeutet, die veränderbaren Elemente des sozialen Lebens unserer Disposition zu entziehen und zur Vermeidung von Risiken die Möglichkeit jedes Fehlers auszuschließen. Aber gerade Handlungen und Handlungssysteme, die keinen Irrtum zulassen, sind besonders riskant: das Infallibilitätsdogma der katholischen Kirche ist seit der Reformation bis auf den heutigen Tag eine der wesentlichen Quellen für Glaubenszweifel und innerkirchliche Beunruhigung. Der Unfehlbarkeitsanspruch staatlicher Autorität – sei es nun die sich mit einem Bekenntnis identifizierende fürstliche Gewalt im 16. und 17. Jahrhundert, die die republikanische Tugend verkörpernde revolutionäre Gewalt des Wohlfahrtsausschusses in der französischen Revolution, die Lenin'sche Diktatur des Proletariats oder auch nur eine wert- und infolgedessen wehrhafte Demokratie – hat sich historisch stets als Auftrag zur kämpferischen Durchsetzung der Wahrheit und zur Verfolgung des Irrtums verstanden, damit jeglichen Dissens zu bürgerkriegsähnlichen Akten dramatisiert und sich selbst unter einen entsprechenden Handlungszwang gesetzt. Die Nutzung hochriskanter Technologien – z. B. der Kernenergie – verlangt angesichts ihres Schadenspotentials ein Maß an Fehlerfreiheit, das zu immer komplexeren Sicherheitssystemen führt und in der Folge die Möglichkeiten ihrer Steuerung durch Menschen immer weiter einschränkt[20]. Die Zulassung von Irrtümern und Fehlern – und damit von Unsicherheit – ist in der Religion nicht anders als in der Wissenschaft, der Politik oder in der Organisation unserer sozialen Beziehungen eine notwendige Bedingung des Lernens und der schrittweisen Erweiterung unserer Entwicklungsmöglichkeiten. Das Ertragen von Unsicherheit ist daher ein weniger riskanter Umgang mit unserem Leben als die Fixierung auf eine umfassende Sicherheit, die – wie in der antiken Tragödie – das Unglück, das wir zu vermeiden trachten, erst herbeiführt.

Natürlich können wir nicht stets alles zur Disposition stellen. Dies ist kein Plädoyer für die Rücknahme der mühsam erkämpften Errungenschaften sozialer Sicherheit. Es ist ein Anstoß, über den Weg neu nachzudenken, den wir seit 1789 gegangen sind, an dessen Beginn das Menschenrecht auf Sicherheit stand und der uns in die »Risikogesellschaft« und den »Sicherheitsstaat« geführt hat. Es ist vor allem aber auch eine Erinnerung daran, daß die Sicherheit des *citoyen* nach der Idee der französischen Revolution vor allem in der Solidarität der gleichen und freien Bürger, d. h. in ihrer wechselseitigen Beziehung aufeinander in einem vernünftigen Gemeinwesen, gesehen wurde. Die Idee scheiterte, weil sie nur eine Idee war und an den Realitäten der bürgerlichen Klassengesellschaft zerbrach. Ihre historische Unwahrheit ist damit noch keineswegs erwiesen.

Das Verlangen nach Sicherheit wird ewig ungestillt bleiben – aber es kann zum Alptraum werden, wenn wir seine Erfüllung von der Beherrschung des Unbekannten und nicht von der Fähigkeit zum Umgang mit ihm erhoffen. Und unversehens verlieren wir damit auch gleichzeitig die anderen beiden Errungenschaften der französischen Revolution, nämlich Freiheit und Gleichheit. In dem rastlosen Drang, jede mühsam erkämpfte Sicherung von Sicherheit durch noch perfektere Technik und noch präzisere soziale Kontrolle zu steigern, flüchtet die bürgerliche Gesellschaft vor der Einsicht, die sie insgeheim schon lange ahnt: allein in der wechselseitigen Beziehung der Individuen aufeinander – nennen wir sie altmodisch: Brüderlichkeit, Solidarität – lassen sich Freiheit, Gleichheit und Sicherheit miteinander versöhnen. Die Deckungssummen für eine Sicherheit, die nichts weiter ist als die »Versicherung des Egoismus« (Marx), verzehren allmählich die Substanz des Erbes der Großen Revolution, weil wir uns kleinmütig und beharrlich weigern, die von ihr verheißene Möglichkeit einer kollektiven Vernunft zu erproben.

[1] Vgl. hierzu G. Robbers *Sicherheit als Menschenrecht*. Baden-Baden 1987.

[2] *Contrat Social*, Buch I, Kap. 8.

[3] Vgl. J. Isensee *Das Grundrecht auf Sicherheit. Zu den Schutzpflichten des freiheitlichen Verfassungsstaates*. Berlin/New York 1983.

[4] Hierzu L. Febvre »Zur Geschichte eines Gefühls: Das Bedürfnis nach Sicherheit«, in ders. *Das Gewissen des Historikers*. Berlin 1988, S. 113 ff.

[5] A. O. Hirschman *Leidenschaften und Interessen. Politische Begründungen des Kapitalismus vor seinem Sieg*. 2. Aufl. Frankfurt/M. 1984.

[6] Zu ihm B. Vickers *Francis Bacon. Leben und Werk eines Universalgenies*. Berlin 1988 (Kleine Kulturwissenschaftliche Bibliothek 3).

[7] Hierzu B. J. Shapiro *Probability and Certainty in Seventeenth-Century England. A Study of the Relationships between Natural Science, Religion, History, Law, and Literature*. Princeton 1983.

[8] Condorcet *Entwurf einer historischen Darstellung der Fortschritte des menschlichen Geistes*. Hrsg. v. W. Alff. Frankfurt/M. 1976, S. 183.

[9] Man fühlt sich hier unweigerlich an das in der nuklearen Kontroverse zu Prominenz gelangte »Restrisiko« erinnert, d. h. jene Schadensmöglichkeit, deren Eintrittswahrscheinlichkeit jenseits der »praktischen Vernunft« liegt und dennoch nicht restlos ausgeschlossen werden kann.

[10] Condercet, a.a.O., S. 180 f.

[11] A.a.O., S. 193.

[12] Vgl. J. Weiss »Ein schöner Einklang zwischen Vernunft und Phantasie. Über die deutsche Gemütlichkeit«, in: *FAZ*, Beilage »Bilder und Zeiten« v. 7. Jan. 1989, Nr. 6.

[13] Vgl. sein »Manifest der Plebejer« v. 30. Nov. 1795, abgedr. bei W. Grab (Hrsg.) *Die französische Revolution*. Eine Dokumentation. München 1973, S. 278 ff.

[14] Vgl. F.-X. Kaufmann *Sicherheit als soziologisches und sozialpolitisches Problem*. 2. Aufl. Stuttgart 1973, S. 92 ff.

[15] Vgl. P. Flora/A. J. Heidenheimer (eds.) *The Development of Welfare States in Europe and America*. New Brunswick u. a. 1981.

[16] Vgl. hierzu P. Saladin/Chr. A. Zenger *Rechte künftiger Generationen*. Basel-Frankfurt/M. 1988.

[17] Vgl. im einzelnen U. Beck *Risikogesellschaft. Auf dem Weg in eine andere Moderne*. Frankfurt/M. 1986; ders. *Gegengifte. Die organisierte Unverantwortlichkeit*. Frankfurt/M. 1988.

[18] Vgl. A. Wildavsky *Searching for Safety*. New Brunswick/London 1988.

[19] Vgl. hierzu die Beiträge von D. Grimm, P.-A. Albrecht u. J. Schmidt zu dem Thema »Prävention als juristischer Steuerungsbegriff«, in: *Krit. Vierteljahresschrift für Gesetzgebung und Rechtswissenschaft* Bd. 1 (1986), S. 37 ff.; E. Denninger »Der Präventions-Staat«, in: *Kritische Justiz* 1988, S. 1 ff.

[20] Vgl. hierzu Ch. Perrow *Normale Katastrophen. Die unvermeidlichen Risiken der Großtechnik*. Frankfurt/New York 1987.

Vorwort (1965)

Wie der Leser weiß, haben parlamentarisch-demokratische Gesellschaften eine Geschichte. Ihre politische Ordnung und ihre Verfassungen entspringen nicht wie Pallas Athene fertig dem Haupte des Zeus und bleiben von der Zeit an unverändert. Sie wachsen mit uns und werden mit uns alt; sie formen eine soziale Wirklichkeit, von der sie manchmal erst recht spät eingeholt, von der sie gelegentlich auch zurückgelassen werden, ohne daß wir es immer bemerken. Wer etwa über seine Stellung als Bürger eines demokratischen Staats nachdenkt, wird finden, daß es im ganzen vernünftig zugeht: kodifiziert sind die Freiheiten der Presse, des Gewissens; das Recht der Mehrheit, die Regierung umzubilden; Rede- und Versammlungsfreiheit; der Hausfrieden; die Unverletzlichkeit des Eigentums; ein humanes Strafrecht (und in manchen Staaten das ›writ of habeas corpus‹; die Gewaltenteilung; Gleichheit, vor allem in der Anwendung der vom Volk, dem Souverän, legitimierten Gesetze.

Aber nicht immer ist, was gelten *soll*, auch schon soziale Wirklichkeit; dieser wären verfassungsmäßige Rechte dann voraus, worüber sich vieles denken ließe. Anderes ist besser geeignet, die Ruhe des Nachdenkenden zu stören. Nicht immer wird in wünschenswerter Klarheit erkennbar, daß in so fortgeschrittenen Zuständen der Mensch sich wirklich ›auf den Kopf‹, das ist: auf den Gedanken gestellt hat und nun seine Welt nach diesem erbaut. Die politische Wirklichkeit wird in einer Gesellschaft, deren wichtigste Eigentümlichkeit die Warenproduktion auf der Basis bestimmter kapitalistischer Produktionsverhältnisse ist, durchaus nicht immer vom Gedanken regiert.

Mit der Vermutung, dieses Postulat sei nun endlich erfüllt, hat *Hegel* die Französische Revolution begrüßt: »Es war... ein herrlicher Sonnenaufgang. Alle denkenden Wesen haben diese Epoche mitgefeiert.« Sie gehört zur näheren Geschichte unserer Gesellschaft, an die wir eingangs erinnerten. Die Jakobinermütze zählt seither zu den Reliquien der Demokratie. Man kann deshalb mit Vorteil Geschichten aus der Großen Revolution lesen und bleibt doch nahe an der politischen Erfahrung und an den Bedingungen der Gegenwart. Handelnde und Leidende: *Mirabeau, Marat*, Madame *Roland, Robespierre* und andere haben von ihr und von ihren Ideen berichtet; auch von der geheiligten

Trias Freiheit, Gleichheit und Brüderlichkeit, die nicht zur wichtigsten Eigentümlichkeit unserer Demokratie geworden ist.

Mit solchen Zeugnissen, mit Briefen, Erinnerungen, Tagebüchern sich zu beschäftigen, bringt Gewinn. Die Absicht des Autors ist es, den Leser daran teilnehmen zu lassen. Wenn man das Heute an den Zeugnissen von gestern mißt, erscheint allerdings manches beruhigend Feste plötzlich als bloß festgefahren, und anderes, was gemeinhin beunruhigt oder irritiert, als das Unterpfand demokratischer Stabilität. Bereichsweise besteht unser Gewinn also in der Einsicht in Verluste, die wir, immerfort voranschreitend, auch immerwährend erlitten haben. Mißt man dagegen das Gestern an den Verhältnissen der Gegenwart, so erlebt man auch seine Überraschung: Die Wirkungen scheinen ihre Ursachen Lügen zu strafen, die objektive Tendenz des geschichtlichen Prozesses spiegelt sich im Selbstverständnis der Protagonisten der Französischen Revolution nur manchmal. Humanitäre Ideen verhalten sich wie ein Winkelried für ausschließlich ökonomische Interessen. Das im Grade seiner inneren Ordnung überschätzte Geschehen entpuppt sich, um nur das wenigste zu sagen, als widersprüchlich. Wer das Gestern am Heute messen will, Gegenwärtiges in seine Herkunft zurückverfolgt, läßt darin Kritik am Bestehenden erkennen, und manchem wird eine falsche Ordnung, solange sie nur Stabilität gewährt, lieber sein als das Vernünftigere, das sich nur über eine Labilisierung unserer Vorstellungen und Ziele erreichen ließe. Der Autor meint aber, daß Unzufriedenheit mit einer Epoche, von der man annimmt, sie sei den schweren Weg ›from status to contract‹ zu Ende gegangen und deren Refeudalisierungstendenzen doch unübersehbar sind, nichts allzu Beunruhigendes haben müßte. »Es hieße, unser Zeitalter barbarisch zurückschrauben«, schrieb *Mirabeau* an den Buchhändler Levrault in Straßburg, »wenn man zu gewalttätigen Revolutionen seine Zuflucht nähme«. Friedlich darf es beim Ändern bestehender Verhältnisse, wenn die Situation dies erfordern sollte, zugehen: »Der Unterricht genügt dank der Buchdruckerkunst, um all die Revolutionen durchzuführen, die die Menschheit sich schuldig ist, und bei diesem Verfahren allein werden die Nationen nichts von ihren Errungenschaften verlieren«. Der Autor, davon überzeugt, daß ›die Menschheit‹ sich in der Tat noch vieles schuldig sein wird, hofft mit *Mirabeau*, es werde niemand mehr auf ›gewalttätigen Revolutionen‹ bestehen. Er teilt die Ansicht des alten Herrn von *Kügelgen*, keiner dürfe dorthin schießen, wo Menschen sind.

»Ich kann mir nicht verwehren«, klagte Camille *Desmoulins* am 10. August 1793, »immer daran zu denken, daß diese Menschen, die man zu Tausenden umbringt, Kinder haben, auch Väter haben«. Wer freilich die Geschichte der Französischen Revolution kennt und etwa meint, es bestünde gegenwärtig ein Zusammenhang zwischen der Erhaltung des Friedens einerseits, der Bereitschaft zu gesellschaftlichen Veränderungen andererseits, ein Zusammenhang auch zwischen innenpolitischen Vorgängen und der Stabilität internationaler Beziehungen, wird uns an den Zeitpunkt erinnern, zu dem *Mirabeau* seinen so zitierenswerten Brief geschrieben hat: Es war am 18. August 1788, am Vorabend des Krieges und der Revolution.

Sieben Jahre später – Vorwort (1972)

I

Mirabeau vertraute 1788 auf die Kraft von Unterricht und Buchdrukkerkunst, den Menschen – und in der Folge die sozialen Bedingungen, unter denen er lebt – gewaltlos zu verändern: würden *sie* es nicht, Künste der Aufklärung, der Menschheit ermöglichen, alle jene Revolutionen, die sie sich noch schuldig sei, vorzunehmen? Das Jahrhundert sei zu fortgeschritten, als daß es noch etwas von dem kriegerisch verlieren könne, was man in ihm erlangt hat.[1] Beklommen notierte ich mir im Sommer 1965 dazu, durchaus unter dem Eindruck einer Weltlage, auf die Demonstrationen *wider den Atomtod* und *Ostermarschierer* antworteten: Es bestünde ein Zusammenhang zwischen der Chance zur Erhaltung des Weltfriedens und der Bereitschaft vieler Menschen, sich und ihre Gesellschaft zu verändern – sind sie, sind *wir* bereit, der Gewalt menschlicher Produkte und Produktionsverhältnisse über den Menschen ein Ende zu machen?[2] Oder wollen wir weiterhin eine ›bürgerliche Gesellschaft‹, nur ohne ihre Konsequenzen, was nun einmal nicht angeht? Was die *Mirabeau*schen ›Künste der Aufklärung‹ ermöglichen, bliebe dann ungenutzt. Denn die Konsequenzen der ›bürgerlichen Lebensweise‹ waren 1965 greifbar: in der Entwicklung führender Nationen zur *Barbarei*. Die Schere zwischen privatem Wohlstand und gesellschaftlicher Armut öffnete sich; das Verlangen nach ›Brüderlichkeit‹ schien nur noch im Rückzug auf emotionalisierte Idylle (der ›Kleinfamilie‹, der Privatsphäre) und in (repressiver) Toleranz nachzuwirken, aber in den Bevölkerungen nahmen Aggression *und* Anpassung gleichzeitig zu. In der Bundesrepublik sahen wir, hilflos, den Verzicht auf radikale, d. h. an die historisch-gesellschaftlichen Wurzeln gehende Auseinandersetzung mit dem Nationalsozialismus, aber die Beförderung politischer Apathie bei starkem Ressentiment gegen kritisches Denken sahen wir auch. In den Kriegen Frankreichs und der USA zeigte sich Barbarei unverhüllt.

Wir wußten überdies, was *Mirabeau* seinerzeit noch verborgen war: daß nämlich kaum zwei Jahre später, 1789, Aufruhr, Revolution und Krieg begann. Zwar hatte die Französische Revolution mitsamt ihren Kriegen den *Livius* widerlegt: *adeo nihil motum ex antiquo probabile est*, keine gewaltsame Änderung des Alten verspricht etwas Besseres (herbeizuführen) – aber war angesichts moderner Waffensysteme usw. noch ernsthaft an eine Hebammenfunktion bewaffneter Konflikte zu denken? Als ich an diese Zukunft der französischen Angelegenheiten von 1788 erinnerte, da stand uns zwar keine Revolution, aber eine – in ihren Folgen oft unterschätzte – Revolte ins Haus; kein Krieg, sehr wohl aber die Militarisierung vieler Konflikte zwischen Regierungsgewalt, Exekutive und Fundamental-Opposition bis hin zur innerstaatlichen Feinderklärung gegen die Linke in der BRD.[3] Das kündigte sich längst an. Denn obwohl die Verdrängung aller wesentlichen gesellschaftlichen Konflikte, die Entpolitisierung breiter Bevölkerungs-Mehrheiten, die Nachrichtenpolitik der Regierung gerade noch den Eindruck sozialen Friedens erweckten, wurde Unruhe: als Nötigung zu verändernder Praxis, als Ausdruck erneuter Politisierung unter Studierenden und Intellektuellen durchaus spürbar – freilich auch schon beginnende Gegen-Aufklärung und Notstands-Ideologie. Der Autor von ›Freiheit, Gleichheit, Sicherheit‹ war schon ein Teil der kritischen Unruhe, als er sie registrierte und dazu aufforderte, sie zu artikulieren:

»Der wahre soziale Friede«, das schien ihm für den versteckt chaotischen Zustand bürgerlicher Gesellschaften zu gelten, begänne »mit einem Akt, den Konsensus gemeinsam zu verweigern«[4] – ein Akt, von dem er annahm, er werde zugleich eine Bedingung für die Erhaltung des zwischenstaatlichen Friedens sein oder setzen, worin eine Fehl-Einschätzung realer politischer Zusammenhänge lag.[5] Immerhin, die ›große Alternative‹, innerhalb derer es keine Vermittlungen mehr gibt, und daher auch höchstens taktische Kompromisse, schien unter einer stationären politischen Lage und angesichts weitreichender *Ent*politisierungs-Prozesse bedrohlich Gestalt anzunehmen. »So nähern wir uns einem Zustand, in dem die Verweigerung der Zustimmung [...] zur einzigen Tugend, des Bürgers wird«; eine Tugend, von der allerdings zu befürchten war, daß sie den Integrations-Frieden in Frage stellen würde.[6] In dieser Weise begann die Studentenrevolte kaum zwei Jahre später – hier und anderswo, und in größeren Bereichen durchaus sowohl ›jakobinisch‹ als auch idealistisch. Nicht, daß es an sozialistischer Intransigenz gefehlt hätte; am wenigsten innerhalb des Sozialistischen Deutschen Studentenbundes (SDS). Gerade *sein* Kommunismus verstand sich als Versuch praktischer Kritik noch an den sozialistischen ›Übergangs-Gesellschaften‹ (UdSSR, DDR...). Solange die ›große Alternative‹ (s. o.) auf der Seite der Übergangs-Gesellschaften die Gestalt eines revisionistischen Blocks annahm, enthielt die Verweigerung eben auch Momente des Protests nach der Seite des sog. realen Sozialismus. *So* war die ›große Alternative‹ nicht zu akzeptieren.

Für wenige Jahre verschmolzen sich kommunistische, radikal-demokratische, linksliberale und pazifistische Tendenzen zu einer antiautoritären Massenbewegung, die nicht nur das politische Antlitz der Bundesrepublik, sondern auch die Teilnehmer an der Revolte einschneidend veränderte – gewiß auch den Autor von ›Freiheit, Gleichheit, Sicherheit‹. Die Fehl-Einschätzung der Bedingungen von (Welt)-Frieden wurde korrigiert: Gerade im roll-back der Staatsgewalt erfuhren wir, ohne es zunächst zu erkennen, die Dialektik der internationalen ›Friedenssicherung‹ am eigenen Leibe, weil sie und insofern sie den Klassenkonflikt *nach innen* stillstellt, während sie *nach außen* Kriegsgefahren einschränkt (und auch dies wieder nicht nur in unserem Land). Im Unterschied zu den Jahren bis 1965 war es nun weniger die ›äußere‹ Kriegsgefahr, die unsereinen frösteln ließ, vielmehr erwies sich gerade die ›Sicherung des Friedens‹ zwischen den Machtblöcken als unterdrückende Gewalt: sie schreibt Ausbeutung oder bürokratische Herrschaft fort, während sie den Menschen das reduzierte Überleben sichert. Muß ich noch sagen, daß diese Klage keinen Aufruf zum zwischenstaatlichen Krieg zwischen den Industrienationen bedeuten kann? Eher den Hinweis darauf, daß der ›Friede‹ verstärkt das Gesicht der Rückkehr roher Gewaltförmigkeit in die Regelung sozialer Prozesse annimmt, eher die Klage darüber, daß Imperialismus und Kolonialisierung zur Brutalisierung der untereinander nicht-kriegführenden »Herrenkultur«, zur Verwilderung des ›weißen‹ Kontinents »nach innen« geführt haben und weiter führen[7] und *Entfremdung*, bürokratische Herrschaft in den sozialistischen Gesellschaften andauern. Die Besetzung der CSSR blieb unvergessen. Was bedeutet ein Friede, der die Zerstörung Vietnams einschließt und sich mit den Herstellern von Napalm arrangiert?

Der idealistische Schleier, der über dem Buch ›Freiheit, Gleichheit, Sicherheit‹ (und also über den Gedanken des Autors) nicht weniger deutlich lag als über den sozialen Verhältnissen der BRD selbst, ist inzwischen an vielen Stellen für immer zerrissen. Daß sich die antiautoritäre Bewegung in einigen Bereichen traditionalisiert und sogar restalinisiert hat; daß nicht mehr wie im unschuldigen Jahre 1966 (oder noch 1967) ein Handbuch der Taktiken der amerikanischen Bürgerrechtsbewegung übersetzt und gelesen wird, sondern das Handbuch südamerikanischer Stadt-Guerillas, quittiert unter anderem auch den aufklärerischen Irrtum, dem die ›Neue Linke‹ vor einigen Jahren noch unterlag (und der sich dem hier erneut vorgelegten Buch deutlich eingezeichnet hatte). Sie mußte erst ihre Erfahrungen mit der begrenzten Nutzbarkeit der Erfolge provokativer Aufklärung und Polarisierung machen – sie dauerhafter zu nutzen, hätte ein *Mehr* an Organisation und an materiellen Mitteln vorausgesetzt.[8] Zu lernen war an der Antwort der Staatsgewalt, die zu parieren dem zusätzlich erschwert wird, der im heftigen Konflikt mit seinem Gegner ein Stück seines Selbstverständnisses aus dessen Händen entgegennimmt.[9] Wir mußten erst erfahren, was ein Mangel an Massen- wie an Machtbasis für eine Revolte bedeutet, die an den Grundfesten der Stabilität des Systems gerüttelt hat. Eine Verlängerung der Revolte in die Erwerbssphäre gelang nur ansatzweise. Wie sollten Studierende eine Zeitperspektive entwickeln, ihre politische Identität auf Dauer stellen, solange das Ende des Studiums im Regelfalle auch das Ende politischer Aktivität brachte? Muß ich noch sagen, daß diese selbstkritischen Anmerkungen keinen Aufruf zur Multiplikation der ›Roten Armee Fraktion‹ (RAF) bedeuten kann? Der ›Betriebsguerilla‹ im Sinne von *Lotta continua* und *Gauche prolétarienne*, das Aufflackern von Arbeitskämpfen, die allmähliche Politisierung der Streikenden und ihre Ziele; auch: politische Arbeit in Stadtteilen, Betrieben, Schulen und Universitäten, die Suche nach neuen Lebens-, Arbeits- und Kampfformen in der ›Kommune‹-Bewegung sind für die Entfaltung sozialistischer Absichten gegenwärtig wirksamer, für das kapitalistische System problematischer als *dieser* Typus von Militanz in der Auseinandersetzung zwischen Fundamental-Opposition und Staatsgewalt; eine Auseinandersetzung auf der Ebene von Kriminalpolizei, Verfassungsschutz. Diese kritisch-selbstkritische Anmerkung ist eher ein Hinweis darauf, daß der Ernstcharakter der Auseinandersetzung zwischen den historisch emanzipativen Kräften (›links‹) und ihren Gegnern heute für viele, so auch für mich, eine neue Konkretisierungsstufe erreicht hat.

›Freiheit, Gleichheit, Sicherheit‹, im Jahre 1972 geschrieben, würde seinen Ausgangspunkt nach wie vor von der bürgerlichen Revolution nehmen, die in Deutschland nicht stattfand, und hielte am antiautoritären Impuls fest: »Der Mensch ist kein Tier. Was in der stationären Gesellschaft vom Souverän zu fordern wäre, ist Ungehorsam«[10] – auch an der Kritik der bürgerlichen Familie, die inzwischen entfaltet wurde und einer materialistischen Begründung zugänglich ist.[11] Freilich in veränderten Bezugsrahmen: die Studie würde sich stärker an Konzepten wie denen vom ›Proletarischen Lebenszusammenhang‹ (oder ›Proletarischer Öffentlichkeit‹)[12], am Begriff des ›sozialistischen Lagers‹ im Sinne R. Dutschkes (1966/67) orientieren, weil die *Klassenfrage* (1965 vergleichsweise abstrakt, ja ›literarisch‹ eingebracht[13]) inzwischen die Idee des ›authentischen Individuums‹ als Regulativ politischer Kämpfe abgelöst hat (aber nun von neuem dem Traditionalismus entrissen werden muß). Die offensive und durchaus gewaltförmige Reaktion der Bourgeoisie und ›ihres‹ Staatsapparats auf den Studentenprotest, Erfahrungen der Solidarisierung *und* des vorläufigen Scheiterns der antiautoritären Bewegung haben, im Durchgange durch zahllose Diskussionen mit politischen Freunden und Gegnern, zu jenen *Lernprozessen* beigetragen, die nicht nur den eigenen Ort in der politischen Topographie der Bundesrepublik veränderten. Es ist inzwischen *mehr* geschehen als eine Rezession 1966/67, deren Erscheinungsweise und Folgen uns dazu zwangen, die sozioökonomische Lage vieler Menschen in diesem Lande genauer zu ermitteln als zuvor: sie zu erkennen als Fortdauer von Ausbeutung und Entmündigung; *mehr* als ›wilde Streiks‹ 1969, die zu einer erneuten Überprüfung der – schon früher fadenscheiniger gewordenen – These von der Integration der Arbeiterschaft anleiteten, oder als die Metalltarifrunde 1971, die zu gewissen Korrekturen an der Einschätzung der Gewerkschaften ermutigten.[14]

Noch die Gründung zu vieler kommunistischer Parteien unter Studierenden signalisiert wenigstens so viel zu Recht, daß die linke Intelligenz ihr Verhältnis zur Arbeiterbewegung und zur Frage ihrer eigenen Organisierbarkeit neu bestimmen muß. Unsereiner lernte in diesen Jahren übrigens zu zögern, wenn er sich ›Sozialist‹ oder ›Kommunist‹ nennen wollte, was er vor Jahren ungerührt tat: und war und ist doch nicht mehr – und hoffentlich nicht weniger – als ein bürgerlicher Intellektueller, der sich dazu entschlossen hat, der Sache der historisch emanzipativen Kräfte, und damit der Arbeiterbewegung, nützlich zu sein.[15]

Es ist mehr geschehen als ein Zugewinn von Realitätseinsicht. 1965 hatte es (nur für mich?) den Anschein, als habe sich offene Gewaltförmigkeit von Politik, von Herrschaft in der BRD innenpolitisch überlebt[16]; ähnlich in Frankreich (von den faschistoiden ›pieds noires‹ einmal abgesehen) oder, bei veränderter Ausgangslage, in Italien. Kein Anarchist starb am Fenstersturz. Man konnte diesem Anschein leicht erliegen – obwohl ich doch andererseits, realistisch genug, damals in den Notstands-Gesetzen sehr wohl die moderne Antwort auf den beängstigenden, weil revolutionären ›Hintergedanken der Philosophie‹ sah.[17] *Heute* ist die Rückkehr von offener Gewaltförmigkeit auch innenpolitisch, auch in die Frage der Konstruktion oder Destruktion sozialer Systeme, unübersehbar. Da beschließt die fortschreitende Selbstzerstörung bürgerlichen Verkehrs, in ›Freiheit, Gleichheit, Sicherheit‹ erst am Rande thematisiert[18], die der Rechtsstaatlichkeit in parlamentarischen Demokratien mit ein; da entwickelt sich ein Filz aus Nachrichtenpolitik (namentlich der *Springer*-Presse[19]), außerökonomischer Zwangsgewalt, *law and order*-Stimmung; da bestimmt sich die Regierungsgewalt in innerstaatlicher Feinderklärung als Souverän, indem sie die Linke als ihren absoluten Feind setzt. Gewiß: ich zitiere 1965/66 *W. von Humboldts* Kritik an jenen Staaten, die Wohlstand, die *Ruhe* auf Kosten von »Mannigfaltigkeit und Tätigkeit« des Bürgers herbeiführen wollten. Die kritische Anmerkung, daß »Gegensätzlichkeit und Widerspruch [...] nicht hoch im Kurs« stünden, wenn sie einer demokratischen Regierung bestenfalls als private Marotte gälten[20], klang zwar noch freundlich, aber die Konsequenz schon nicht mehr: »Wo [...] Gesellschaften keine politischen Alternativen mehr kennen oder zulassen [...], heißt die einzig verbleibende Alternative: Erstarrung oder Untergang. Diese, nicht selbst gewählt, und eigentlich gar keine Alternative, ist nicht mehr in ihre Hand gelegt.«[21]

Schon 1967 wurde latente Gewaltförmigkeit manifest: Demonstrationen und Aktionen der Studentenbewegung haben sie nicht produziert, sie waren wie Sonden, die eine Eihaut abzogen, unter der Repression fertig lag. Schon früher war die Intention von ›Freiheit, Gleichheit, Sicherheit‹: die (nach-)bürgerliche Gesellschaft an ihren Postulaten und unter Rekurs auf historisch zerstörte Formen kritischer Öffentlichkeit zu bemessen, falsifiziert. Doch vor 1966 schienen viele gesellschaftliche Widersprüche nicht zuletzt unter dem Einfluß von Aneignungs-Strategien des Kapitals (›Konsumfunktion‹: der Besitz von Märkten als der von *Bewußtsein*) und den Strategien der Massenkommunikation einzuschlafen. Zum Kern von ›Freiheit‹, was man eben so nannte, wurde die ohne nackten Zwang gewährte Zustimmung der Getäuschten. »Widersprüche, nach deren Geschichte zu suchen unsere Absicht ist, existieren seither nur noch in der Realität, nicht mehr im politischen Bewußtsein Vieler.«[22] *Bewußt, auffindbar*, das wurden sie schon bald; noch die Existenz von ›Bürger-Initiativen‹ spricht davon. Heute, wie an Berufs- und Berufungsverboten abzulesen[23], delegiert die Staatsgewalt Anteile der offenen gesellschaftlichen wie politischen Kontroverse an den Verfassungsschutz und die Innenminister.

Eine Ahnung dieser immer drohenden Gewaltförmigkeit der Unterdrückung »erschließlicher Gedanken« (*H. Heine*) gab ›Freiheit, Gleichheit, Sicherheit‹ den angstvollen Unterton, den der beste der Rezensenten, Alexander Mitscherlich, sehr deutlich spürte. Die Ahnung trog nicht. Wer an der antiautoritären Revolte teilnahm, mußte spätestens seit Ostern 1968 wissen, daß uns ein Sprung in eine neue Qualität des Konflikts zwischen ›Protest‹ und ›Establishment‹ bevorstand: in die des Klassenkampfs und der Herrschaftsausübung gegenüber schwindenden Massenloyalitäten. Sobald Medien der Massenkommunikation, vorzüglich *Springer* und sein Konzern, die staatliche und soziale Ordnung der BRD nicht mehr vor der Revolte bewahrten, sondern umgekehrt die Staatsgewalt den Konzern vor dem Zugriff jener schützen mußte, ließ sich die Erhaltung des ›sozialen Friedens‹, das heißt: das möglichst uneingeschränkte Fortbestehen des kapitalistischen Produktionsverhältnisses und das Herbeiführen (und Sichern) von Massenloyalität, künftig nicht mehr auf ›Produktion von Bewußtsein‹ begründen, sondern war auf dem Wege der Konstruktion (und Verfeinerung) von wirksamen Einrichtungen außerökonomischer

Zwangsgewalt zu stabilisieren – eingeleitet durch die Notstandsgesetzgebung, fortgeführt durch die Befassung des Bundesgrenzschutzes mit Polizei-Aufgaben schon unterhalb der Notstandsschwelle und eingeübt in der Koordination von Fahndern anläßlich der Suche nach Mitgliedern der ›Baader-Meinhof-Gruppe‹. Wenn es nicht mehr so ohne weiteres möglich ist, »das Produktionsverhältnis aus dem Bewußtsein zu verdrängen«, so muß um so entschiedener versucht werden, jede Neigung zum »Ausbruchsversuch der Massen« gewaltförmig zu verhindern.[24] Die *Rote Armee Fraktion*, mit dem Ziel, ihn militant vorzubereiten, war selbst auch Ausdruck jener Selbstzerstörung bürgerlichen Verkehrs (und der Sackgasse, in die traditionelle Muster revolutionärer Entwicklungen führen).

Ja, wo bleiben wir dann da mit unserer 1966er »Synthese von kritischer Einsicht und Liberalität, von Einfühlung und Rationalität«, die allein Brüderlichkeit und vieles andere Gute gewähren könne?[25] Worauf beziehen wir uns da in der Zone der Kriminalisierung, des ›Berufsverbots‹? Brüderlichkeit: in der Form massenhafter Solidarisierungsprozesse, die haben viele erlebt, als die ›Neue Linke‹ den Konsens gemeinsam verweigerte, in der *Negation*. Der »Synthese von Einfühlung und Rationalität« hatte *Polarisierung* vorauszugehen, und was ihr folgte, spülte freilich jene Reminiszenzen von ›Freiheit, Gleichheit, Sicherheit‹ – nämlich Reminiszenzen an Formen bürgerlicher Subjektivität und Verkehrs, die es immer nur als Hoffnung gab, vom Tisch. Der richtige Entschluß, den trügerischen und gefährlichen sozialen Frieden des *Status quo*, wie er sich uns 1965/66 darstellte, unversöhnlich aufzukündigen, hat mich – und andere – zugleich über zwei Gefahren belehrt, die wir, eine zu Anteilen noch bürgerliche Avantgarde, nicht sogleich vorausgesehen haben. In jeder abstrakten Negation der kapitalistischen Gesellschaft, der *Unbedingtheit* der Revolte, in jeder wie immer begründeten Vernachlässigung des Klassen-Standpunktes im sozialen Konflikt kündigt sich noch in den Zeiten des ›Siegs‹ immer der künftige Verlust von *Praxis*, von Handlungs-Alternativen schon an. ›Klassen-Standpunkt‹: das soll gerade die Überwindung jenes Zurechnungs-Positivismus andeuten, nach dem über die Klassen-Zugehörigkeit die Geburt des Menschen ein für allemal entscheidet, und der viele Studierende zum ständigen Schielen nach der Seite der unmittelbaren Produzenten nötigte und der überdies die Bedeutung unterschätzt, die der sogenannte Reproduktionsbereich (Familie, Freizeit, Konsum ...) für Bewußtsein und Perspektive der lohnabhängigen Bevölkerung hat. Hier wäre außerdem eine Rückbesinnung auf *W. Benjamin* und seine These von der ›Politisierung der eigenen Klasse‹ nötig – Themen, von deren praktischer Bedeutung der Autor von ›Freiheit, Gleichheit, Sicherheit‹ nichts ahnte.

Der Autor, 1965/66 von Ideen direkter Demokratie bewegt: »Aber noch einmal sei es gesagt«, so zitierte er aus der Französischen Revolution, »es ist unmöglich, seine Rechte zu behaupten, wenn man nicht fortwährend auf die Männer aufpaßt, denen die Verwaltung der wichtigsten Rechte anvertraut ist«[26]; und dazu entschlossen, Prozesse allgemeiner *Politisierung* zu fordern und nach Kräften zu fördern – als »Ausdruck lebendigen Interesses an dem, was alle angeht«, als »Bildungsforderung jeder revolutionären Tradition«[27] – hat in den sieben Jahren danach auch etwas von der Ermüdung gespürt, die sich einstellt, wo politische Intelligenz ihre Aktivität auf Dauer stellen soll. Er sah in seiner näheren Umgebung quälende Prozesse der Entmischung von kulturrevolutionärem Engagement und revolutionärer Disziplin: in Subkultur, *Gegengesellschaft* hier, rigide, dogmatische ›*Parteiansätze*‹ dort; erfuhr also, wie Bewegungen an identitätsstiftender Kraft und an Solidarisierungsfähigkeit verarmen können. Muß ich noch sagen, daß solche Kritik (und Trauer) weder Resignation noch die Empfehlung organisationsbürokratischer Vereinheitlichung der Linken implizieren? Ein Rückblick auf sieben Jahre ist zumindest, was ›Resignation‹ angeht, sehr lehrreich. Als ich 1965, in einem Schweizer Ferienort, das Manuskript für ›Freiheit, Gleichheit, Sicherheit‹ fertigstellte, empfand ich mich, trotz einiger weniger Kontakte zu Gruppen des SDS, durchaus als eines unter nicht sehr zahlreichen *einsam wandelnden Nashörnern*, als literarischer Partisan angesichts schweigender Mehrheiten und eines scheinbar weitgehend integrierten Proletariats.[28] Sieben Jahre später hat die These vom ›eindimensionalen Menschen‹ (*H. Marcuse*) an Realitätsgehalt verloren; ist die Zahl politischer Freunde groß, hat auch unsereiner seine politischen Gegner und Feunde; nimmt das sozialistische Lager in der BRD an Gegenwärtigkeit zu und erreicht die europäische Auseinandersetzung zwischen den traditionellen Arbeiterparteien und den *gauchistes* vieler Länder eine neue Qualität.[29] Die Kritik der Politischen Ökonomie ist wieder an Universitäten der Bundesrepublik vertreten; *noch* existiert ihre Sicherung im institutionellen Rahmen der Bildungsprozesse. Lehrlings- und Schülerarbeit im Sinne sozialistischer Politik entwickelt sich in einem zweiten Ansatz. So nähern wir uns doch, langfristig, der *Vollendung der Revolution* – im Sinne *J. E. Bollmanns*, an den ich in ›Freiheit, Gleichheit, Sicherheit‹ erinnerte: »Wenige Revolutionen sind bis jetzt noch vollendet worden, und aus dem Nichtvollenden derselben entsprang größeres Übel als das, wo wider sie anfänglich ausbrachen.«[30] Die nicht vollendete Emanzipation, die bloße Partikularität der bürgerlichen Revolution war *das* Leitthema von ›Freiheit, Gleichheit, Sicherheit‹. Was aber heißt – nach den Erfahrungen der sieben Jahre seit 1965 – ›vollendete Revolution‹, was ›Revolution‹ überhaupt?

Revolution, so mag es dem Leser des *Rheinischen Merkur* erscheinen, ist der von Ulbrichts Freunden (mit Geldern aus der DDR, UdSSR, China ...) inszenierte Versuch, ein im ganzen florierendes Staatswesen und ein geschichtlich höchst bewährtes Wirtschaftssystem, das kapitalistische, mitsamt den Ladenstraßen und jeglicher Freizügigkeit des Individuums zugunsten einer Partei-Bürokratie abzuschaffen. *Geht es uns nicht gut?* »Freilich erhält das Volk befriedigt, was man es wünschen macht«, hieß es in ›Freiheit, Gleichheit, Sicherheit‹, »Ruhe, Ordnung, Konsumgüter, etwas Lust«[31] – was sollte dagegen die Klage des Autors über das Totschweigen der »wahren Selbstinteressen« des Menschen ausrichten[32], was sein Vorschlag, Brüderlichkeit, Solidarität könnten ausschließlich aus der Solidarität des ›Volks‹ *im Regieren*, also direkter Demokratie, entspringen?[33] Nicht, daß es im Buch an Hinweisen auf den wirklichen und bereichsweise so elenden Zustand der Dinge gefehlt hätte, aber welche Kraft war Argumenten dieser Art in einer Gesellschaft zuzutrauen, die sich mehrheitlich als *Konsum*-Assoziation, als *Wohlstandsgesellschaft* verstand?[34]

Inzwischen ist der Gedanke, wir lebten in einer ›Wohlstands‹- oder gar ›Überfluß-Gesellschaft‹ fadenscheinig geworden: Wo Verschuldung und Mehrarbeit an der Ruhe vieler Familien rütteln, wo sich die psychophysische Belastung vieler am Arbeitsort gesteigert hat, wo Zustände in Schulen, Gesundheitswesen, Nahverkehr, Stadtplanung und Wohnungsbau *Bürger-Initiativen* und ›Rote-Punkt-Aktionen‹ hervorrufen, wird wieder *gelernt*. Daß die wirtschaftliche Entwicklung die »Anhäufung derjenigen Kräfte und Einrichtungen« hintertrieb, durch »die die Wohlfahrt der ganzen Nation hervorgebracht oder garantiert wird«[35], diese Lektion wurde in den vergangenen sieben Jahren absolviert. Viele sind mit den Lebensverhältnissen in den Metropolen – unartikuliert – unzufrieden, sie suchen nach einer neuen Lebens*qualität*. Auch daß ökologische Probleme größter Tragweite von der Entfaltung des Kapitalismus verursacht worden sind, die zu lösen er sicher außerstande ist. *Umwelt*: das ist das, was verschmutzt werden kann – dies ist weithin verstanden. Wenn sie davon ausgehen, daß wir Menschen unserer Natur nach geschichtliche Wesen wurden, daß *soziale Ordnungen*: Wirtschaftsformen, Institutionen, politische Systeme, Regeln ... das Leben des (biologischen) ›Mängelwesens‹ Homo sapiens erhalten und die Befriedigung materieller Bedürfnisse durch Arbeit und gerechte Verteilung der Arbeitsprodukte sichern sollen, finden heute schon viele auch in unserem Land einen rationaleren Zugang zum Problem der ›Revolution‹ – verglichen mit dem törichten, den ich eingangs skizzierte. Fügen wir hinzu: Menschen produzieren miteinander, in den verschiedenen geschichtlichen Formen ihrer Kooperation, immer Lebensmittel *und* ›Kultur‹: Kultur, in der sich aus Neugier, Lernfähigkeit und Produktivität der Gattung Homo sapiens fortwährend nicht-materielle Bedürfnisse entwickeln, die nicht weniger lebensdringlich sind.[36] Der Mensch lebt nicht von Brot allein, und hätte auch dies nicht ohne Kultur.

Die gemeinsame, gesellschaftliche Erhaltung des Lebens und der Kultur nötigt allerdings dazu, alle jenen Formen der Gesellung zu überwinden, in denen der Mensch noch dem Menschen ein Wolf war; nicht unabhängig von gesellschaftlicher Armut, in der das Brot auf den Spitzen der Bajonette verteilt werden mußte.[37] Soziale Ordnungen sichern also nicht nur die materielle Reproduktion der Gattung und sollen *Leben* erhalten, sie haben geschichtlich auch Emanzipation als ›allseitige Entwicklung menschlicher Fähigkeiten‹, aber auf der Basis von Solidarität, zu konstituieren. Der Mensch ist kein Tier, es bedarf mehr als (nur) des physischen Überlebens der Gattung.

Die Frage nach der Bedeutung des Wortes ›Revolution‹, welches viele Bürger noch immer an Kellerratten erinnert, die aus den Gullys der großen Städte quellen und sein reinliches Verkehrsverhältnis mit ihrem Schmutz überschwemmen, nötigt den Marxisten zunächst zur Vergegenwärtigung, wie die Wirtschaftsform und Kultur des Kapitalismus denn im gerade skizzierten Zusammenhange einzuschätzen sind. »Historische Erfahrungen und prognostische Überlegungen«, so unlängst *H. Fleischer*[38], »vereinen sich im marxistischen Denken zu der festen Überzeugung, daß das kapitalistische Weltsystem« – eine der ›sozialen Ordnungen‹, von denen ich eingangs sprach – »notwendig immer wieder kritische Situationen heraufführt, in denen nicht nur für Millionen arbeitender Menschen der Lebensunterhalt in Frage gestellt ist, sondern sogar das Leben selbst bedroht und massenweise vernichtet wird, und ineins damit auch die schon errungenen demokratischen Rechte [...]« Infolge der unterdrückenden und zerstörerischen Wirkungen des Kapitalismus, der doch einstmals die Abhängigkeit des Menschen von den Naturbedingungen weitgehend aufgehoben, den endemischen Hunger und physisches Elend in seinem Einzugsbereich überwunden hatte, besteht damit die Wahrscheinlichkeit, daß »jeweils Massen von Menschen aus der Routine ihres Arbeitsalltags herausgedrängt und zu [...] verändernden Aktivitäten in Bewegung gesetzt werden (nach ›links‹ – sozialemanzipatorisch, nach ›rechts‹ – sozialregressiv, nationalistisch, rassistisch, imperialistisch). Die Marxisten halten es [...] für unmöglich, zureichend motivierte Massenbewegungen in die Bahnen eines institutionell festgelegten Kräftespiels zurückzudrängen; man kann nur die eine Richtung zum Nachteil der anderen fördern und umgekehrt. Die Linie der Marxisten ist es, sich mit dem sozialemanzipatorischen Bewegungspotential zu verbinden«. Auch die Politik der Revolution verhält sich demgemäß »nicht doktrinär-konstruktivistisch, sondern verfährt ›mäeutisch‹ (Geburtshilfe leistend), experimentell und ›tentativ‹ (es auf den praktischen Versuch ankommen lassen)«[39].

›Revolution‹, so könnten wir *H. Fleischer* zusammenfassend interpretieren, wird nicht von Verschwörern willkürlich *gemacht*, ist gerade *kein* deus ex machina: Wenn eine soziale Ordnung, die wir als Bedingung unseres Lebens vorfinden, Überleben und geschichtliche Errungenschaften *nicht* mehr sichert, sondern sich in eine Bedrohung des Überlebens wie der Errungenschaften verkehrt, wenn Leben, Denken, Hoffen, Lieben ... gleichsam mürrisch in ihrer Haut werden und ihre Lebens*tätigkeit* sich zu vielen entfremdet, dann bilden sich großflächig gesellschaftliche Bewegungen, Unruhezustände aus, deren Potential dem Sog der Regression entrissen und planvoll in Richtung auf die *nun* geschichtsangemessene, emanzipatorische Zukunft gewendet werden muß. An einem speziellen Problem erläutert: Aus der ökologischen Bedrohung, wie – früher – aus der Gefahr atomarer Destruktion, leiten wir die Forderung ab, die Entwicklung der Produktivkräfte und die *technische Gewalt* vernünftig, im Interesse aller, gesellschaftlich zu kontrollieren. Das setzt voraus, daß Produktionsmittel und -verhältnis zunächst unter gesellschaftliche Kontrolle gebracht und der Einfluß privater Aneignung des Arbeitsprodukts auf die Produktion (und, übrigens, auf den längst abhängig gewordenen *Wissenschaftsprozeß*) gebrochen werden.[40] ›Bewegungen‹ in dieser Richtung entwickeln sich unter Wissenschaftlern (und unter anderen Bürgern) an verschiedenen Orten des politischen Felds – keineswegs *nur* unter Linksradikalen und kritischen Kommunisten. Liberale Köpfe, Mitglieder staatstragender Parteien sind hier durchaus zu finden. Es entwickeln sich aber auch *Gegen*-Tendenzen, die auf einer sogenannten Autonomie der Wissenschaften (wie der Produktion) gegenüber solchen Kontroll-Vorschlägen bestehen; eine ›Autonomie‹, die der *Staat* durch Eingriffe in Universität und Hochschule sichern oder erhalten soll. Diese Gegentendenzen organisieren sich seit etwa zwei Jahren im ›Bund Freiheit der Wissenschaft‹, dem wiederum nicht nur Angehörige definitiv rechter oder konservativer Gruppierungen zugehören, sondern beispielsweise auch Sozialdemokraten. Was Vertreter der *Neuen Linken* als ›Politisierung der Wissenschaften‹ (und als ›Demokratisierung der Universität‹) bezeichnet haben, knüpft an die kritische Bewegung an und versucht, Kritik an Forschung, Wissenschaft, Produktion zu präzisieren, zu radikalisieren und möglichst viele Menschen streitbar gegen die regressive Antikritik zu wenden.

(Bei diesem speziellen Problem definiert die Parteizugehörigkeit oder das Wählerverhalten die Frontlinie des skizzierten Prozesses *nicht*. Bei anderen, allerdings recht ›hautnahen‹ Fragen: Schulverhältnisse, Nahverkehr, Wohnungswesen usw. verhält es sich ganz ähnlich. Sobald politisierte Bürger sich an Problemen engagieren, deren Lösung sie wirklich angeht, obwohl diese in den Grenzen des kapitalistischen Systems nicht gefunden werden kann, oder die jedenfalls mächtige wirtschaftliche Interessen alarmieren, die den gegenwärtigen Zustand zu verewigen gedenken, geraten sie, die Bürger, mit einem Male in Distanz zur staatstragenden Partei – auch und gerade wenn sie ihr selbst angehören oder nahestehen. Die weiß sich der Unruhe, die da in ihre eigenen Reihen getragen wird, nicht mehr anders zu erwehren, als durch Rüge, negative Sanktion, Ausschluß, zugleich durch Abgrenzung: Die ›Unvereinbarkeits‹-Erklärung der SPD – keine Zusammenarbeit mit Kommunisten, Linksradikalen – wäre in diesem Kontext zu sehen. Auf das Auseinanderrücken der politischen und sozialen Interessen politisierter [oder enttäuschter, bedrängter] Bürger einerseits, der Funktion, dem Programm, dem Ziel der staatstragenden Partei andererseits antwortet letztere *disziplinierend*, durch Ausspielen ihrer Machtmittel; nicht etwa durch eine Korrektur ihrer eigenen Position und Bestimmung. Es ist das Elend solcher repräsentativ-zentralistischer Organisationen, daß sie unfähig sind, dezentrale, lokale, an eigenen Bedürfnissen politisierte Bewegungen in den [Wähler-]Populationen aufzunehmen. Anders formuliert: Es gibt in den Reihen der staatstragenden Parteien [und unter ihren Wählerschaften] zweifellos latente Abspringer, mit denen eine revolutionäre Bewegung rechnen darf – nicht heute, und wenn nicht morgen, so doch übermorgen.)

Allgemeiner: Die Alternative zur Revolution ist, auf der Höhe der Entfaltung des Kapitalismus und seiner Industriegesellschaft, nicht die partielle Rückkehr zu einem romantischen Ancien régime (wie es anscheinend manchen industriefeindlichen, konservativen Strömungen vorschwebt), sondern die *Barbarei*; wir sollen ein Volk von Fellachen werden. Wider diesen Ausgang müssen ›Bewegungen‹ initiiert und organisiert werden. Insofern betrachtete *Forster*, den ich in ›Freiheit, Gleichheit, Sicherheit‹ zitierte, mit Recht die Revolution als »eines der großen Mittel des Schicksals, Veränderungen im Menschengeschlechte hervorzubringen«[41]. – Längs der *Fleischer*schen Erläuterung (s.o.) erweist sich erneut die Prägnanz der bekannten Definition, die *Fr. Engels* gab: Revolution sei ein kollektiver Lernprozeß unter beschleunigten Bedingungen. Erst an ihrem Ende stünde *Revolution* – (verkürzt) gefaßt als »Sturz einer rechtmäßig etablierten Regierung und Verfassung durch eine soziale Klasse [...], deren Ziel es ist, die gesellschaftliche wie die politische Struktur zu verändern« (*H. Marcuse*). – Einige Ergänzungen zum Bedingungsgefüge und Sinngehalt von ›Revolution‹ sind nötig (siehe weiter unten); zuvor gilt es, ein naheliegendes Mißverständnis abzuweisen.

1 Mit der *Fleischer*schen Erklärung haben wir revolutionäre, d.h. marxistische Politik an dem festgemacht, »was zunächst *andere* – vor allem die Dirigenten des kapitalistischen Systems – bewirken und voraussichtlich bewirken werden«[42], beziehen wir sie auf jenen geschichtlichen Augenblick, wo die Ordnungen des Kapitalismus wertvolle Errungenschaften bedrohen und Leben vernichten (oder vernichten werden). Ein breiter Fächer staatlicher (und wirtschaftlicher) Maßnahmen, meist noch justizförmig geregelt, soll sie, diese Ordnungen, dennoch stabilisieren. Das ist richtig. Zugleich könnte aber der Eindruck entstehen, als sei die einzige Legitimation marxistischer Praxis eine ›revolutionäre Situation‹ sensu strictiori, etwa eine heftige und als zeit-punktuell gedachte Massenbewegung im oben erwähnten Sinne, der die bisherige Gesellschaftsordnung (unter Bruch ihrer eigenen Gesetze) gewalttätig Widerstand leistet. Das wäre falsch. Hier muß daran erinnert werden, daß es ›großflächige gesellschaftliche Bewegungen‹ seit mehr als einem Jahrhundert schon gibt (Arbeitervereine, -bünde, -parteien; Gewerkschaften; faschistische Bewegungen ...), weil die »kritischen Situationen«, von denen *H. Fleischer* spricht, auch nach dem Elend des Frühkapitalismus im *Krisenzyklus* die Entfaltung dieses Wirtschaftssystems begleiten. Aber wird sie, die Entfaltung, nicht auch von einem Anstieg der Berufsqualifikation, der Bildung, der Einübung in Kooperation und von der Entwicklung überlegener Technologie begleitet? Gewiß: das kapitalistische System erzeugt nicht nur die Alternative der Barbarei, sondern auch die der sozialistischen Gesellschaft, indem es sich zu seiner Reife entfaltet. ›Revolution‹, wie der Marxist sie begreift, ist die Abwendung der *Barbarei*, seine Politik ist auch von den Errungenschaften des Kapitalismus abhängig.

2 Der Kapitalismus konstituiert sich, wie viele heute wieder wissen, als *Klassen*gesellschaft, worin dem sich herausbildenden Proletariat der Reichtum der Gattung Homo sapiens verschlossen, ihm ökonomische wie politische Selbstbestimmung vorenthalten bleiben sollen – gegenüber der Mehrheit der Bevölkerung erweist sich die bürgerliche Revolution als *unvollendet*. Nicht jeder sieht, daß aber die sogenannten Mittelschichten nicht weniger deutlich dem Kapital-Interesse subsumiert, in ihren Lebensaussichten und -hoffnungen enttäuscht und sogar Wissenschaft wie Kultur in der großen Schleppe des Kapitals mitgerissen werden. Wahrheit, das ist (fast) nur noch *Verwertbarkeit*. Der geschichtliche Prozeß, in dem unser Gesellschaftssystem sich heraus-

bildet, muß und kann zwar von den »Dirigenten« des Systems (*H. Fleischer*) als »Verfestigung« und »Expansion« verstanden werden, stellt sich aber aus der Sichtweite des Marxisten zugleich als ein (prä-) revolutionärer *und* als ein Prozeß der ›Barbarisierung‹ dar. Aus ihm ergibt sich für marxistische Politik eine Langfristigkeit der Perspektive, die sich der Punktualisierung auch im Zusammenhange mit dem Begriff ›Revolution‹ entzieht. Die Ablösung des alten ökonomischen und politischen Systems (›Sturz einer... Regierung‹, usw.) stellt sich daher als eine (kurze!) *Phase* des revolutionär-evolutionären Prozesses dar, der lange zuvor beginnt. Menschen ihre Lage und Zukunfts-Erwartungen in ihm zu erklären, ihnen ihre Ängste zu artikulieren, sie zeitig auf jene progressive Entscheidung und Wendung vorzubereiten (und für marxistische Politik zu werben), ist das Ziel marxistischer Politiker. Freilich: solche Politisierung kann sich nicht nur im Medium der (erläuternden) Sprache, von Kommunikation vollziehen. So bedarf es, um nur ein Beispiel zu nennen, sozialistischer Initiativen im Reproduktionsbereich, um das objektive wie subjektive Elend vieler Familien für sie und mit ihnen zu artikulieren und sie zur Selbsthilfe anzuregen.[43] Nicht nur muß der ›revolutionäre Eingriff‹ in *Organisationen* vorbereitet werden, nicht nur setzt Organisation für viele erst den Rahmen, in dem sie ›einsehen‹ (lernen, begreifen...) können: aus vielen Gründen, die ich im einzelnen hier nicht ableiten kann, müssen Handlungsperspektiven eröffnet werden und bedarf es der *Praxis*. Für die sind die herrschenden Verhältnisse nicht günstig. Die Gesetze des kapitalistischen Systems gewähren dem Unternehmer das Recht, kritische Öffentlichkeit aus dem Unternehmen auszuschließen, verbieten es damit den Arbeitern, in ihrer Erwerbssphäre politisch zu diskutieren und zu wirken[44], die Interessen des einen werden geschützt, die des anderen negativ sanktioniert. Gesetze lassen durchaus Boden- und Bauspekulationen zu, aber keine Hausbesetzungen – weder demonstrative noch solche aus Not. ›Linken‹ Lehrmeinungen usw. wird nur insofern der Schutz des Art. 5 GG (›Meinungsfreiheit‹) zugestanden, als es sicher ist, daß keiner sie zur Basis politischen Handelns nimmt: ihre gesicherte *Folgenlosigkeit* allein erhält ihnen Grundrechte.[45] Systemkonforme Meinungen usw. *sollen* dagegen zur Basis politischen und sozialen Handelns genommen werden. Bestechung und Korruption im großen Stile: im Umgang von Konzernen mit Gemeinden, die vom Gewerbesteuer-Aufkommen materiell abhängig sind, bewegt sich im außerrechtlichen Raum, als eine der realen und normalen Grundlagen des kapitalistischen Systems. Wo *Demonstranten* dagegen Druck auf Gemeinden und andere Institutionen entfalten, droht ein Verfahren wegen Landfriedensbruch, Nötigung, Rädelsführerei usw. Es hat *solche* Gründe, daß marxistische Politik vielfach einem starken Kriminalisierungsdruck unterworfen wird, was den Gegner dann in seiner ›Kellerratten‹-Hypothese bestätigen mag.

3 Der evolutionär-revolutionäre Prozeß, den marxistische Politik ins Emanzipatorische wenden will (s. o.), findet im ›Sturz einer... Regierung‹ usw. nicht etwa sein Ende. Daher hat sie eine Zeitperspektive weit über den Horizont der – möglicherweise dramatischen – Machtübernahme hinaus. Je intensiver der Versuch der alten Ordnung und ihrer Eliten ist, sich – und sei es auf Kosten der Heraufkunft von Barbarei – der Umwälzung zu entziehen: nach der Oktoberrevolution in Rußland ›von außen‹ durch Interventionsarmeen kapitalistischer Staaten, ›von innen‹ durch die Entfesselung von Bürgerkrieg, und je unvollständiger der Versuch marxistischer Politik bleiben mußte, *volkserzieherisch* auf neue gesellschaftliche Ordnungen vorzubereiten, um so stärker prolongiert sich der *Engels*sche ›kollektive Lernprozeß‹ in die Jahre oder gar Jahrzehnte nach der ›Revolution‹ (als ›Machtübernahme‹ verkürzt verstanden). ›Erzieherisch‹ auf neue gesellschaftliche Lebensformen vorzubereiten, muß freilich versucht werden; die Leistung der traditionellen Arbeiterparteien hierfür ist heute umstritten. Die Idee der ›Antizipation‹ (freierer Lebensverhältnisse) in der Studentenbewegung, ihre Provokationstechniken und ›anarchischen‹ Komponenten haben hier eine Wurzel.

Unter der Idee der *Antizipation* haben die miteinander kooperierenden Individuen sich gefragt, ob sie schon vorhandene Typen zwischenmenschlicher Beziehungen nur für ihre politischen Absichten instrumentalisieren, ob sie soziale Gewohnheiten akzeptieren, bestimmte überlieferte Sozialcharaktere: Disziplin, Rivalität, ›Revierdenken‹, Fleiß... nur unter veränderte politische Vorzeichen setzen können, oder ob sie auch organisations-, ja eigentlich lebenspraktisch eine *Metaebene* gegenüber dem mehrschichtigen Gefüge der empirisch antreffbaren Lebens- und Arbeitsformen zu erreichen vermögen. Sie haben dabei gelernt (als ›persönliche Erfahrung‹), was – weniger deutlich gedacht und artikuliert – in ›Freiheit, Gleichheit, Sicherheit‹ vielfach schon anklang. Politik: das, was in der Lebenswelt der Individuen mit über ihr Schicksal entscheidet und von ihnen *gestaltet* werden soll; Wirtschaft: die ökonomische Ordnung der Gesellschaft (als bestimmte Form der Produktion und Reproduktion), und Innerlichkeit: die Welt der Prozesse im Individuum, die Strukturen seiner Alltäglichkeit sind vermittelt, voneinander abhängig – mit der ökonomischen Sphäre als dem ›transzendentalen Rahmen‹.[46] Wenn nun einerseits dieser ›transzendentale Rahmen‹ die Chance der Antizipation befreiterer Formen zwischenmenschlichen Verkehrs auch begrenzt, so dürfen wir *Innerlichkeit* dennoch nicht etwa auf den Zuschnitt und auf die Rahmen-

Bedingungen des alltäglichen Lebens in unserer Gesellschaft verweisen und daran fixieren. Denn ›Innerlichkeit‹ muß auch als *anstehendes Bedürfnis* begriffen werden: Wir haben die soziale Ordnung, in der wir existieren, daraufhin kritisch zu befragen, inwieweit sie ›anstehende‹ (neue) Bedürfnisse des Menschen erkennen, anerkennen, artikulieren und befriedigen wird.

Der Autor von ›Freiheit, Gleichheit, Sicherheit‹ sah, daß die bürgerliche Gesellschaft ihre Postulate vernichtet hat, indem sie sich entwikkelte. Er würde heute die legitime Nüchternheit des marxistischen Revolutionskonzepts, wie es etwa *Fleischer* vertritt, um eine Dimension ergänzen. Was uns als unsere Gegenwart und höchst kompakte Realität erscheint, ist zugleich *Vergangenheit*, das Geschichtsangemessene, das heute Mögliche und Geforderte aber als ›utopisch‹ aus dem herrschenden Realitätskonzept exterritorialisiert. Revolutionäres Bewußtsein und Kapitalismus-Analyse müssen sich daher auch als theoretische wie praktische Kritik an der (kapitalistischen) *Realität* und Zeit begreifen. Die ›Greifschale‹ beider wird durch *neue Bedürfnisse* gesprengt, in denen sich ›Zukunft‹ (als die wahre Gegenwart) anzeigt. Die Forderung nach der Entwicklung neuer Arbeits-, Lebens- und Kampfformen, wie sie im SDS, namentlich von *R. Dutschke*, in wechselnden Formen gestellt worden ist, gewinnt gegenwärtig übrigens durchaus praktische Bedeutung: Wo, wie etwa in Italien, die Klassenkämpfe nicht nur sehr intensiv werden, sondern revolutionäre Gruppierungen von Spitzeln, Agents provocateurs durchsetzt und wachsender staatlicher Repression ausgesetzt sind, werden ›emanzipatorische‹ Gesellungsformen lebensdringlich.

Wir alle sollten uns nicht damit begnügen, Lebens-, Arbeits- und Kampfformen zu entwickeln, die es uns gestatten, weiterzuleben – ohne daß wir an den Abenden unserer Tage sagen könnten: *Wir haben gelebt.*

4 Die Alternative *Barbarei* hat der Autor von ›Freiheit, Gleichheit, Sicherheit‹ mehr als alles gefürchtet: barbarisch genug schienen ihm schon zu viele gegenwärtige Lebensverhältnisse zu sein.[47] (Was der Psychoanalytiker, der Psychologe über das Schicksal ihrer Klientel erfahren, ging damals wohl stärker in sein Urteil ein als Zustände in *Gettos*: Strafanstalten, Fürsorge-Heimen, Obdachlosen-Siedlungen, in der *Sklaverei*: Arbeiterinnen am Band, zu schweigen von der Situation vieler ›Gastarbeiter‹.) Was tun? Mußten nicht viele seine Befürchtungen teilen? durchschauen, daß die Verhältnisse in der BRD nicht so sind wie *Hör Zu* sie darstellt?[48] Wie sie aktivieren, solange der Staatsbürger nur als bloßes Objekt einer Weltgeschichte existiert, »die im einzelnen von handfesten Interessen [...] gemacht wird, während sie

als Ganzes ungesteuert auf eigenen Bahnen rollt«?[49] Nur in der »Demokratisierung des bürgerlichen Lebens«, d. h. »in der Teilnahme des einzelnen an seiner Sozietät, in der Gleichzeitigkeit von Erziehung zu kritischem Bewußtsein *und* einer planvollen Änderung struktureller Bedingungen der Gesellschaft« war ein Weg ins Freie, zur Aufhebung der Entpolitisierung zu sehen.[50] Darin lag durchaus eine Anmerkung zum Begriff und Sachverhalt ›Revolution‹.

a. Zwar verwies »Erziehung zu kritischem Bewußtsein« – die offensichtlich die Vergesellschaftung der Produktionsmittel usw. zu ergänzen hatte (»planvolle Änderung struktureller Bedingungen«) – in Sprache und Stellenwert noch deutlich auf Ideen bürgerlicher Aufklärung, von kritischer Öffentlichkeit, ging aber zumindest da und dort über diesen Traditionsbestand hinaus. Heute würde ich vieles schärfer formulieren: Was hier zu ›erziehen‹, was (revolutionär) zu *verändern* war, das war nichts weniger als die *zweite Natur* des Menschen, wie sie sich – zuletzt unter den Bedingungen des Kapitalismus, anfangend in den Epochen der ursprünglichen Akkumulation des Kapitals – historisch herausgebildet hatte. »Noch ist Demokratie nur durch die Verinnerlichung der guillotinierten Könige möglich geworden; dort sind sie endlich dem Zugriff der politischen Revolution entrückt.«[51] Ich habe diesen Aspekt des Revolutionsproblems viel später präzisiert.[52] Gibt es eine ›zweite Natur‹ (Triebstrukturen, ein Fundus an tief eingewurzelten Reaktions-Mechanismen, von Abwehr- und Entledigungszwängen, von Affekt- und Wahrnehmungsgewohnheiten, usw.), die selbst gegen die materielle Gewalt der ›dramatischen Phase‹ der Revolution sich resistent verhält, gegen sie ein Stück weit gefeit ist (ungeachtet zeitweiliger ›Einschmelzungen‹ in der Hitzezone revolutionärer Spontaneität), ja sogar aus den postrevolutionären ›Ordnungen‹ neue Nahrung und Verfestigung bezöge, so stellt sich das Problem des Schaffens einer *neuen Subjektivität*, qualitativ veränderten menschlichen Zusammenlebens anders als vielleicht noch im 19. Jahrhundert. »Es ergäbe sich die Nötigung zu (auch vor-)revolutionären kommunikationsstrategischen Bemühungen. Das ›Umwerfen von Bewußtsein‹ und der Institutionen, in denen es sich verfestigt, dürfte nicht auf den Tag nach der Revolution verschoben werden.«[53] In diesem Zitat bezeichnet ›Revolution‹, wie der Leser bemerkt haben wird, ausschließlich die ›dramatische Phase‹, den Sturz der Regierung und die Übernahme der Staatsgewalt durch die Vertreter einer neuen Klasse. Eingesetzt in unsere langfristige Perspektive, ›Revolution‹ jedenfalls als kollektiver Lernprozeß, der sich zeitlich ausgedehnt erstreckt: Marxistische Politik sollte auch Umwerfen, Ändern von Bewußtsein implizieren und muß Institutionen angreifen, in denen jene ›zweite Natur‹ des Menschen sich verfestigt – etwa die (nach-)bürgerliche Ehe, die Familie.

Für *diesen* Aspekt revolutionärer Politik ergeben sich Schwierigkeiten, die das Antlitz der *Neuen Linken* in den Jahren seit 1967/68 gezeichnet haben. Christliche Kulturen haben, wie weit ihrem Ursprung auch entfremdet, ein Dokument, das diesen Bruch mit dem Bestehenden in Qualität, Strategie und Konsequenz dramatisch festhält: das Neue Testament. Er bringt das ganze Volk in Aufruhr mit seiner Lehre, sagen die Gegner des biblischen Jesus vor Pilatus (Luk. 23,5). Umwerfen von Formen bürgerlichen Verkehrs, Angriff auf Institutionen, Ändern von ›Bewußtsein‹ ist in der Tat aufrührerisch: kein nur innerseelischer Prozeß. Immer droht er zu zersetzen, was mehrheitlich als ethisch geboten, was als Sittlichkeit, ja als ›Humanum‹ gilt.[54] Ein zweideutiger Prozeß zudem: er orientiert sich anfänglich an der Kritik einer bürgerlichen Avantgarde an der bürgerlichen Kultur und reflektiert so durchaus nicht gegenwärtige Bedürfnisse der Arbeiterklasse, erschwert im übrigen politische Disziplin, die doch benötigt wird. Exemplarisch hat sich an der Entwicklung der ›antiautoritären Bewegung‹ gezeigt, wie sehr wir hier erneut vor der Not eines *zweiten Anfangs* stehen. Wer ›Veränderung‹ sagt, sagt auch: Aufschub; sie hat nicht die Zeitstruktur des ›Sofort‹. Aus Wohngemeinschaften, Kommunen, Frauen-Emanzipations-Gruppen, Kinderläden und Stadtteilarbeit scheint dieser ›zweite Anfang‹ sich jedoch zu entwickeln.

b. An dieser Stelle hat die Idee der ›Antizipation‹ (befreiter Verhältnisse) ihren logischen Ort, wie sie namentlich im SDS artikuliert worden ist. Die neue sinnliche Qualität des befreiten Lebens der postrevolutionären Zukunft soll sich schon in den Organisationen abzeichnen, die sich im politischen Kampf für sie engagieren. *Revolution*: das ist mehr als »Sturz einer rechtmäßig etablierten Regierung und Verfassung durch eine soziale Klasse [...], deren Ziel es ist, die gesellschaftliche wie die politische Struktur zu verändern«, ist ein kollektiver Lernprozeß, der auch den qualitativen Bruch mit der herrschenden Typik zwischenmenschlichen Verhaltens und ihren Leitwerten impliziert. Von der Seite der herrschenden Klasse antwortet darauf die Entwicklung eines ›Feindbildes‹, das Momente politischer Radikalität mit den Merkmalen des ›Störers‹ und des seelisch Gestörten verflicht[55], von der Seite der marxistischen Orthodoxie (den ›Revisionisten‹) aber der *Anarchie*verdacht und der Vorwurf des ›Kleinbürgerlichen‹. Ich behaupte nicht, dieser Vorwurf sei unbegründet, aber doch hat er nur ein begrenztes Recht.

III

Revolution: ist sie denkbar, wird sie das Gefüge der kapitalistischen Gesellschaften umwerfen? Der Autor von ›Freiheit, Gleichheit, Sicherheit‹, der – wie andere auch – in der Fabel von russischen Panzern, die an den Rhein rollen, nichts als ein Moment ›rechter‹ Agitation sah und sieht (und zugleich die Verdrängung eigener, imperialistischer Vergangenheit), also auf innere Entwicklungen setzt, war 1965 im Grunde skeptisch. »Dies ist für den Fortbestand des gegenwärtigen [...] Zeitalters günstig: Dem isolierten Individuum, unter der Decke der Konformität mit den Resten seines Ich einsam geworden, bringt die Widersprücklichkeit seiner Gesellschaft kaum noch Dynamik, die es menschlich weiterbrächte. Der einzelne löst seine Spannungen in einer auf Konsum eingestimmten sozialen Welt und benötigt überdies, was ihm an Energien verfügbar bleibt, dazu, das in sich abzuwehren, was als promesse du bonheur noch nicht gänzlich erloschen ist [...] Mit dem mächtigen Anwachsen der Produktionsraten haben aber, wie im Individuum, innere Widersprüche auch in der Gesellschaft an Sprengkraft eingebüßt: Sie kann mitsamt ihren Antagonismen stationär werden [...] Die ›Gesellschaft im Überfluß‹ (*Galbraith*) ist das wahre Ende der Französischen Revolution [...]«[56] Ich war also damals eine Art von umgekehrtem *Zusammenbruchs-Theoretiker*: halten diese es für einen unausweichlichen Mechanismus und Automatismus, daß der Kapitalismus zusammenbricht (und dabei nicht etwa die Kommunisten unter sich begräbt, sondern die Faschisten), so schien mir die Weltgeschichte stillzustehn. Sieben Jahre später ist sie sichtlich wieder in Gang gekommen: die scheinbar so stationäre Gesellschaft etwa der Bundesrepublik kann sich nur noch über eine ›innerstaatliche Feinderklärung‹ nach links autonom setzen[57], Massenloyalitäten schwinden (ablesbar z. B. am Anstieg der Eigentums-Kriminalität), Arbeitskämpfe mehren sich und werden härter, wir haben eine (noch parlamentarisch irrelevante) DKP und viele kommunistische Zirkel, in der Bevölkerung mehren sich Anzeichen von Politisierung, ja politischer Spontaneität – ich erinnere an die Demonstrationen anläßlich des gescheiterten ›konstruktiven Mißtrauensvotums‹ der Opposition in Bonn, an Bürger-Initiativen, an ›Rote-Punkt-Aktionen‹, Hausbesetzungen und Mieterstreiks. Warum sollen denn Verfassungsschutz und Innenminister auch für ›Frieden in den Köpfen‹ sorgen? Weil Schüler-, Lehrlings- und Studentenbewegung offensichtlich Früchte gezeitigt haben? Weil die Revolte vom Kopf ausging und auf Köpfe wirkte, die Idee aber bei veränderter Massen-Situation zur materiellen Gewalt werden könnte? Die Renaissance der *Marx*-Lektüre in der BRD, eine Folge der Studentenbewegung, mag die Inhaber von Herrschaftspositionen gleichfalls beunruhigen: noch das veränderte Angebot im Schaufenster vieler Buchhandlungen mag ihnen wie eine Kette gefährlicher, weil tendenziell subversiver Anspielungen erscheinen.

In *Italien* haben neue Formen von Arbeits-, von Klassenkämpfen systemsprengende Strategien der Arbeiter veranschaulicht.[58] *Frankreich* hatte immerhin seinen Mai 1968, und nicht nur die *ČSSR*, auch Ereignisse in *Polen* haben bestätigt, daß es ›unvollendete Revolutionen‹ ansatzweise weitertreibt. Wenn erst einmal das Tabu aufgehoben sein wird, was zumindest innerhalb traditionaler Kommunistischer Parteien über jeder Kritik an der Sowjetunion liegt; wenn das entkanonisiert wird, was als spezifische Antwort der Kommunisten auf historische, ökonomische und soziale (selbst sozialpsychologische) Bedingungen Rußlands sich schlecht als *verbindliches Muster* eignet, wird eine Art von ›Bündnis‹ und wechselseitige Befruchtung zwischen den *Ultralinken* und vielen heute noch traditionell organisierten Kommunisten möglich werden, was die Chance einer konsistenten sozialistischen Politik kräftig erhöhen soll. Noch andere Fortschritte sind zu erwarten. Der multinationalen Organisation des Kapitals gegenüber werden sich die Gewerkschaften nicht für immer auf eine bloß nationale Repräsentanz der Arbeitnehmer beschränken lassen.

Während auf der Seite des Kapitalismus Krisen sich wiederholen, seine Fähigkeit, nicht systemkonforme Tendenzen zu integrieren, zumindest nicht zunimmt, und der Staatsinterventionismus an Grenzen seiner Wirklichkeit stößt, wächst auf der Seite der emanzipatorischen Kräfte die Anzahl jener Köpfe und Gruppierungen, die Krisen des Kapitals und ihre Folgen revolutionär zu wenden gedenken. Sie können dies nicht ohne entsprechende Bedürfnisse von Personen- Mehrheiten (S. 19). Wir schieben die Frage nach dem ›parlamentarischen Weg‹ vorläufig auf und fragen uns nach dem Sinn des vorherigen Satzes: politisierbare, gar revolutionäre Bedürfnisse vieler, wie stellen sie sich her? Im Blick auf Bewegungen in den Massen, die einst Massen-Bewegungen werden könnten, eröffnet sich uns da ein Feld dezentraler, lokaler, autonomer politischer Praxis, die es eben mit der Artikulierung und Organisation solcher neuer Bedürfnisse und Haltungen zu tun hat. Die (Re-)Konstituierung von *Klassenbewußtsein*, das Anwachsen von subjektivem Bedürfnis nach struktureller Umwälzung aller gesellschaftlichen Verhältnisse vollzieht sich, so weit wir sehen und verstehen, an der *Basis*, weitgehend auf der Ebene von *Selbstorganisation*. Erst wenn die ›Neue Linke‹ Formen politischer Praxis und Organisation entwickelt hat, die es gestatten, zwischen solchen Politisierungen an der Basis einerseits, einer *Partei* andererseits so zu vermitteln, daß die ›Partei‹ nicht wieder zum Hemmnis von Spontaneität und Selbsttätigkeit vieler wird und bürokratisch erstarrt, erst dann werden wir die Frage nach *Wähler*-Mehrheiten sinnvoll stellen können.

Obwohl nun nichts ausgemacht ist in Fragen des Sieges – denn Involutions-Demokratien portugiesischen Stils, Faschismus und Barbarei sind reale Drohungen nach wie vor –, können Sozialisten doch hoffen. An die Stelle der alten Klage, die Entwicklungsgeschichte der Demokratie lehre uns, daß wir »das Beste vergäßen«, ja das Vergessen überzöge das Gesicht der Zeit mit einem Firnis[59], wo doch für unsereinen die *Kraft der Erinnerung* zu den revolutionären Mächten der Zeit gehört (an uneingelöste Hoffnungen früherer Generationen wie an einst empfangenes Glück) – an die Stelle dieser für den Autor von ›Freiheit, Gleichheit, Sicherheit‹ damals bestimmenden Klage trat für viele *Linke* (und so auch für ihn) das etwas leichtsinnige *Venceremos* (›Wir werden siegen‹) – auch als nur geflüstertes noch von der geschichtlichen Chance beflügelt.

Trifft übrigens eine solche Perspektive ›linker‹ Hoffnung bereits das Verdikt, verfassungsfeindlich zu sein? Flüstern wir schon wie das Kind im Dunkel, weil es dann heller wird? Auf die Dauer wird sich die Amalgamierung von ›Grundgesetz‹ und ›kapitalistischem System‹, von freiheitlich-demokratischer Grundordnung und Ausbeutung nicht fortschreiben lassen.

Und wie soll Revolution, wie die ›Macht-Übernahme‹ im einzelnen aussehen? Sind Rückgriffe auf die Pariser Kommune 1871, auf die Oktoberrevolution in Rußland, auf Cuba oder China möglich? Auf einen neuen Weltkrieg, dessen Ausgang es der sozialistischen Gesellschaft ermöglicht, den Sieger-Armeen auf dem Fuße zu folgen? Der *Pariser Mai 1968* hat gezeigt, daß es Massen-Bewegungen geben *kann*, deren Spontaneität sogar Schranken zwischen Studierenden, Arbeitern und Angestellten außer Kraft setzt, die der revolutionären Phantasie einige neue Wege eröffnen und Initiativen zur ›Selbst-Organisation‹ aufgreifen. Die *Kommune-Bewegung* (in der BRD und anderswo) verweist – mitsamt verschiedenen Bürger-Initiativen – nicht nur auf förderliche Erschütterungen der Formen bürgerlichen Verkehrs; hier werden, wie unvollständig auch immer, *neue* Verkehrsformen bereitgestellt. Auch die Minderung von *Massen-Loyalitäten*[60] hat ihre progressiven Aspekte: offensichtlich können bestimmte Institutionen soziales Verhalten nicht mehr zureichend binden. Entwicklungen vom Typus *Allende* in Chile eröffnen die Aussicht, daß eine ›linke‹ Regierung solche Spontaneität wie im Paris des Jahres 1968 fördern und Tendenzen zur Selbstorganisation revolutionärer Kräfte begünstigen (und zugleich die Reaktion bremsen) könnte. So wird es, um alte

Formeln zu aktualisieren, einer geeigneten, und nicht willkürlich herbeizuführenden, Kombination parlamentarischer mit außer-parlamentarischen Kampfformen bedürfen, um einen historisch neuen Typus von ›Revolution‹ (im Sinne der Veränderung von Machtverhältnissen usw.) zu manifestieren. »In Krisen-Situationen«, so lehrt uns die Geschichte der Volksbewegungen und Revolutionen, mögen uns Lern- und Bildungsprozesse ergreifen, »die sich jeder rechtlich-herrschaftlichen Regulierung entziehen. Diese Prozesse können die Verfassung einer ganzen Gesellschaft in den Bereich des Bedürfnisses nach Veränderung einbeziehen«.[61] – Lassen wir uns überraschen.

IV

Unsere Hoffnung ist vom Druck der Sorge nicht entlastet, in jedes *Venceremos* mischen sich dunkle Töne – Reflexe von Ungewißheit. Ein problematischer Bereich, unter mehreren, ist die Frage der Gewalt: daß ich sie hervorziehe, wird nicht nur durch ihre Aktualität begründet.[62] Vielmehr hat der Autor von ›Freiheit, Gleichheit, Sicherheit‹ 1965/66 die gewaltlose Lösung gesellschaftlicher Konflikte beschworen[63], Ausdruck seiner Kritik am *Krieg*, dessen Tote keine Stimme mehr in den Institutionen politischer Entscheidung haben – eine Tatsache, die uns dazu nötigen sollte, ihre Faktizität öffentlich zu vertreten, was zunächst zu einem ›Pazifismus der ersten Linie‹ führen mag.

Sieben Jahre später haben sich die Bezugsgerüste der Orientierung in bezug auf Gewalt verschoben; ich meine daher, mich erneut äußern zu müssen. Nicht ohne innere Widerstände: gegenwärtig beginnen zwei Bestimmungen des Schreibens einander auszuschließen, zu sagen, was nach eigener Ansicht richtig ist, und dies *öffentlich* zu sagen.[64]

Das Bezugsgerüst unserer Orientierung ist heute nicht in erster Linie der Krieg, sondern die Revolution – im Sinne der beiden vorherigen Abschnitte, also auch der Klssenkampf. Es ist unter Marxisten üblich, und historisch angemessen, die *befreiende* Gewalt sehr anders einzuschätzen als die unterdrückende Gewalt. Daran, meine ich, soll nicht, kann gar nicht gerüttelt werden. Es gibt jedoch für *unsere* Gegenwart, in den Metropolen, einen Umstand, der die Konkretisierung dieser abstrakten Einsicht erschwert. Wenn Normen bürgerlicher Kultur sich selbst zerstören, ihre Institutionen ›faulen‹, setzen sich Formen von Aggression (Aggressionsbereitschaft) und Zerstörung frei, die einer *neuen*, intellektuellen wie moralischen, Kontrolle bedürfen. Die Rückkehr von offener Gewaltförmigkeit in die Regelung sozialer Konflikte auf *allen* Ebenen des gesellschaftlichen Prozesses: bis in die scheinbar so privaten Bezirke der Familie und des Straßenverkehrs hinein, die ›Rebarbarisierung des Kontinents‹, von der *Aimé Cesaire* bitter spricht, teilt sich uns allen als ein ›spezifischer Kulturreiz unserer Zeit‹ ja mit, trifft – besonders bei den ›linken‹ Intellektuellen – auf tradierte Probleme, ein gutes Verhältnis zur eigenen Körperlichkeit, zur eigenen Aggressivität zu finden[65] und mag auch die Bezugssysteme hintergründig beeinflussen, in denen wir gesellschaftliche Wirklichkeit, uns selbst einschließend, wahrnehmen und interpretieren. Die neue intellektuelle wie moralische Kontrolle von Gewaltförmigkeit, die in der Gegenwart der Metropolen von uns verlangt wird, und die ineins damit *politische* Kontrolle wird, kann nicht Sache einiger weniger Individuen sein, die isoliert nicht nur von den *Massen*, sondern auch abgetrennt vom Diskussions-Zusammenhang legaler politischer Arbeit als Vereinzelte konspirativ leben. Intellektuelle, politische und moralische Kontrolle von Gewaltförmigkeit kann nur innerhalb der kollektiv organisierten Produktion von Erfahrung und Diskussion geleistet werden; kollektive Entwicklungen neuer Kampf- und Entscheidungsformen benötigen überdies Zeit.

Aber einige Umstände, die auf unsere Entscheidung Einfluß gewinnen sollten, sind unschwer zu bezeichnen.

1 Die Rückkehr von roher Gewaltförmigkeit – ich erinnere nur an die Schüsse von Kent, an den ›täglichen Faschismus‹ in den USA (*R. Lettau*), an die Praxis bestimmter Polizei-Einheiten in Frankreich – bestätigt die Analyse *A. Cesaires* von der Verwilderung des ›weißen‹ Kontinents, ausgehend (und in die Ursprungsländer zurückschlagend) von der offenen Brutalität des Imperialismus und der Kolonisation. Insofern hat der Krieg in Vietnam, um nur ein Beispiel zu nennen, seinen hohen Anteil am Ansteigen der (Gewalt)-Kriminalität in den USA, aber auch an der veränderten, illiberaleren Haltung amerikanischer Bürger zur Körperstrafe (in der Erziehung und anderswo). Auch die Kriege Frankreichs in Indochina und Nordafrika haben zur ›Verwilderung des Kontinents‹ beigetragen. Allerorten stoßen wir auf unterdrückende, entwürdigende Gewalt; auf Feindseligkeit eben nicht nur ›nach außen‹, sondern in den zwischenmenschlichen Beziehungen – die freilich privatisiert, deren gesellschaftlicher Bezugsrahmen nicht erkannt oder anerkannt wird, auf ein Zugleich von Aggression und Anpassung (*H. Marcuse*)[66]. Insofern Brutalisierung ›nach innen‹ (auch) eine Konsequenz der Brutalität ›nach außen‹ ist, wäre *Vermenschlichung* des Lebens ohne eine – zumindest rationale – Regelung des Verhältnisses zu den vom Imperialismus betroffenen Ländern nicht denkbar, wozu Formen tätiger Hilfe rechnen. Ich hätte doch nichts dagegen, wenn dies *ohne* Gewalt sich herstellte, aber der *Imperialismus*

hat etwas dagegen. Die Interessen, die hinter ihm stehen, reduzieren damit – vermittelt – nicht nur unsere Lebenschance auf Glück, sondern produzieren unentrinnbar für jeden politischen Menschen das Problem der *mains sales*. Wer solche Schlußfolgerungen als Absurdität erlebt, hat nicht begriffen, was *allseitige Abhängigkeit* bedeutet.

2 Gewaltförmigkeit in der Konstruktion oder Destruktion sozialer Systeme bricht gegenwärtig überall dort aus, wo sich Klassen-, Rassen- und nationale bzw. religiöse Konflikte verfilzen und wegen der objektiven Unerträglichkeit und Andauer von Unterdrückung, Diskriminierung, primitiver Ausbeutung ein *Fanon*scher Typus befreiender Gewalt als *ultima ratio* ergriffen wird: in Lateinamerika oder Irland; drohend auch in den Neger-Gettos amerikanischer Großstädte.

Wo sich die Klassenfrage infolge des Fehlens breiter Mittelschichten anders und schärfer stellt, produziert unterdrückende Gewalt den Guerillero. *Volkskriege* entfalten sich dort, wo nationale und antikapitalistische Emanzipation konvergieren. Gerade in Lateinamerika nahm der Einfluß des US-Kapitals öfter Formen an, die – auch ohne Anwesenheit amerikanischer Armeen – an eine faktische Besetzung des Landes erinnern: soziale und nationale Revolution präsentieren sich als *Résistance*. Sollte in entwickelten Industrienationen, namentlich in der BRD, der Friede zugleich ein Friedhof von Freiheit sein, Motiv von ›Freiheit, Gleichheit, Sicherheit‹, so scheinen gerade die *USA* Ländern ihres Interesses ›Freiheit‹ nur als *Friedhof* einräumen zu wollen.

Ich sehe nicht, wie eine Vermenschlichung sozialer Konflikte und ein Abbau von Gewaltförmigkeit sich sollte herstellen lassen, wenn Emanzipations-Forderungen und entwickeltere soziale wie kulturelle Bedürfnisse auf Kapital-Interessen, Hegemonie, Denationalisierung stoßen und überdies ethnische, kultur-anthropologische Normensysteme involviert sind.

Die traditionell-kriegerische Gewaltanwendung ist jedenfalls problematischer als die revolutionäre. *H. Gollwitzer*[67]: im Falle der *revolutio iusto* handele es sich um die Gewinnung besserer, menschenwürdigerer Ordnungen, im Falle des *bellum iustum* nur um die Erhaltung einer bestehenden Ordnung. Ich sehe in der Tat nicht, wie die Idee des ›gerechten‹ oder auch nur: gerechtfertigten Krieges akzeptiert, die der ›gerechten‹ gewaltsamen Revolution zugleich verurteilt werden soll, und doch ist das nur *eine* der Schwachsinnigkeiten, die uns beim Studium der in unserem Lande herrschenden Gedanken und Moralen auffallen.

3 Die Dialektik der ›Friedenssicherung‹ zwischen den Blöcken, soweit sie auf Abgrenzung der Systeme gegeneinander – als Bedingung

des Handels und der gemeinsamen Akzeptierung von Formen bürgerlicher Internationalität – beruht, hat ihre eigene Gewaltförmigkeit: ich erinnere an die Besetzung der ČSSR 1968, an die innere Rigidität der UdSSR, an Spannungen zwischen Rumänien und einigen Staaten des Warschauer Pakts. Verwickelter, im Zusammenhang von internationaler Vertraglichkeit, ökonomischer Entwicklung und sozialer Veränderung, aber auch da wohl mit ›Friedenssicherung‹ verknüpft, sind die Folgen, die Annäherungen an die UdSSR für die innere kommunistische Opposition in Ägypten, im Sudan, in Indonesien gehabt haben.

4 Zu den Bedingungen der Rückkehr roher, gleichsam vorbürgerlicher Gewaltförmigkeit in die Politik der herrschenden Klassen *und* ihrer wachsenden Präsenz in den zwischenmenschlichen Beziehungen (vgl. S. 48 f.) gehört *strukturelle* Gewalt, soweit sie die Normalität einer Gesellschaft bestimmt. Das *Recht* hat seine Gewaltförmigkeit gerade darin, daß die Subjekte, die in einem ›ordnungsgemäßen‹, demokratisch kontrollierten Verfahren gerichtet werden, im wesentlichen Angehörige der unteren Klassen sind. ›Rechtsstaatlichkeit‹ sichert unter den gegebenen gesellschaftlichen Bedingungen *auch*, daß die *klassenspezifische* Verteilung von Kriminalität und entsprechender Strafe sich institutionell geregelt (und öffentlich kontrollierbar) ist. Die *Lage der arbeitenden Bevölkerung* ist gleichfalls Ausdruck struktureller Gewalt: ich erinnere an ihre Disziplinierung im Betrieb. Der Unternehmer, die Unternehmensleitung sind weitgehend ›Herr im Haus‹, aber damit kontrollieren sie die Lebenstätigkeit vieler. Das Ausmaß dieser strukturell gewaltförmigen Kontrollen in der Erwerbssphäre wird ideologisch ständig unterschätzt und verschleiert, die Kontrollen setzen sich übrigens auch extra muros fort: ich erinnere nur an den Einfluß, den Unternehmen auf die von ihnen über die Gewerbesteuer weitgehend abhängig gewordenen Gemeinden ausüben.

5 In der Bundesrepublik Deutschland stoßen wir auf ein eigenes Klima (teils noch latenter) Gewaltförmigkeit. Die Verschärfung des Klassenkonflikts nach der Rekonstruktionsperiode des Kapitalismus in der BRD spielt sich vor einem mentalen Hintergrund ab, aus dem sich viel Irrationalität in unserer Gesellschaft speist: die höchst unzulängliche Auseinandersetzung mit dem Nationalsozialismus; die verbreitete Tendenz, die Ergebnisse des Zweiten Weltkriegs nicht zu akzeptieren. Zudem erfahren wir in diesem Lande auch, was ›Selbstzerstörung bürgerlichen Verkehrs‹ bedeutet – in Begriffen wie repressive Entsublimierung, orale Regressionen usw. nur aspektweise gefaßt. Massenloyalitäten schwächen sich ab – greifbar im Anstieg der Eigentumskriminalität, des Drogengebrauchs; psychische und psychosoma-

tische Erkrankungen nehmen zu. Der Abbau reflexartigen Unterwerfungs-Verhaltens wird in anderen Bereichen der Gesellschaft *politisiert*: findet seinen Ausdruck in der Zunahme von Streiks und von Bürger-Initiativen. Die *Staatsgewalt* aber besinnt sich auf den konservativen Staatsrechtler *C. Schmitt*: daß erst Ordnung sein muß, ehe Recht sein kann, und produziert eine Situation, in der die Abgrenzung ›normaler‹ gesellschaftlicher Zustände zum Ausnahme-Zustand fließend wird – fließend wie die Abgrenzung rechtsstaatlicher Verfahrensweisen zur Willkür-Justiz. In der Reprivatisierung von Justiz geben Bürger eine korrespondierende Antwort: das staatliche Gewaltmonopol wird nach ihrer Seite hin durchlöchert. Wenn ein Staat bewaffneten Werkschutz privater Groß-Unternehmen zuläßt und neuerdings zur Bildung von Bürgerwehren usw. auffordert, regt er selbst dazu an, ein Klima von Gewaltförmigkeit herzustellen.

6 Daß ›unterdrückende‹ Gewalt nicht nur von den Unterdrückern, d. h. der herrschenden Klasse und ihrer Exekutive ausgeübt wird; daß es Fälle von Komplicenschaft auf der Seite der ›Unterdrückten‹ gibt, ist (und war immer) evident. Gerade die Infiltration ganzer Gesellschaften mit Gewaltförmigkeit (und ein verborgenes Klima von Hoffnungslosigkeit, das sich an den scheinbaren ›Stillstand der Geschichte‹ – gerade in den Übergangsgesellschaften – knüpft), macht die Bestimmung befreiender Gewalt, der Gewalt als ›Geburtshelferin der Geschichte‹ (*Fr. Engels*), der ›revolutio iusto‹ schwierig. Geschichtliche Traumata wirken nach.

So verweisen viele Ereignisse, die sich mit dem Namen *Stalins* verbinden, auf die Nötigung der UdSSR zur raschen Akkumulation, d. h. zur Industrialisierung und Steigerung der Arbeitsproduktivität, und haben insofern einen emanzipativen Charakter. Wie – auch befreiende Gewalt kann sich zunächst mit dem Gesicht der ›blutigen, alten Vettel‹ *B. Brechts* zeigen? Gewiß; der Stalinismus geht freilich weiter, verknüpft sich mit roher Gewaltförmigkeit, die geschichtlich verworfen werden muß. Und wie wäre die gewaltförmige Lösung des Problems *Kronstadt* einzuordnen? Befreiende oder unterdrückende Gewalt? Wir fragen ja nach Schwierigkeiten, die sich ergeben, wenn wir konkrete Ereignisse in Europa nach der Typologie von befreiender vs. unterdrückende Gewalt begreifen wollen. Ich meine, daß die Gewaltförmigkeit gegenüber Kronstadt immer noch eher als vom revolutionären Prozeß Rußlands nach 1917 getragen vorgestellt werden kann, als die gegenüber Kommunisten und Anarchisten im spanischen Bürgerkrieg. Wenn nun auch diese Seite kommunistischer Politik mit der Gewaltform des Nationalsozialismus inkommensurabel bleibt, so hat sie doch etwas für die Rückkehr roher Gewaltförmigkeit in die Kontrolle, Konstruktion und Zerstörung sozialer Systeme und Konflikte geleistet. Die Unterscheidung zwischen unterdrückender und befreiender Gewalt ist empirisch zweideutig geworden; jedenfalls solange aus dem Umstand, daß *rechte*, faschistische Gewalt nur als unterdrückende gedacht werden kann, gleichsam im Umkehrschluß gefolgert wird, die *linke* sei (›tendenziell‹) immer befreiend, oder dergleichen Aussagen irgendwelchen Weltanschauungen übermacht werden. Ich habe nicht die Absicht, Oberlehrer der Geschichte zu sein, ich will nur darauf hinweisen, daß viele umlaufende Beispiele für befreiende Gewalt der historischen Konkretisierung ermangeln. Wer müßte nicht *R. Garaudy* zustimmen, wenn er schreibt: »Wir haben nie die Wahl zwischen Gewalt und Gewaltlosigkeit, sondern immer nur zwischen zwei Arten von Gewalt«; er fährt fort: »Die vorübergehende Gewalttätigkeit des revolutionierenden Sklaven zu verurteilen, bedeutet, an der stetigen, stummen Gewalt dessen, der ihn in Ketten hält, mitschuldig zu sein.« Nur im Gleichnis löst sich das Problem der Gewalt auf *diese* Weise auf. Ich will ferner darauf hinweisen, daß heute: hier und jetzt, ein Rückgriff auf stalinistische Formen und Methoden zwischenmenschlichen Verkehrs (und das ist ja Politik auch) nicht weniger, eher mehr vom Einfluß der Barbarei, der Unterdrückung geschlagen ist als es Rückgriffe auf das Konzept des ›Volkskriegs‹ oder des individuellen Terrors hier und heute sein müssen. Gleichwohl muß ich *mehr* einräumen als nur den Umstand, daß die Stimme der Vernunft und der Menschlichkeit – die uns dazu drängt, endlich gewaltfreie Lösungen sozialer und privater Konflikte zu erlernen – unter den nun einmal gegebenen Bedingungen zur Fortdauer von Ausbeutung, Entwürdigung, Feindseligkeit, Armut beitragen könnte. Wer weiß, was aber *Gewalt* bedeutet und mit sich bringt, wird verstärkt nach neuen kollektiven Lebens-, Arbeits- und Kampfformen suchen, die es zulassen, mit dem gerade skizzierten Problem auf menschliche Weise umzugehen, d.h. es sich schwerzumachen.

Die Gewaltförmigkeit des importierten Guerilleros in den Metropolen ist mit den konterrevolutionären Rückbildungen der bürgerlich-parlamentarischen Demokratie verfilzt. Es ist anteilweise die gleiche Situation, die *beide* produziert – die Zuspitzung ökonomisch-gesellschaftlicher Widersprüche, der Abbau von Massenloyalität, das Zerreißen von Lebenszusammenhängen. Anteilweise aber schaffen reaktionäre Bourgeoisie und politischer Staat in ihrer gewaltförmigen Antwort *auf jede* Fundamental-Opposition erst das Klima für (antikapitalistische) Gewalt.[68] Eine Kritik gerade der ›Roten Armee Fraktion‹ (RAF) wäre von hier aus möglich. Ich muß einräumen, daß wir nach der kritischen Feststellung: *so nicht!*, vor die Frage gestellt sind: *aber wie dann?*, und auf diese Frage bisher noch keine organisierende Antwort finden konnten.

Es ist keine Frage, daß wir zu Differenzierungen im Urteil genötigt sind, wo es um die Gewaltfrage geht – auch in der Kritik an jenen Formen von Gewalt, die man gegenwärtig in der BRD so antrifft. Ich muß aber einräumen, daß Differenzierung im Urteil, daß Abstand, Kritik usw. nicht soviel wert sind, wie wir gemeinhin annehmen. Sie sichern uns zu, vor uns und anderen als überlegt, gut informiert, unabhängig oder ›menschlich‹ (vernünftig, sachlich ...) zu gelten. Aber da es uns bisher noch nicht gelungen ist, solche intellektuellen und emotionalen Orientierungen dauerhaft und wirksam zu organisieren, und zwar selbstredend im Kontext der Klassenkämpfe (und der Revolutionstheorie), liegt zugleich die Schwäche solcher Orientierungen bloß. In *diesem* Sinne bin (auch) ich ein Schreibtischtäter.

Sieben Jahre später? Ein Mehr an Zuversicht, aber die geht noch mit ihrem Gegenteile schwanger. Wer darin nur immer wieder die Vergötzung der Widersprüchlichkeit des Kleinbürgers sieht, der seine Klassenlage zum Prinzip aller Dinge macht, hat nicht begriffen, wie weit Barbarei schon reicht und wie kompliziert die Anarchie der Warenproduktion menschliche Verhältnisse macht. Nachdem also die Entfaltung des Kapitalismus zwischenmenschliche Beziehungen qualitativ verändert hat, offene Gewaltförmigkeit – im ›äußeren‹ wie im ›inneren‹ Imperialismus – auf der Tagesordnung steht; nachdem Gegen-Aufklärung an Härte gewinnt, deren Symbol seit jeher der Henker war; nachdem das Stillstellen des Klassenkampfs in sozialistischen (Übergangs-)Gesellschaften viele Verhältnisse weiterhin aggressiv verfestigt, aber *dennoch* allein eine revolutionäre, kommunistische Veränderung bestehender Gesellschaften eine Lösung dringlicher Lebens- und Entwicklungsprobleme ermöglicht, bietet uns jene Zuversicht, von der ich sprach[69], ungeachtet ihrer Begründbarkeit und Rationalität, dennoch kein Gehäuse mehr, in dem man sich beruhigt niederlassen und seiner Identität gewiß sein könnte.

[1] Vgl. S. 150/1 dieses Bandes.
[2] Vgl. S. 151 dieses Bandes.
[3] Vgl. später S. 44.
[4] Vgl. S. 150 dieses Bandes.
[5] Zustande gekommen nicht zuletzt durch die Entwicklung der NPD.
[6] Vgl. S. 135 dieses Bandes.
[7] *A. Cesaire*: Über den Kolonialismus, Berlin 1968, S. 10.
[8] Heute müssen wir in der ›dezentralen‹ Politisierung verschiedener Bevölkerungsgruppen eine nachwirkende Konsequenz unserer damaligen Strategien erkennen (und anerkennen!).
[9] Deutlich z. B. im Wandel des ›Militanz‹-Begriffs einiger linker Gruppen und Köpfe.
[10] Vgl. S. 146 dieses Bandes.
[11] Vgl. S. 115 ff. dieses Bandes.
[12] *A. Kluge/O. Negt* 1972; ›Revolutionärer Kampf‹ in Frankfurt, u. a. m.
[13] Vgl. S. 60 ff. dieses Bandes.
[14] Vgl. etwa S. 84/5 dieses Bandes.
[15] In Anlehnung an eine Äußerung *B. Brechts*.

[16] Vgl. S. 75 ff. dieses Bandes.
[17] Vgl. S. 147 dieses Bandes.
[18] Vgl. S. 93 dieses Bandes.
[19] Vgl. *P. Brückner*: Springer-Presse und Volksverhetzung, in *Kritische Justiz* 4/1969.
[20] Vgl. S. 142 dieses Bandes.
[21] Ebd.
[22] Vgl. S. 69 dieses Bandes.
[23] Vgl. den Hamburger Senatsbeschluß und die Konferenz der Länder-Ministerpräsidenten zur Frage der ›verfassungsfeindlichen Kräfte im öffentlichen Dienst‹.
[24] *J. Agnoli*, in: Die Transformation der Demokratie, Frankfurt 1968, S. 53 f.
[25] Vgl. S. 150/1 dieses Bandes.
[26] Vgl. S. 69 dieses Bandes.
[27] Vgl. S. 70 dieses Bandes.
[28] Vgl. S. 70 f. dieses Bandes.
[29] Il Manifesto, Lotta continua, Potere operaio, maoistische und trotzkistische Gruppen in Frankreich, usw.
[30] Vgl. S. 150 dieses Bandes.
[31] Vgl. S. 86 dieses Bandes.
[32] Vgl. S. 86 dieses Bandes.
[33] Vgl. S. 87 dieses Bandes.
[34] Der Hinweis auf *Lipset*: je wohlhabender eine Nation sei, um so größer ihre Chance, Demokratie zu entfalten, war auch ironisch gemeint (S. 50). *Hohn* war ein zweites Stilprinzip des Autors, vor allem im 2. und 3. Kapitel. In letzterem, wo seine Unwissenheit groß war, ist das Ergebnis solcher Verfremdung schlecht.
[35] Vgl. S. 66 dieses Bandes.
[36] Was sind ›nicht-materielle‹ Bedürfnisse? Jedenfalls solche, die zu Formen aktiverer (›gebrauchswert‹-orientierter) allseitiger Aneignung drängen.
[37] Vgl. S. 74 dieses Bandes.
[38] ›Demagogische Geschäfte mit der Furcht vor der Unfreiheit‹, in: Dokumentation zum Fall Ernest Mandel, Berlin 1972, S. 6 ff, hrsg. von der Gruppe Internationaler Marxisten (GIM).
[39] *H. Fleischer*, ebd., S. 8.
[40] Vgl. *P. Brückner/A. Krovoza*: Was heißt Politisierung der Wissenschaft, was kann sie in den Sozialwissenschaften heißen?, Frankfurt 1972, §§ 5 ff.
[41] Vgl. S. 89 dieses Bandes.
[42] A.a.O. – Ein wichtiges Instrument der Prognose (›was wird das System künftig bewirken?‹) ist die Kritik der Politischen Ökonomie.
[43] Etwa mittels der Stadtteil-Basisgruppen.
[44] Vgl. das Betriebsverfassungsgesetz (und seine Rechts-Ausleger, wie etwa *Niekisch*).
[45] Ich erinnere an die Nichtberufung von *E. Mandel* (FU Westberlin).
[46] Eine Erkenntnis, die für den Autor auch individuell Konsequenzen haben mußte: ist er ja einerseits *Psychologe*, andererseits *Beamter*.
[47] Vgl. S. 88 f. oder S. 109 f. dieses Bandes.
[48] Vgl. S. 108 dieses Bandes.
[49] Vgl. S. 137 dieses Bandes.
[50] Vgl. S. 123 dieses Bandes.
[51] Vgl. S. 147 dieses Bandes.
[52] ›*Marx, Freud*‹, in: Marxismus, Psychoanalyse, Sexpol 2, hrsg. v. H.-P. Gente, Frankfurt 1972, Fischer Taschenbuch Verlag, Bd. 6072, S. 360-395.
[53] Ebd., S. 390.
[54] Vgl. meinen Artikel ›Revolution‹ in: Politik für Nichtpolitiker, hrsg. v. H. J. Schultz, Stuttgart/Berlin 1970, Bd. 2, S. 146 ff.
[55] Die *Berliner Morgenpost* sprach schon 1966 von »linken Politgammlern«.
[56] Vgl. S. 94 dieses Bandes.
[57] Vgl. *P. Brückner/A. Krovoza*: Staatsfeinde. Innerstaatliche Feinderklärung in der BRD, Berlin 1972, Rotbuch 40 (Wagenbach Verlag), Teil II.
[58] Vgl. Veröffentlichungen von Il Manifesto, Potere Operaio und Lotta continua (Merve-Verlag, Berlin; Trikont, München).
[59] Vgl. S. 113/4 dieses Bandes.
[60] Im Sinne von S. 20 f.
[61] *P. Brückner/A. Krovoza*: Staatsfeinde, a.a.O., S. 50 f.
[62] Richtiger: durch ihre *Aktualisierung*; die ›Rote Armee Fraktion‹ und die Fahndung nach ihr sind gewiß noch in Erinnerung.
[63] Vgl. etwa S. 24/25 dieses Bandes.
[64] Vgl. die Aktualisierung des § 140 StGB (Billigung von Gewalt).
[65] Vgl. *P. Brückner*: Zur Sozialpsychologie des Kapitalismus, Frankfurt 1972, Kap. II.
[66] In: *Neue Rundschau 1/1967*, S. 7 ff.
[67] In einer Vorlesung, SS 1968, FU Westberlin.
[68] In der BRD lassen sich zumindest zwei Stadien dieses Prozesses gegeneinander abgrenzen: in einer ersten Phase schafft die Reaktion der Staatsgewalt auf den ›linken Protest‹ ein Klima, in dem (neo-)faschistische Tendenzen aufblühen; ich erinnere an die früheren Wahlerfolge der NPD. Das angebliche Hochschaukeln von ›links‹ und ›rechts‹ ist durch die Antwort der Staatsgewalt auf die Linken vermittelt. In einer zweiten Phase integriert sich die reaktionäre Bourgeoisie die radikale Rechte: die Eroberung des Landes durch die Innenministerien und die Bewegung staatstragender Parteien nach ›rechts‹ entzieht rechtsradikalen Gruppen usw. – zumindest zeitweilig – jeden Nährboden. Überpointiert: rechtsradikale (neo-)faschistische Anstrengungen, wie sie etwa verschiedene Presse-Organe (*Deutsche National- und Soldatenzeitung* usw.) vollbringen, werden zum Humus für die CSU.
[69] Vgl. S. 45 f. dieses Bandes.

Freiheit und Gleichheit am Ausgang des bürgerlichen Zeitalters

I

»Aber es ist doch eine so wunderreiche Anlage im Menschen, daß ich ihn noch nicht für das Kind des Zufalls halten und die Begriffe Tugend und Wahrheit nicht für Hirngespinste ansehen kann«, schrieb Georg *Forster* am 9. November 1793 an seine Frau. »Ist aber etwas Reelles an diesen Begriffen, so ist's auch nicht verlorene Mühe, für ihr Reich zu kämpfen, und darum willkommen, Revolution, mit allen Deinen Übeln und Greueln!« (1)*

Als *reell* und der Mühe wert galt auch, daß alle Menschen ihrer eingeborenen Natur nach gleich seien, ausgestattet und begabt mit Rechtsansprüchen auf Leben und Freiheit; ein unveräußerliches Recht selbst ihr Streben nach Glück.[1] Der Mensch galt sogar als von Natur aus *gut*. War diese Voraussetzung erst einmal angenommen, so mußte das Schlechte und Unglückliche, das den unvoreingenommenen Betrachter an den ›Kindern des Zufalls‹ bestürzte, seine eigene, soziale Herkunft haben; sie forderte vom Einsichtigen, gewandelte geschichtliche Bedingungen herzustellen, die das Vorrecht, gut und glücklich zu sein, für alle Bürger demokratisieren.

Der Weg dorthin, nirgends schon zu Ende gegangen, forderte Gewalt. Daß sie ihren Kampf um Tugend, aber auch um Glück führte, für die Wahrheit, und zwar für eine Wahrheit in Freiheit, gehört zum Selbstverständnis der bürgerlichen Revolution, in deren Tradition unsere, die industrielle Gesellschaft lebt.

Aber der Widerspruch der Epoche, deren Protagonisten für *alle* Bürger Freiheit *und* Brot forderten, die auf Brüderlichkeit bestanden, trotz erbärmlicher Knappheit an Gütern, auf Gleichheit, dabei künftige Ungleichheit schon vorbereitend, lag in der Stunde ihrer Geburt offen zutage. *Robespierre* scheiterte an den ökonomischen Bedingungen der Französischen Revolution: Bedingungen, die von der weit über die Interessen des Dritten Standes hinaus vordrängenden Revolution forderten, daß sie bürgerlich blieb (4). Sie überwand, von ihm angetrieben, im Zeichen der egalité die ständische Ordnungsstruktur der Vergangenheit, führte aber doch bloß zur *Klassen*-Gesellschaft. »Ich habe die Bourgeoisaristokratie gesehen, die in der Klasse des Volkes diese furchtbare Trennung erzeugt, welche gefährlicher ist als

* Zahlen in Klammern verweisen auf die Literaturnachweise, S. 152–155.

alles«, erklärte im Jahre 1792 bestürzt Madame *Jullien* (1). Der Haß der Fraktionen entzündete sich an schweren Differenzen gerade in der Wirtschafts- und Sozialpolitik, die nach 1789 nicht zu schlichten, die nur zu überwinden waren, wenn man, in Treue zum objektiven historischen Auftrag, ein Stück der eigenen humanistischen Idee verriet. Auf diese Weise ging die verfrühte Sozialisierung des politischen Kampfs, einer der großen Motivwechsel der Revolution, an den ökonomischen Tendenzen der bürgerlichen Emanzipation zugrunde. Während *Robespierre* vom ›mauvais riche‹ sprach, wurden in den Antagonismen des Aufruhrs Fundamente des industriellen Reichtums gelegt, der schließlich den Hungernden Brot geben und später im Güterwohlstand eine Vielfalt hoch differenzierter und fluktuierender Bedürfnisse befriedigen sollte. Die Ideologie der Revolution erwartete Tugend, selbst Freiheit von der Besitzlosigkeit. Hielten nicht seine materiellen Bedürfnisse das Volk in Abhängigkeit von seinen Feinden? »Seine Bordeauxweine und Marasquinos«, berichtete Camille *Desmoulins* nach einem Besuch bei *Mirabeau* im September 1789 dem Vater, »haben ihren Wert, den ich mir umsonst zu verhehlen suche, und ich habe die größte Mühe, nachher meine republikanische Strenge wieder anzunehmen [...]« Das trieb *Saint-Just* zur Askese, war aber kaum die tiefere Hoffnung der Armen. Wie die spätere Geschichte der bürgerlichen Gesellschaft lehrt, wurden die Geschäfte des Reichtums selbst darin noch besorgt, denn Askese war eine Zeitlang ökonomisch nützlich. Ob nun selbstgewählt, ob von der Armut auferlegt: Die Enthaltsamkeit vieler hat in der Tat erst den Luxus einiger, dann den Reichtum der Industrienationen produziert.

Fouché berichtet, daß es den Wohlhabenden in der Gegenwart *Robespierres* nicht wohl wurde, »on rougit ici d'être riche«, aber schon C. *Desmoulins* fiel es schwer, die Aristokraten zu verachten, »deren Verbrechen es ist, auf [...] treffliche Diners erpicht zu sein« (1). Während die Besitzenden des Ancien régime nicht nur erröteten, sondern sich aus Furcht vorm Wohlfahrtsausschuß in ihren Häusern verkrochen, formierte sich bereits die Klasse der neuen Reichen. Gewiß wollte die Revolution, treu ihren Grundsätzen, den Armen die wesentliche Gleichheit der Rechte geben; sie suchte die Souveränität der Nation in jedem Bürger – selbst im allerärmsten. Was aber ideologisch der Fall zu sein schien, war nicht zwangsläufig wirklich der Fall, weil die Gleichheit der Rechte nur innerhalb der ›unvermeidlichen Ungleichheit der Güter‹ gedacht wurde. Blind für die eigentlichen Absichten der Geschichte, hellhörig für die Vertracktheiten revolutionärer Tendenz schrieb Herr *Jullien*, Abgeordneter und späteres Mitglied des Konvents, im Jahre 1792 mit Zustimmung vieler: »Der große Fehler unserer Gesellschaftszustände kommt von der widernatürlichen Ungleichheit der Vermögen. Die Reichen merken wohl, daß dieser Zustand in einer demokratischen Republik nicht von langer Dauer sein könnte« (1); daß die Forderung *Marats* nach Ausgleich der Vermögen unberücksichtigt blieb, kaum der Debatte wert galt, war realistischer. Die Wahrheit der Zukunft lag in der skeptischen Äußerung jenes Unbekannten, der 1790 im Foyer des Palais Royal, einer Art Forum oder Hyde-Park der Revolution, nach der Lektüre des ›Ami du Peuple‹, bemerkte: »Jetzt wird es eine Aristokratie der Reichen, und dann sind wir schlimmer daran wie zuvor«.

Das Brot, das die Pariser Armen von der Revolutionsregierung forderten, konnte man ihnen nun einmal nicht geben. Aber indem günstige Bedingungen für das Wachstum ihrer künftigen Unterdrücker geschaffen wurden, bereitete die Revolution eine Epoche vor, in der es ausreichend Brot für alle gab. Daß es einst darauf ankommen würde, nach einer dramatischen Zuspitzung ökonomischer Ungleichheit neue soziale Zustände zu schaffen, in denen der Bürger Güter besitzen kann, ohne innerlich von ihnen abhängig zu werden, sah keiner voraus; daß nicht in erster Linie die ›unvermeidliche Ungleichheit der Vermögen‹, sondern der Einfluß solcher Ungleichheit auf Herrschaft und Lebenschance zum Problem einer durch Privateigentum definierten, Waren produzierenden Gesellschaft werden muß, blieb den Akteuren in der Blüte der kapitalistischen Gesellschaft verborgen.

Die Revolution ließ, ungeachtet ihres egalitären Selbstverständnisses und mancher sozialistischen Impulse, die sozialen und ökonomischen Forderungen breiter Bevölkerungsgruppen, der Sansculotten, von Anfang an unberücksichtigt (2). Vergebens klagte Herr *Jullien*: »Soll die Republik sich halten, so ist unumgänglich, daß den ärmsten Bürgern ein sorgenloses Leben vermittels ihrer Arbeit gewährleistet sei; und daß die, die nicht imstande sind zu arbeiten, auf Kosten des öffentlichen Vermögens ernährt und erhalten werden« (am 15.12.1792). Während die Plebejer, die ihre Stunde gekommen glaubten, ihren Kindern römische Namen gaben und während Vernunft und republikanische Tugend offiziell eine manchmal stürmische Ehe eingingen, riet ein gescheiter Mann mit Namen *Niveau*, von dem wir sonst nichts weiter wissen, am 27.11.1793, *Robespierre* solle, wenn schon nicht daran zu denken sei, die Vermögen gleich zu machen, den Sansculotten wenigstens öffentliche und gemeinsame Mahlzeiten anbieten (1) – wohl gedacht als eine Art von Volksküche und Eintopfgericht für Arme und Reiche, jedermann verpflichtend. Ein wenig kam dies den Forderungen *Julliens* entgegen, aber unschwer läßt sich, mitten in den Antagonismen des Aufruhrs, in dieser Anstiftung zum Betrug eine konterrevolutionäre Empfehlung erkennen, auf die man viel später, in unseren Tagen, im Nationalsozialismus, zurückgriff. Mit der Einführung der

Souveränität jedes Bürgers und der Propagierung öffentlicher Mildtätigkeit wurde sogleich auch der Betrug konzipiert, durch den sein Consensus künftig herbeizuführen wäre.

Wir haben bereits angemerkt, daß sich der alte Reichtum, unsicher und verängstigt, zunächst zurückhielt. Die öffentliche Stimmung – ohne rechtes Vorgefühl dafür, wohin es mit der Revolution hinaussollte und wie entlastend für alle später der Wohlstand sein würde – war den Wohlhabenden feindlich, die sich mit dem alten Regime korrumpiert hatten. Wie stark sich die Wut plebejischer Elemente allgemein gegen den Besitz richtete, empfand etwa Magdalene *Schweizer*, die sich mit ihrem Mann in Paris aufhielt – sie den König insgeheim vergötternd, er als ein spekulierender Kaufmann, der »immer über die schlechten Zeiten klagt und unter dieser Decke ständig fort die Assignate benutzt, um Güter und Häuser wohlfeil zu kaufen und teuer zu verkaufen« (1). Im Dezember 1792 berichtete sie *Lavater*, die Revolutionäre seien »entsetzlich verpicht auf die Reichen – geh fort von Deinem Platz, ich will mich darauf setzen, so ist's weiß Gott, hier« (1). Hier wurde mehr als eine Umschichtung der Vermögenden, mehr als eine Vertiefung ökonomischer Differenzen befürchtet. Am Ende erwies sich diese Furcht als wenig begründet. Einzig die Habenichtse, die ihre Zeit nach dem beurteilten, was im offiziellen Selbstverständnis der Zeit von ihr gesagt wurde oder auf dem Richtplatz geschah, sahen den revolutionären Ereignissen ruhig entgegen, und doch hätte manch einer Grund zur Angst gehabt. Caroline und Georg *Forster* verblieben im bedrohten Mainz, »weil wir ein gutes Gewissen hatten – nämlich reine Hände – wir sind nicht reich, und ich bin arm [...]« (1). Wenige sahen voraus, daß arm zu sein nicht vor dem Schaffott beschützte. Wo sich die Armut etwa kommunistisch radikalisierte und die Entstehung neuer Privatvermögen, die Verfestigung frühkapitalistischer Wirtschaftsformen gefährdete, nahm sie kein besseres Ende als der Adel. Manches, auch Anekdotisches, wäre hier zu berichten. Der ehemalige Priester und spätere Kommunist *Roux*, auf Antrag *Robespierres* bona fide verhaftet, brachte sich um. Der Narr *Babœf* (»la propriété individuelle cause de l'esclavage«), dessen Tochter 1795 Hungers starb, wurde 1796 inhaftiert und später hingerichtet. Seine *Conspiration des Egaux*, gedacht für die gewaltsame Durchsetzung einer utopischen agrarsozialistischen Gesellschaft, gedieh nicht über fruchtlose Geheimbündelei hinaus. Die Plebejer konnten nicht einmal in der Phase der sogenannten Schreckensherrschaft vom Wohlfahrtsausschuß die Aufhebung jenes Dekrets vom Juni 1791 erreichen, das es allen Arbeitern und unselbständigen Handwerkern verbot, sich politisch zu organisieren. Arbeitervereinigungen galten als Attentat auf die Freiheit; die déclaration des droits de l'homme et du citoyen war eben rein individualistisch, rein bourgeois gemeint. So wurde der künftigen industriellen Gesellschaft zeitig Rechnung getragen.

In der Tat wurde sie in diesen Jahren etabliert. Als der Moralist *Robespierre* mit erheblichem Aufwand den Kult des Höchsten Wesens inaugurierte, wurde schon mit den Aktien der sagenhaften Compagnie des Indes spekuliert (4), und man bereicherte sich bei der Versteigerung des Emigrantenbesitzes oder an der Konfiskation der Güter Verurteilter. Selbst die Entwertung der Assignaten[2] ließ erhebliche Gewinne zu. Das spürten die adligen Emigranten, die *Goethe* zu Beginn der Campagne in Frankreich traf und von denen er berichtete, »daß sie die schnellste Rückkehr ins Vaterland wünschen mußten, um von den Assignaten, der Erfindung ihrer Feinde, Vorteil ziehen, wohlfeiler und bequemer leben zu können« (10). Ihr radikales, ethisch gespanntes Antlitz täuschte über das, was sich in der Revolution praktisch vorbereitete: Das Zeitalter des Wirtschaftsegoismus, »wovon die Hauptacteurs, die das Schicksal in Händen zu haben wähnen, sich nichts träumen lassen« (Georg *Forster*, am 26. 5. 1792). Moralische Enttäuschungen blieben nicht aus. Georg *Forster*, noch 1790 die Zustände »herzerhebend« nennend, weil der Enthusiasmus »so ganz allgemein durch alle Klassen des Volkes geht und so rein und einfach auf das gemeinsame Beste mit Hintansetzung des Privatvorteils wirkt« (1), schrieb kaum drei Jahre später an seine Frau: »Es ist also wahr, daß der Egoismus ganz allein sein Spiel treibt, wo man reine Aufopferung zu finden hoffte?« (1). Er starb wenige Monate danach, verlassen, im Elend.

In der widersprüchlichen Realität der Revolution verlor mancher dezidiert Bürgerliche, den Kontakt mit Adel und Königshaus nicht immer meidend, das Ziel des Aufruhrs aus den Augen. Madame *Roland*, ihrer Klassenlage entsprechend vom plebejischen Ton der Revolution entsetzt, schrieb im September 1792 an den Notar und Politiker *Bancal*, er kenne ihren Enthusiasmus für die Revolution: »Nun, ich schäme mich ihrer! Sie ist von Bösewichtern befleckt, sie ist ekelhaft geworden«, hatte sich schon ein Jahr früher aufs Land zurückgezogen, »um« wie sie *Robespierre* mitteilte, »in der Ausübung privater Tugenden einigen Trost für das öffentliche Unglück zu finden« (1). In dieser Zeit galt die ›Ausübung privater Tugenden‹ zwangsläufig als konterrevolutionär; Madame *Roland* selbst ist dafür ein guter Zeuge: »[...] ich schreibe Ihnen mit jeder Post«, berichtete sie am 26. 7. 1789 dem Naturforscher *Bosc*, »freilich unterhalte ich Sie nicht gerade von unseren persönlichen Angelegenheiten; wer ist der Verräter, der heute andre hat als die der Nation?«

Ihr ›öffentliches Unglück‹ war sicher nicht identisch mit dem allgemeinen: Nicht nur Inflation und Konfiskation, auch der Krieg half Schiebern und Armeelieferanten, »aus dem vergossenen Blut des

Volkes das rote Gold der Kriegsprofite zu münzen«. Der kommende Reichtum war von vornherein heterogener Herkunft. In- und ausländische Einflüsse, die letztlich zu seiner Vermehrung beitrugen, verschlimmerten das Durcheinander ökonomischer Interessen: Mitglieder des Wohlfahrtsausschusses lehnten die strenge Kontrolle der Rüstungsindustrie durch den Staat ab – aus Sympathie für die Prinzipien des freien Unternehmertums (4). So tauschte man für den König neue, konstitutionell kaum gebundene Herrschaft ein; die Briten gestatteten nach 1793 den französischen Royalisten, in England gefälschte Assignaten herzustellen. Kurz: *Robespierres* immer bedrohliches Votum, was unmoralisch sei, sei auch unpolitisch, blieb trotz funktionierender Blutgerüste außerhalb seiner näheren Umgebung weitgehend unwirksam; es wurde sehr gut verdient.

Wir erzählen diese Geschichten um ihrer Moral willen, und sie läßt sich in einem Satze sagen. Der künftige konkrete Gehalt von liberté, egalité, ›Volksherrschaft‹ bereitete sich vor in den Erwartungen, den Praktiken der Bankiers, nicht in den Ideen der Tischlerfamilie, deren Wohngemeinschaft *Robespierre* teilte; nicht in den Köpfen kleinbürgerlicher Arbeitgeber und schon gar nicht in denen des plebejischen Fußvolks. Die *Revolution stand an der Wiege eines neuen Wirtschaftssubjekts*: Insofern es sich im Besitz von Geld befand, bedeutete ihm *Freiheit*, alle jene Entschlüsse endlich unbehelligt von gouvernementalen Einflüssen fassen zu können, die es zur Entfaltung und Abwicklung eines am Gewinn orientierten Geschäftsbetriebes für nötig hielt (66). Die liberté der revolutionären Ideologie wurde als Freiheit des Unternehmers verwirklicht. Darauf nämlich war von Anfang an vieles abgestellt; wir nähern uns einer realistischen Schicht der Großen Revolution, die erst zu verschütten, dann wieder freizulegen nicht wenig Blut gekostet hat: ihren liberalen und kapitalistischen Tendenzen. »Qu'on laisse faire la nature« – nach dieser Maxime *Boisquilleberts* sollten Handel und Industrie dem ›Regiment der Freiheit‹ anvertraut werden, wie *Mirabeau* 1790 voller Hoffnung an den Physiokraten *Mauvillon* schrieb. Erst einmal freigesetzt, würde die Wirtschaft helfen, so *Mirabeau*, die Wunden der Steuergesetzgebung zu heilen und Mittel herbeizuschaffen, die Schuldverhältnisse des Staats zu bessern, kurz: die »Schmachecke der Finanzen« auszugleichen (1). Hier war viel von Handel und Industrie, aber von Tugend, von der Wahrheit in Freiheit nur am Rande die Rede.

Es ist nützlich, sich zu vergegenwärtigen, daß mehr als hundertfünfzig Jahre vergehen mußten, ehe aus dieser liberalen Tradition, Handel und Industrie dem Regiment der Freiheit anzuvertrauen, zwar nicht die Autonomie des Individuums erwuchs, auch nicht Brüderlichkeit, aber der Wohlstand einer ›formierten Gesellschaft‹ (Ludwig *Erhard*), einer Gesellschaft, die nach ihrem heutigen offiziellen Selbstverständnis »nicht mehr aus Klassen und Gruppen besteht, die einander ausschließende Ziele durchsetzen wollen, sondern [...] auf dem Zusammenwirken aller Gruppen und Interessen beruht«, die sich also, in ihrer Ideologie, dazu anschickt, nun auch noch die nachrevolutionäre Klassen-Gesellschaft zu überwinden. Gerade darin lebt sie in der Tradition des großen Aufruhrs von 1789. Schon 1789 wollte sich die revolutionäre Emanzipation gern als *die* allgemeine Ordnung verwirklichen, deren Subjekt der Mensch in der Gleichheit seiner mitgeborenen Natur ist, als ›Menschheit‹. Sie verstand sich aber noch als das, was sein wird, wenn der Dritte Stand sich aus seinem Nichtsein innerhalb absolutistischer Staaten befreit hat und dann alles sein kann (*Sieyes*). Vom Vierten Stand war nicht die Rede, der konnte nicht einmal die paar Livres aufbringen, die ihn zum Aktivbürger gemacht hätten. Die Klassen blieben, und es blieb bei der Unterdrückung. Dem Vierten Stand, der vom Konvent ausreichend Brot forderte, blieb selbst dieses auf viele Jahrzehnte hinaus versagt; ein gesamteuropäisches Phänomen. Wie rasch die Politik der Revolution sich der objektiven gesellschaftlichen Tendenz anbequemte, zeigt, daß man schon im Frühjahr 1795 den Versuch einer allgemeinen Preiskontrolle aufgab (4) – sie lag nicht im Interesse der Bourgeoisie. Die Girondisten hatten die Festsetzung von Höchstpreisen für Lebensmittel schon viel früher als Majestätsverbrechen gegen die Freiheit bezeichnet, sie sollte ja nun die Freiheit werden, beträchtliche Gewinne zu machen.[3]

Robespierre und viele seiner wirklichen oder angeblichen Anhänger waren kaum tot, als Paris sein Lächeln, seine Bankiers und seine Touristen wieder hatte. Ein Herr *Meister* aus Genf, selbst Tourist, berichtete im September 1795: »Die weite Verbreitung und Betriebsamkeit des allgemeinen Feilschens übertreffen alle Vorstellungen, die man sich [...] davon machen kann, und Sie können keinen Schritt auf der Straße tun, ohne einem mehr oder weniger betrüblichen Beweis davon zu begegnen. Zunächst sind fast alle Häuserfronten, alle großen Alleen, wenigstens in den belebten Stadtvierteln, zu ebenso vielen Läden mit Möbeln, Kleidungsstücken, Bildern, Stichen usw. geworden [...] Die Hauptstadt der Welt sieht aus wie ein riesiger Trödelladen.«

»Ein Mensch, der jeden Tag, die Taschen voll Assignaten, von zu Hause fortginge, ohne eine andere Absicht, als alles zu kaufen, was billig zu haben ist, könnte auf diese Weise in kurzer Zeit ein ungeheures Vermögen erwerben. Das haben auch mehrere Personen mit glänzendem Erfolg getan, unter ihnen, sagt man, der Vicomte de Ségur. Er besitzt einen der schönsten Läden, die es gegenwärtig in Paris gibt. Und dank dieses glücklichen Einfalls verzeiht man ihm, der Sohn eines

Marschalls von Frankreich zu sein, der anerkannte Freund einer vordem sehr vornehmen Dame und sogar der entschiedenste Aristokrat, wenigstens in seinen Ansichten und seinen Spötteleien« (73).

Wenige Jahre später liquidierte *Napoleons* Imperium die etwa noch verbliebenen radikalen Tendenzen der Revolution vollends, festigte aber deren ökonomische Folgen (2). Es stiftete, und das war für die Fortentwicklung der industriellen Gesellschaft wichtig, eine erste Einheit europäischer Zivilisation, Vorbedingung der Entfaltung supranationaler Märkte und einer funktionierenden Weltwirtschaft. Die französische Armee brachte auf ihren Feldzügen zwar nicht mehr die Ideen von Freiheit, Gleichheit, Brüderlichkeit ins Feindesland, aber mit ihren Cafés und Bühnen doch den Code Napoléon und damit fortschrittliche Rechtsvorschriften. Freiheiten privater Eigentumsbildung und die Gleichheit aller Bürger vorm Gesetz wurden den Deutschen damals von ihrer Besatzungsmacht verliehen. Ideologisch streifte die neue Form von liberté im Manchester-Liberalismus von sich ab, was ihr an proletarisch-egalitären Tendenzen noch anhaften mochte. So brach um 1800 herum nicht das Jahrhundert des Glücks, der Plebejer, der Rechtsgleichheit, der Wahrheit in Freiheit an, wohl aber das des Gewerbefleißes und der mächtigen Entwicklung der Produktivkraft; das Jahrhundert der Händler, die uns prellen wollen, wenn sie uns einen Genuß verschaffen, und schließlich die Ära imperialistischer Kriege.

Gleichwohl bewahrte dieses Jahrhundert revolutionäre Tugend, ›Erbe‹ auch hier. Als Nachlaß aus den Jahren der Schreckensherrschaft blieb nämlich, daß *Freiheit*, was immer sie sein mochte, vor allem für den unselbständigen Bürger davon abhängen sollte, daß der Genuß verpönt blieb und daß die Gesellschaft vom Individuum verlangen mußte, daß es sich in Zucht nahm (25) – wie *Robespierre* von den Dantonisten. Eben dies scheint sich in der strengen Gestalt des Advokaten von Arras eindrucksvoll zu bündeln: »Wir wollen in unserem Lande den Egoismus durch die Moral [...], die Langeweile der Wollust durch den Zauber des wahren Glücks (ersetzen)« (4). Lust zu suchen, war Gesellschaftsverrat, 1793 nicht viel anders als 1893. Im Jahrhundert des Gewerbefleißes sollte der desexualisierte Organismus des Abhängigen als Arbeitsinstrument dem Besitzer von Produktionsmitteln zu Willen sein. Mit der Lust wurde die Idee der Revolution denunziert. Die repressive Tugend der Französischen Revolution enthielt noch ein vergleichsweise fortschrittliches Element, die Empörung der Bourgeoisie gegen den Adel, dessen Laster vom Müßiggang, dessen Muße vom Laster nicht zu trennen waren; politische Predigten wider das Dolce vita waren Mittel des Klassenkampfs. Schon auf diese Weise, indem man irdisches Glück und Lust desavouierte, wurde aber die Unterdrückung des Menschen fortgesetzt. Veränderungen der Moral waren kein Ziel der Revolution, sie dienten denn den Interessen der neuen Klasse. Der wirtschaftliche Sinn von Tugend blieb verdeckt, die ›Schreckensherrschaft‹ schien auf Prinzipien zu beruhen, deren Geltung von den Bedingungen der ökonomischen Lebenssphäre unabhängig war. Und doch riß der Sturm auf die Bastille auch immaterielle Schranken nieder, die der nutzbringenden Verwertung des Kapitals entgegenstanden. Schließlich fielen unter dem Fallbeil der Guillotine mit der Hinrichtung *Robespierres* und seiner Freunde jene Köpfe, die der Durchsetzung der kapitalistischen Produktionsweise noch im Vorfeld der Warengesellschaft hätten Widerstand bieten können.

Auch die Aufhebung der Vorrechte des Adels und der Könige zugunsten der *Gleichheit* stand, blutig zwar, im Dienste der Emanzipation der Wirtschaft von heteronomen Direktiven. Hat die Idee der ›Gleichheit‹ ursprünglich besagt, daß im Hinblick auf ihre mitgeborene Natur und ihre unveräußerlichen Rechtsansprüche keine Unterschiede zwischen den einzelnen Bürgern einer Nation geduldet werden können, so hat sie sich offensichtlich bald geschichtlich gewandelt und ihren Einflußbereich erweitert. Zwar ist auch hier noch nicht immer, was gelten *soll*, schon soziale Wirklichkeit; so ist vor dem Gesetz, das es Reichen wie Armen gleichermaßen verbietet, Brot zu stehlen und unter Brücken zu schlafen (67), doch nicht jeder vollkommen gleich, und auch die Praxis der politischen Rechtsprechung lehrt, daß einige Täter gleicher sind als andere. Aber sie war als Gleichheit vorm Gesetz und der mitgeborenen ›Natur‹ eben überhaupt nur unvollständig, wenn nicht gar irrig definiert. Unter ihrem Feldzeichen wurde anderes gefordert und ein Stück weit verwirklicht: Es galt, alle sozialen und rechtlichen Differenzen, die sich nicht in Besitz, Produktionskapazität oder Geschäftstüchtigkeit ausdrücken ließen, zu minimieren und alte Steuerprivilegien endlich zu beseitigen. Erst im hartnäckig festgehaltenen Freihandel und in der Ablehnung jedes staatlichen Eingriffs in den Marktmechanismus, in das Wirtschaftsleben wurden egalité und liberté zur geschichtlichen Wirklichkeit der industriellen Gesellschaft. Es konnte deshalb nicht ausbleiben, daß sich erhebliche Ungleichheiten rasch wieder herstellten, sie wurden sogar gesellschaftsfähig. Denn nach der geltenden ökonomischen Theorie mußte ein sich selbst überlassenes Wirtschaftsleben zu nichts weniger als zu einer natürlichen Auslese der Tüchtigen führen: »Qu'on laisse faire la nature« – wodurch die Theorie der Gesellschaft zur Zoologie wurde. Dabei waren politische Ökonomie und Wirtschaftspraxis der Biologie voraus, die erst auf *Darwin* warten mußte, bis jenes Prinzip auf die Entwicklung des Lebens verallgemeinert werden konnte. »Die ganze darwinistische Lehre vom Kampf ums Dasein ist einfach die Übertragung der

*Hobbes*schen Lehre vom bellum omnium contra omnes und der bürgerlich-ökonomischen von der Konkurrenz [...] aus der Gesellschaft in die belebte Natur«, schrieb *Engels* im Dezember 1875 an einen russischen Briefpartner (13).[4] Sobald im Zeichen der egalité und liberté jeder Bürger als Privatmann Ziele der Nutzenmaximierung egoistisch verfolgen durfte (29), führte die ›Gleichheit‹ der zoologischen Gesellschaft zur Konzentration der Vermögen, und Wohlständigkeit wurde wieder eine Metapher für Anständigkeit.

Der Wohlstand wuchs in der Tat. Anfänglich hielt seine Wachstumsrate mit der des Elends nicht Schritt. Die Fesseln der Industrie hatten sich gelockert, um bald gänzlich zu fallen, und ihre unversiegten Quellen, lediglich von der Freiheit kanalisiert, führten eine Ordnung der Dinge herbei, von der *Mirabeau* am 31. Dezember 1790 mit Recht vermutete, daß »unsere Augen noch nicht einmal ihre Atmosphäre erblicken« könnten, »und noch weniger sie durchdringen und hinüberschauen« (1): Die Lage der Abhängigen im frühkapitalistischen Europa wurde unerträglich, ihre Rechtlosigkeit nahm zu, die herrschende Moral machte brutale Unterdrückung zum Umgangsstil der Herren des Zeitalters. Der Humanismus der revolutionären Überzeugungen ging im wirtschaftlichen Erfolg nach-revolutionärer ökonomischer Freiheit unter. Die Herrschaft der Bourgeoisie verfestigte sich, aber gleichzeitig blieben die sozialen Probleme der kapitalistischen Gesellschaft ungelöst.

Der sozialrevolutionäre Gehalt der Forderung nach egalité blieb also weitgehend unerfüllt. Obgleich die Gleichheit vor dem Gesetz bis zum heutigen Tage noch nicht faktisch wurde, ist sie andererseits nicht die einzige, leidlich funktionierende Gleichheit geblieben. Schon 1793 klagte Georg *Forster*, bei »abgenutzter Federkraft« schwänden die Differenzen in den Journalen: »Die Frankfurter Zeitung ist mir so gleichgültig wie die gazette nationale [...]« (1). Inzwischen haben sich Ungleichheiten der Federkraft in manchen Gegenständen des öffentlichen Interesses weiter reduziert. Gleichheit verwirklichte sich vor allem als Folge der rationellen Warenproduktion, in Konsumstil und Lebensverhalten; in der ›öffentlichen Meinung‹, an der die Bürger einer Nation nach Ansicht der Demoskopen teilhaben. *Gleiche* wurden die Individuen in den gängigen Sozialcharakteren (32), was nun wieder Freiheit in Frage stellt, und in der Einheit der Kultur, die uns umgibt, verringern sich sogar in den Selbstmordraten die nationalen Differenzen. Selbst größere soziale Gruppen, ja feindliche Blöcke nähern sich einander an: *egalité* wird zur supranationalen Wirklichkeit, so daß jeder kommende Krieg dazu tendiert, ein Bürgerkrieg zu sein. Unter dem Elend der ›zweiten Nation‹, der Armen, Rechtlosen, fand schließlich jene Gleichheit ihre Fortsetzung, von der Georg *Forster* am

30. 9. 1793 aus Arras berichtete: »Schon jetzt ist es hier entschieden, niemandes Tod oder Hinrichtung macht mehr Aufsehen, weil er *so* hieß und *so* tituliert wurde oder *solchen* Rang hatte« (1): im Sterben allein waren und blieben hinfort Reiche und Arme einander gleich. In unseren Tagen ist es die Perfektion des atomaren Todes, der als der große Gleichmacher die Kontrahenten erstarren läßt.

II

Aber vom verklungenen Elend lesen wir nur noch in alten Büchern. Am kalten Himmel der Gegenwart zogen neue Sterne herauf: nach feudalen Rückschlägen, Überwindung des gesamt-europäischen Hungers, bei fortlaufend sich bessernden materiellen Lebensbedingungen verwirklichten sich neben den ökonomischen Tendenzen auch manche sozialen und politischen Ideen der Großen Revolution. Als politische Form ihrer Verwirklichung trat die parlamentarische Demokratie an die Stelle älterer Herrschaftsformen. Daß Demokratie mit dem Grade der erreichten wirtschaftlichen Produktivität zusammenhängt, ist evident, je wohlhabender eine Nation, um so größer die Chance, daß sie eine stabile Demokratie entfaltet, sagt *Lipset* (33).

In der bürgerlichen Gesellschaft trug, nicht anders als Freiheit und Gleichheit, auch die Demokratie gewiß ein anderes Gesicht, als es den Revolutionären von und nach 1789 vorschwebte, von *Robespierre* oder *Leclerc* ganz zu schweigen. Mit wachsendem Wohlstand wurde sie der revolutionären Konzeption nicht gerade ähnlicher, nicht einmal im ökonomischen Profil. Wie jedermann weiß, bleibt in vielen westlichen Industrienationen der Volkswohlstand als gesellschaftlicher in der Zuwachsrate weit hinter dem Wohlstand in seiner Erscheinungsweise als Privateigentum zurück. Mit der ständig zunehmenden Ausstattung der Warengesellschaft mit marktwirtschaftlichen Erzeugnissen geht eine vergleichsweise sinkende Erzeugung von Gemeineigentum und öffentlichen Diensten, von ›publicly rendered services‹ einher (70). Das läßt sich in der Bundesrepublik am Zustand der Volksschulen und öffentlichen Verkehrsmittel, am Fehlen von Kinderspielplätzen, an den Gefängnissen oder an der Schließung personell unterbesetzter Klinik-Abteilungen ablesen. Man muß einräumen, daß die Zuwachsrate solchen gesamtgesellschaftlichen Wohlstands auch unter der Errichtung und Erhaltung von Heeren leidet, die große Anteile des Sozialprodukts verbrauchen, z. T. der Zirkulation entziehen und die im sogenannten Ernstfall zusätzlich Volkseigentum zerstören werden. Ältere Wohlstandsbegriffe zielten jedenfalls auf die materielle Wohlfahrt von Personen ab, die »gesellschaftswirtschaftlich miteinander verbunden sind, nicht also: auf die Individuen als solche«. Friedrich *List* hielt nicht so sehr die Akkumulation wertvoller Gegenstände bei den Individuen für wichtig als vielmehr die Anhäufung derjenigen Kräfte und Einrichtungen, durch die die Wohlfahrt der ganzen Nation hervorgebracht und garantiert wird (54).

Auch in ihrer sozialen und politischen Gestalt hat sich die parlamentarische Demokratie weit von ihren ideologischen Denkbildern entfernt. Sie erweist sich, einmal etabliert, als relativ unabhängig vom demokratischen Bewußtsein ihrer Bürger; als *die* Form des sozialen Friedens und der Integration großer, teils extremer Bevölkerungsmassen, die zu ihrer Erhaltung weder der politischen Reife der Individuen noch der brutalen Faschisierung deutscher Prägung unter *Hitler* bedarf, und auch nicht der klerikal-konservativen Herrschaftsstruktur anderer Länder. Mit modernen Techniken der sozialen Steuerung, die das kritische politische Bewußtsein der Bürger überflüssig machen, werden wir uns an anderer Stelle beschäftigen. Schon allein der Güterwohlstand, mit dem die Demokratie hochindustrialisierter Nationen so viel Elend überwunden hat und an dem jedermann weiter partizipieren will, ist inzwischen so groß geworden, daß die Gemeinsamkeit des Interesses am Wohlstand und seiner Erhaltung und Vermehrung kaum noch parlamentarische Gruppen zuzulassen scheint, die dem politischen System ihren Consensus verweigern. Strukturelle Änderungen bestehender politisch-gesellschaftlicher Ordnungen werden seltsamerweise undenkbar, solange der Wohlstand dauert. Eine Verweigerung der Zustimmung, so wird allgemein empfunden, könnte die gegenwärtige wirtschaftliche Lage ebenso gefährden wie die heikle Stabilität unserer Außenpolitik. Auf dem Wege zur ›formierten Gesellschaft‹ gibt es innerhalb des politisch-sozialen Systems gleicher Interessen keine Alternativen. System-opponierende Gruppen, die etwa Rotationen der Führungskräfte und Umverteilungen des Eigentums anstreben könnten (oder den Besitz an Produktionsmitteln grundsätzlich von der Verfügung über sie und den Menschen trennen möchten), sind verboten, vergessen oder politisch ohne Bedeutung. Je nach politischem Standort mag der soziale Friede unserer Demokratie und der allgemeine Consensus unterschiedlich betrachtet werden: als Anzeichen wachsender Zufriedenheit der Massen angesichts der unübersehbaren Erleichterung ihrer physischen Existenz; man kann beide auch im Hinblick auf die ›Herrschaft der Verbände‹ kritisch analysieren oder gar bedauern, daß jeglicher revolutionäre Impuls anscheinend ausgelöscht wird, wenn das Angebot an Gütern hoch genug, die durchschnittliche Kaufkraft auf angemessenem Niveau einreguliert bleibt. Immerhin bedeuten revolutionäre Impulse ja den Versuch, das Vernünftige mit dem Antreffbaren dadurch in Deckung zu bringen, daß man das Antreffbare gemäß kritischer Einsicht korrigiert (statt es voreilig mit dem Vernünftigen zu identifizieren). Erst wenn das Wesen der Dinge und Verhältnisse, das, was sie sein sollen, mit ihrer Erscheinung identisch wird, mit dem, was sie sind, verlöre der Versuch, Dinge und Verhältnisse strukturell zu verändern, an Rechtmäßigkeit.

»Solange die Sonne am Firmament steht und die Planeten um sie kreisen, war das noch nicht gesehen worden, daß der Mensch sich auf den Kopf, das ist auf den Gedanken stellt und die Wirklichkeit nach diesem erbaut«, schrieb *Hegel* über die Französische Revolution (28), »Anaxogoras hatte zuerst gesagt, daß die Nous, die Vernunft, die Welt regiert; nun aber erst ist der Mensch dazu gekommen, zu erkennen, daß der Gedanke die geistige Wirklichkeit regieren soll. Es war dies somit ein herrlicher Sonnenaufgang. Alle denkenden Wesen haben die Epoche mitgefeiert«. Sicher ist es nicht das öffentliche Wohlleben vieler Konsumenten allein, das den Bürger privatisiert – so als hätte menschliche Vernunft nur im Natur-Zustande allgemeiner Armut eine Chance. Die Ursachen reichen tiefer. Schon Heinrich *von Kleist* spürte, nach welchem Gedanken die Wirklichkeit erbaut worden war, als ihm ein Minister vom ›Effekt der Maschinen‹ sprach und er darunter den physikalischen verstand: wie erstaunte er, als sein hoher Gesprächspartner ihm deutlicher erklärte, er verstehe unter dem Effekt einer Maschine nichts anderes als das Geld, das sie einbringe. Ein Jahr später, 1801, schrieb *Kleist* an seine Brieffreundin Wilhelmine von Zenge: ein Wechsler könne die Echtheit der Banknote, die sein Vermögen sichern solle, nicht ängstlicher prüfen als er, Kleist, ihre Seele, und wenige Wochen danach bezeichnete er das Herz des Menschen als jenes seltsame Eigentum, »welches man sich nur rauben lassen darf, wenn es Zinsen tragen soll« (9). Sogar aus den Briefen des Dichters läßt sich lernen, daß der Bankier außer uns nur vermittels des Bankiers *in uns* das soziale Klima einer ganzen Epoche zu bestimmen vermag. Daß also die industrielle Gesellschaft nicht durch das Wohlleben ihrer Konsumenten allein, sondern durch die Totalität der Ware und der Tauschbeziehungen charakterisiert werden muß, daß der Markt und nicht der Gedanke die soziale Wirklichkeit regiert, reflektierte ironisch der alte *Tieck*, als er den Helden seiner Novelle *Des Lebens Überfluß* einen Traum träumen ließ, in dem sich die gesellschaftliche Welt im apokalyptischen Bilde einer ›versachlichten, rationalisierten Welt‹ darstellt, »in der der Mensch als Mensch nicht mehr vorkommt« (69), sondern nur noch als Ware der Auktion.[5]

Das Antreffbare gemäß kritischer Einsicht zu korrigieren, wurde immer unzeitgemäßer. Schon gegen Ende des vorigen Jahrhunderts klagte *Fontane*, »die ganze Welt, man könnte beinahe sagen, die Sozialdemokratie mit eingerechnet«, habe sich »durch gesteigerten Besitz und durch gesteigerte Lebensansprüche bis zu einer gewissen Bourgeoisiehöhe [...] entwickelt« (14). Von Vernunft aber war in der ganzen Welt nicht mehr die Rede. »Wir brauchen einen ganz neuen Unterbau. Vor diesem erschrickt man; aber wer nicht wagt, der nicht gewinnt. Daß Staaten an einer kühnen Umformung, die die Zeit forderte, zugrunde gegangen wären, *dieser* Fall ist sehr selten. Ich wüßte keinen zu nennen, aber das Umgekehrte zeigt sich hundertfältig«, schrieb er am 5.4.1897 an den Freund G. *Friedländer* (14). Am Ende ist es gar gefährlicher, Revolutionen nicht zu Ende zu führen und stationäre Tendenzen zu begünstigen, als sich entschieden auf den Gedanken zu stellen und die Wirklichkeit nach diesem zu erbauen.

Darauf zu verzichten und sich im Bestehenden zufrieden einzurichten, muß nicht Weisheit sein, die Abstinenz von der politischen Tageswelt nicht Vertrauen in die Potenz der Regierung implizieren. Der heutzutage begrüßte Effekt der Minderung sozialer Spannungen im Wohlstand, vielleicht Zufriedenheit, vielleicht sogar Vertrauen, bliebe erst noch abzugrenzen gegen das, was als ›Konsumquietismus‹ bezeichnet wurde (62) und als ›geistige Schlaffheit‹ zum Desinteresse an ideellen oder auch moralischen Werten führen soll (70). Der konsumierende Staatsbürger, der ›Souverän‹ der Demokratie, weiß zu gut, daß die allgemeinen Dinge auch ohne ihn laufen, obwohl in *Rousseaus* Vision die Demokratie der Staat sein sollte, »in welchem das souveräne Volk, geleitet durch Gesetze, die sein Werk sind, durch sich selbst das tut, was es gut tun kann, und durch Beauftragte, was es nicht selbst tun kann«. Er wird freilich zusätzlich, wenn die Kritiker im Recht sind, vom Wohlleben korrumpiert. Haben die Bürger auf Teilnahme an politischen Fragen zu verzichten gelernt, so erlischt auch die revolutionäre Idee, Wissen sei Macht, und der Gedanke, der auf Taubenfüßen komme, regiere die Welt, in der Lektüre der ›Bildzeitung‹. Wir aber sollten daran festhalten, daß die Hoffnungen der Menschen nicht auf die Stillung passiver Bedürfnisse, auf den Wunsch, daß nur noch Milch und Honig fließe, reduziert werden dürfen und daß die Konsumtion von Waren und Nachrichten nicht *alles* ist. Die Wissenschaften vom Menschen, die ihn durch ingeniös konzipierte Steuerungstechniken zu dieser Reduktion zu verführen helfen, bewahren die Erinnerung an das Wahre noch auf: dort, wo sie als ›helfende Disziplinen‹ das zu lindern suchen, was mit ihrer Hilfe dem Individuum geschieht.

Das sind bekannte Klagen, und sie bleiben in ihrer Forderung: daß es vernünftiger, daß es politischer bei uns zugehen sollte, nicht ohne Widerspruch. Arnold *Gehlen* hat beschrieben, wie innerhalb der wachsenden Komplizierung zivilisatorischer Superstrukturen jede tiefere Vernünftigkeit des Verhaltens schwieriger wird. Die wirtschaftlichen, politischen und gesellschaftlichen ›Großwetterlagen‹ werden geistig unbegreiflich und darum moralisch unausfüllbar, der Sinn für politische und soziale Verantwortlichkeit verengt sich, das Gefühl der Hilflosigkeit steigt (62). Das Dilemma einer Epoche, die auszog, die Autonomie des Individuums zu erkämpfen und dabei gesellschaftliche Bedingungen schuf, die autonome Individualität scheinbar unmöglich machen, ist sicher sehr groß, auch wenn man aus *Gehlens* Behauptung, die Prämissen der Aufklärung seien tot, radikal andere Folgerungen ziehen möchte, als er es tut. Doch unabhängig von allen Erklärungen, die den beobachteten Phänomenen gegeben werden können, bleibt der Tatbestand anzuerkennen: wenn auch erst in der deutschen Nachkriegsgesellschaft der Mangel an Gestaltungskraft in der Lösung der vielfältigen sozialen und politischen Probleme besonders schmerzlich fühlbar ist (34), so hat doch schon längst, am Ausgang der bürgerlichen Revolutionen, der freie Bürger in einer Demokratie Gleich-Freier die Sorge für das Gemeinwohl endgültig an andere delegiert und damit den Schwund politischer Gestaltungskraft besiegelt. Er beauftragt das Parlament, muß seiner Wege gehen und kontrolliert es nicht, und so auch nicht die Parteien. Der Staatsbürger, dessen angelieferter Kenntnisradius viel weiter sich spannt als der irgendeines seiner Vorfahren und den Stimmung und Verfassung seiner Gesellschaft zu sozialen Anstrengungen in Beruf und Lebensführung motivieren, die jener Vorfahr nicht einmal ahnen konnte, hat gleichzeitig sehr wenig Einfluß auf die politische Lenkung seiner Lebensverhältnisse. Man muß mit *Gehlen* einräumen, daß die gewaltige Ausdehnung und Komplizierung sozialer Beziehungsgefüge und die gegenwärtige Organisation der Verwaltung dem Einfluß des Bürgers wenig vernünftige Ansatzstellen bieten. »Aber noch einmal sei es gesagt, es ist unmöglich, seine Rechte zu behaupten, wenn man nicht fortwährend auf die Männer aufpaßt, denen die Verwaltung der wichtigsten Rechte anvertraut ist« (Madame *Roland* am 31.7.1791 (1).

Der Staat delegiert seinerseits die Aufgabe, den sozialen Frieden nicht mehr um jeden denkbaren Preis zu stabilisieren, an die von ihm mitfinanzierten Parteien und an die Verbände. Diese haben extreme Gruppen unter Ausschluß der den Consensus hartnäckig verweigernden einzelnen zu integrieren. Was bestimmte, sogenannte Weltanschauungs-Parteien dabei an politischer Liberalität nach außen gewannen, büßten sie im Inneren, d. h. unter Aufgabe ihrer innerparteilichen Demokratie, ein. Am Ausgang der bürgerlichen Revolution wurde Gleichheit *Konformität*; zum Kern der Freiheit die ohne nackten Zwang gewährte *Zustimmung*. Und die Demokratie wurde erst als *konstitutionelle Oligarchie* funktionstüchtig. Widersprüche, nach deren Geschichte zu suchen unsere Absicht ist, existieren seither nur noch in der Realität, nicht mehr im politischen Bewußtsein vieler.

III

Wer darüber reflektiert, wie die Warengesellschaft gegenwärtig »the right of Life, Liberty and the pursuit of Happiness«, wie sie das Verlangen der Revolution nach Tugend und Wahrheit, Freiheit und Gleichheit erfüllt, wird sich weder mit unseren nationalen noch mit den allgemeinen Zuständen zufriedengeben, sondern dazu neigen, der Warengesellschaft als Vollenderin oder Erbin der Französischen Revolution, neue Forderungen zu stellen. Eine Majorität für neue politische Ansprüche wird nicht leicht zu finden sein. Wir haben bereits angedeutet, daß sich der emanzipierte Bürger zur Gesellschaft anders verhält, als von der Revolution erwartet.

Das große politische Interesse treibe zum ›Herd der Politik‹, schrieb Madame *Jullien* im August 1792 an ihren Sohn: »[...] und da sind wir so glühend bei der Sache, daß wir dann nach Hause kommen, die Seele von Ermattung erschöpft und das Herz oft von Leidenschaften kochend, mit dem Wunsch, morgen die Fortsetzung dessen zu erleben, was heute angefangen hat« (1). Obwohl die Durchschnittswerte nicht nur für Wohlleben und Industrialisierung, sondern auch für Bildung und Wissensstand in stabilen Demokratien höher sein sollen als in weniger demokratischen Staatsgebilden (33), erlischt der politische Impuls des einzelnen, der, als Ausdruck lebendigen Interesses an dem, was alle angeht, zu den Bildungsforderungen jeder revolutionären Tradition gehört. Von den Reichen wurde einst mißtrauisch angenommen, es sei das Rabelaissche *fais ce que vouldras* ihr Credo, und von den Armen vermutet, daß, wo der Mensch ganz und gar von der Sorge um die Erhaltung seiner Existenz verzehrt ist, er »unfähig wird, über die Ursachen seines Unglücks nachzudenken und die Rechte zu erkennen, die ihm seine Natur gegeben hat« (*Robespierre*). »Die sehr Reichen sind konservativ, weil sie wenig Anlaß haben, mit dem Status quo unzufrieden zu sein«, bemerkte viel später *Veblen*, aber auch »die unendlich Armen und alle jene, deren Energien im täglichen Kampf ums Dasein vollständig aufgezehrt werden, sind konservativ, weil sie sich die Anstrengung nicht leisten können, sich über den übernächsten Tag Gedanken zu machen« (71).

Heute denkt nicht einmal derjenige, der nichts zu verlieren hätte, an Aufruhr (72). Wo die unteren Volksschichten gar einigermaßen gut situiert sind, glauben sie daran, daß irgend jemand schon für sie stufenweise einträgliche Reformen durchführen wird (34). Breite Mittelschichten, Bürger, Kleinbürger und Arbeiter, also der dritte mit Anteilen des vierten Standes, haben ihre Wünsche längst über den Konsum befriedigt und sozialen Schutz erhalten. Sie möchten Ruhe, Ordnung und ein bißchen Lust, und all dies wird ihnen zuteil. Behauptungen wie die *Börnes*, nur die Sehnsucht mache reich; Verse wie: »Dein wahres Glück, o Menschenkind, o glaube doch mitnichten / daß das erfüllte Wünsche sind; es sind erfüllte Pflichten« (K. *Gerok*) haben in ärmeren Jahrzehnten und als Botschaften affirmativer Kultur den Bürger darin bestätigt, sich mit den Versagungen abzufinden, die sein Teil waren; heute sind sie jedermanns Spott, aber das Sichabfinden ist geblieben. Daß die politischen und sozialen Intentionen des Bürgers im Wohlstand erlahmen, daß er blind wird für das, was jenseits enger Interessen liegt, kennzeichnet die innere Verfassung der gegenwärtigen Gesellschaft (64).

Die ›wunderreichen Anlagen‹ der Menschen, über die G. *Forster* sich so begeistert ausließ[6], haben noch immer nicht jenes soziale Klima gefunden, in dem sie ungestörter sich entwickeln könnten. »Ach, wenn es in der Natur des Menschen liegt, gut und tugendhaft zu sein, muß man gestehen, daß unsere sogenannt sozialen Einrichtungen, die, meine ich, auf das Menschengeschlecht zerstörend einwirken, ihn recht heruntergebracht haben«, schrieb *Hoche* 1794 an einen befreundeten General (1). Auch wer nicht davon ausgehen möchte, daß die *Natur* des Menschen ›gut und tugendhaft‹ sei, und wer erkennen muß, daß es nicht nur *materielle* Versagungen sind, durch die soziale Einrichtungen auf das Menschengeschlecht zerstörend einwirken, sollte sich freilich davor hüten, die deletäre Situation des einzelnen als Bürger einer Demokratie allein diesem selbst zur Last zu legen oder ihn an anonymen zivilisatorischen und politischen Bedingungen der spätindustriellen Gesellschaft scheitern zu lassen. Solange es nämlich noch Herrschaft gibt, der, nach einem *Lichtenberg*schen Diktum, »ein Mann von Kopf ein fataleres Geschöpf« ist »als der deklarierteste Schurke« und solange die alte Frage: sed quis custodiet ipsos custodes? im Interesse einer allgemeinen materiellen Wohlfahrt besser unbeantwortet, ja ungestellt bleibt, bilden Regierung und Volk einen Schuldzusammenhang.

Die parlamentarische Demokratie hat auch für den Unternehmer, für die Besitzenden, obwohl den Wirtschaftsinteressen tief verpflichtet, nicht nur die Erfüllung projektierter liberaler Freiheit gebracht; wie sie sich realisierte, hat sie sich gewandelt. Der Omnipotenz des Industriekapitals erstand in den Organisationen der Arbeiter, heute der Arbeitnehmer, ein wirksamer Korrekturfaktor und in der Bilanz ein Regler, der nicht-ökonomische Motive führender Kreise (Herrschsucht, Eitelkeit, Philanthropie) bereichsweise im Zaum hält (46). Bei wachsender Konzentration und dem Sistieren des freien Wettbewerbs in den dicht besetzten Massenmärkten stoßen regelnde und beschränkende Eingriffe des Staates auf vorsichtige Zustimmung. Mit einigem Verständnis der Wirtschaft konnten staatliche Wünsche schon früher rechnen: Die Klage der Militärs über die Dienstuntauglichkeit der jungen Männer aus Industriebezirken hat vor mehr als hundert Jahren dazu beigetragen, zu harte Arbeitsbedingungen des Frühkapitalismus zu mildern. Wie jedermann weiß, nimmt der Einfluß der Regierungen und ihrer Gesetzgebung auf das freie Unternehmertum zu: dem Staat muß die Erhaltung des sozialen Friedens teurer sein als die des liberalen Dogmas der Privatindustrie.

Diese selbst bedarf des sozialen Friedens, um ihren gesellschaftlichen Auftrag zu erfüllen, und schätzt die Einschränkung liberaler Freiheiten dort, wo sie die Konzentration wirtschaftlicher Macht begünstigt. Sie ist nicht immer übertrieben wählerisch gewesen; soweit die Kenntnisse des Verfassers reichen, fanden sich nicht einmal unter Hitler in den Reihen des Widerstands prominente Repräsentanten der Arbeitgeber. Die Unternehmer akzeptieren heute, daß im Zeichen der sozialen Marktwirtschaft die Macht des Staates auch den wirtschaftlich Schwächeren zugute kommt. Ihre subjektiven Motivationen tragen selbst im positivsten Falle sozialer Einsicht dem Umstand Rechnung, daß sich mit der bestehenden Gesellschaftsordnung gute Geschäfte machen lassen.

[1] So *Th. Jefferson*.

[2] Ein Baron v. Grimm erzählte, bei *Goethe* zu Gast, er habe für ein paar reizende und wertvolle Spitzenmanschetten – 250 000 Franken bezahlen müssen, und fügte hinzu, er sei glücklich gewesen, seine Assignaten so gut angebracht zu haben, denn »am nächsten Tage galten sie keinen Groschen mehr« (Gespräche mit Eckermann, [11], 14. 2. 1830).

[3] In diesem Zusammenhange ist die folgende Geschichte sehr anschaulich. Der Freiwillige Gabriel Noël, an der Grenze zwischen Frankreich und dem Erzstift Trier stationiert, berichtet am 6. März 1792, die Schlächter hätten es sich in den Kopf gesetzt, kein Fleisch mehr auf Assignaten zu liefern, »selbst nicht gegen die Bewilligung eines Verlustes von 20 Prozent«. Doch das Metallgeld war knapp. Einen Kursverlust hinzunehmen, fühlte Noël sich verpflichtet: »Wenn man, auf das Gesetz gestützt, einen Kaufmann zwingen will, den Nennwert zu akzeptieren, wer kann ihn hindern, wenn er ablehnt zu verkaufen: *das ist doch seine Freiheit*«. Nun aber, als man die Assignaten überhaupt nicht mehr in Zahlung nehmen wollte, hielt er sich doch verpflichtet, den Kommandanten in Kenntnis zu setzen. »Die Meinung des Kommandenten und einiger Gemeindebeamten, die da waren, gingen dahin, man sollte feste Preise für das Fleisch festsetzen und zwar einmal in Metallgeld und dann einen höheren Preis in Assignaten; nachdem diese Maßregel getroffen, solle man den noch widerspenstigen Schlächtern den Laden schließen.«
Den Bedürfnissen des Soldaten, der sich vom Solde ernähren mußte, war damit Rechnung getragen, aber die Bedürfnisse des Revolutionärs waren verletzt. »All das«, schrieb Noël seiner Stiefmutter, »scheint mir kaum mit den Grundsätzen der Verfassung und der Freiheit zu vereinbaren. Haben die Magistrate jetzt das Recht, Preise für die Waren festzusetzen? Kann man vernünftigerweise einen Kaufmann zwingen, zu verkaufen oder nicht zu verkaufen? Ist er nicht Herr über seine Ware, die ein Eigentum ist wie ein anderes?« Freilich, so fügt er hinzu, wäre es ihm und seinen Kameraden andernfalls unmöglich gewesen, Fleisch zu bekommen. »Was tun? Hat der Maire recht gehandelt oder nicht?« (1).

[4] Vgl. aber schon *Marx* in einem Brief an *Engels* vom 18. 6. 1862: Er stellt darin neben *Hegels* »bürgerliche Gesellschaft als geistiges Tierreich« das *Darwin*sche »Tierreich als bürgerliche Gesellschaft« (12).

[5] Die Schullehrer bieten diese Novelle ihren Schülern als ›Idylle‹ an und zeigen damit, wie sich die Gesellschaft vor der Vernunft des einzelnen zu schützen bestrebt ist.

[6] Vgl. S. 55 dieses Bandes.

Brüderlichkeit: Ein Bericht über Versäumnisse

I

Ein Stück weit ließ sich schon erkennen, in welchen Formen die Warengesellschaft egalité und liberté, Forderungen der Französischen Revolution, verwirklicht hat; im Rückblick erscheinen diese Forderungen selbst als Ausdruck bestimmter Klasseninteressen. Wir alle sind, als Konsumenten und Bürger unserer demokratischen Hemisphäre, Nutznießer dieser Entwicklung. Denn die Vorteile neuer staatlicher und sozialer Lebensformen blieben nicht den Bankiers und den Besitzern von Produktionsmitteln vorbehalten; die rohe Form des Herrschaftsanspruchs der Monarchien hat sich nicht überall restauriert. Das ›right of life‹ freilich war niemals unbestritten, weder gestern noch heute; ein in der Verfassung kodifiziertes Grundrecht ist es nicht geworden, obwohl keines der Menschenrechte übrigbleibt, wo trotz ihrer Deklaration »das Sterben erste Bürgerpflicht ist« (20). Nicht einmal die Bundesrepublik hat das *Recht auf Leben* in ihre sonst so fortschrittlichen Verfassungsnormen aufgenommen; andernfalls wäre die Verlegenheit heutzutage groß. Seit jeher lag über der in der gegenwärtigen Gesellschaft allein vernünftigen Maxime: ›Lieber Sklav' als tot‹ das Tabu der Feigheit, obwohl der Wunsch, eigenes Leben zu erhalten, dem einzelnen kaum abgesprochen werden darf. Immer wurde vom Angreifer die Moral des ›Lieber tot als Sklav'‹ mit Reflexionen über die Zukunft der Kinder verbunden, die es dereinst besser haben sollten. Die Väter starben dann dafür, daß ihre Kinder ohne sie heranwachsen mußten.

Aber auch ›die Begriffe Tugend und Wahrheit‹ haben ihr eigenes Schicksal gehabt: Die Behauptung Georg *Forsters,* es sei unwiderlegbar, daß nur in freien Staaten die Tugend allgemein werden kann (1), wurde schon allein dadurch widerlegt, daß auch in den freien Staaten die ›Tugend‹ des Bürgers am Grade seines Consensus gemessen wird. Jedermann kann, wenn er will, diese Entwicklung für sich ausnützen und sein Selbstwertgefühl auf die Zustimmung zur gegenwärtigen Staats- und Gesellschaftsordnung stützen. Die Frage, was aus dem ›pursuit of Happiness‹ allgemein geworden ist, sei noch aufgeschoben[1]; zunächst beschäftigt uns die ebenso irritierende Frage nach dem sozialen Schicksal der *fraternité,* also nach der Weise, wie Brüderlichkeit, einst nur revolutionäre Forderung, gesellschaftliche Wirklichkeit für alle geworden ist. Die Dialektik von Treue und Verrat, von Treue zum objektiven historischen Auftrag der bürgerlichen Revolution und von Verrat am Humanismus ihrer Protagonisten, ist hier besonders schwierig zu fassen. Nur auf Umwegen wird sich die Erörterung bewegen können; eher werden die *Bedingungen der Möglichkeit* brüderlichen Sozialverhaltens die Gegenstände des Fragens sein als Brüderlichkeit selbst. Der Umstand, daß Reflexionen über fraternité so unbefriedigend bleiben, ist wohl selbst ein zeittypisches Phänomen.

Solange der Weizen noch knapp, die Kaufkraft des Volkes verschwindend gering war und das Brot auf den Spitzen der Bajonette verteilt werden mußte, hatte sie wenig Chancen. General de *Besenval*, vom französischen Kriegsminister später mit der Verteidigung von Paris betraut, berichtet in seinen Memoiren: »Seit acht Jahren habe ich im Auftrag des Königs das Kommando über die Provinzen im Inneren des Lands, bestehend aus den Provinzen Ile de France, Soissonnais, Berry, Bourbonnais, Orléanais, Touraine und Maine [...] Die Knappheit an Brot und die ungewisse Zukunft verbreiteten Angst und Schrecken und steigerten die allgemeine Unruhe. Auf den Märkten kam es zu Tumulten, und die Transporte der Regierung wurden abgefangen; das zwang mich, die mir zur Verfügung stehenden Truppen aufzuteilen, um die vier Märkte, die mir unterstanden, zu schützen, die Ordnung aufrechtzuerhalten, die Getreidetransporte zu sichern [...] Die immer stärker werdende Unruhe sowie die Knappheit der Lebensmittel erzwangen die Anwendung *der in ähnlichen Fällen gebräuchlichen Mittel*, das heißt, die beiden Regimenter der Palastwache und die Schweizergarde wurden eingesetzt, um die Ordnung aufrechtzuerhalten« (73).

Unter Hungernden ist jeder leicht des Nächsten Feind. Nach der in der Warengesellschaft erreichten Entlastung von physischem Elend und anderen menschenunwürdigen materiellen Bedingungen seiner Existenz sollte der Mensch dagegen nicht mehr so leicht und begründbar dem anderen ein Wolf sein. Die explosive Steigerung des Güterwohlstandes und der durchschnittlichen Kaufkraft unter dem ›Regiment der Freiheit‹ wäre wohl eine Bedingung der Möglichkeit von Brüderlichkeit. »Die ›große Industrie‹ ist nicht bloß die Mutter gesellschaftlicher Widersprüche, sondern auch [...] Erzeugerin der materiellen und geistigen Bedingungen zur Lösung dieser Antagonismen« (*Marx* an *Engels* am 14. 3. 1868). Man kann in solchen Überlegungen fortfahren und wird sich etwa sagen müssen, daß christliche Ideale von agape, von Brüderlichkeit, von Nächstenliebe – eine gesellschaftliche Entwicklung umspannend, die nicht erst 1789 begann – zum festen, verteidigten Gesinnungsbestand der westlichen Demokratien rechnen, in deren Meinungsfeld wir uns bewegen. Jedermann möchte Nutznießer der christlichen Kultur sein, obwohl die Hoffnung, daß die *als*

Brüder Geschaffenen sich auch *wie* Brüder zueinander verhielten, vielfach an der abschreckenden sozialen Realität christlicher Gesellschaften gestorben ist. Auch warnt der Umstand, daß die allgemeine Akzeptierung religiöser Normen als Sollwerten sozialer Verhaltenssteuerung unangefochten selbst Auschwitz überstanden hat; ein Ortsname, ein blutiger Zusammenhang, bei dem es uns kalt überläuft. *Goethe* sagte zur Kanonade von Valmy: »Von hier und heute geht eine neue Epoche der Weltgeschichte aus« (10), und dies muß auch für die Vernichtungslager gelten. Es wäre dann zu erinnern, daß Erzbischof *Gröber* förderndes Mitglied der SS war, Bischof *Berning* in Konzentrationslagern von Häftlingen und Bewachern über ›Gehorsam und Treue‹ sprach. Sie hatten ebensoviel Staatsraison wie der Bischof von Paris, *Gobel,* allerdings mehr Glück, denn *Gobel* wurde 1794 wegen antireligiöser Propaganda hingerichtet. *Hebbel* notierte am 4. 7. 1838 in seinem Tagebuch, es sei am Ende an der Religion das Beste, daß sie Ketzer hervorrufe (15). Die Wirksamkeit solcher Priesterschüler und Geistlicher wie *Sieyes, Talleyrand, Fouché, Robespierre, Roux* mag für *Hebbels* These sprechen, doch auch *Stalin* erhielt seine Schulbildung von der Geistlichkeit.

Der Umstand, daß Reflexionen über ›Brüderlichkeit‹ unbefriedigend bleiben, ist ein zeittypisches Phänomen; zeittypisch ist auch, daß wir, über fraternité nachdenkend, so rasch bei Auschwitz anlangen. Auf den ersten, naiven Blick scheint jede Weise brüderlichen Sozialverhaltens dort aufzuhören, wo der Minoritätenmord zum sozialen Wohlverhalten wurde. Da haben wir es doch heutzutage besser, wo Gewalt sich wenigstens innenpolitisch überlebt hat. Wie die Erfahrung zeigt, liegt gegenwärtig »hoch über den faktischen Gegensätzen« in der Gesellschaft ja nicht mehr nur die »kulturelle Solidarität« als »abstrakte innere Gemeinschaft« (25), wozu auch das Christentum als öffentliche Angelegenheit in demokratischen Staaten zu rechnen wäre. Über den faktischen Gegensätzen liegen vielmehr wirksame, weil endlich gemeinsam und von annähernd allen für fast alle vertretene Forderungen: nach Vollbeschäftigung, nach wachsendem Wohlstand, nach Tolerierung der Privatsphäre und schließlich nach entschiedener Abwehr kommunistischer Infiltration. Die Bevölkerung ist sich einig wie nie zuvor, wenn auch von »Begeisterung für eine große öffentliche Sache« und nicht viel zu spüren ist; jener Begeisterung, die, wie Fr. *Schlegel* im Oktober 1793 an seinen Bruder schrieb, »trunken und töricht für uns selbst und unsere kleinen Angelegenheiten (macht) – muß es machen, wenn sie echt ist« (1). Sie, die Forderungen, vermitteln als neues bonum commune im Sinne maximalen Interessenausgleichs wie zwischen den verschiedenen politischen Gruppen und Bevölkerungsteilen unseres Landes so auch zwischen den Sozialpartnern; um sie kann sich eine als ›klassenlos‹ bezeichnete Gesellschaft formieren. Von Brüderlichkeit, von Solidarität ist zwar selbst im Zustand supponierter Klassenlosigkeit nicht eben allzuviel spürbar, von jenem »erhabenen und köstlichen Gefühl, das uns in unsresgleichen nur Brüder sehen läßt und das das allgemeine Wohlwollen mit der glühenden Liebe zur Freiheit vereinigt, die allein imstande ist, dem Menschengeschlecht das Glück zu gewährleisten« (Madame *Roland* am 31.7.1791).

Man wird einräumen müssen, daß sich das offizielle Selbstverständnis unserer gegenwärtigen Gesellschaft den ›Zwängen zur Realitätsverleugnung‹ subsumieren läßt, von denen unlängst A. *Mitscherlich* sprach (34a). Trotzdem werden wir mit Vorteil einen Blick auf die objektive Genese dieser angeblich klassenlosen, formierten Sozietät werfen, ehe wir der Versuchung nachgeben, im Sinne unserer zweiten Hypothese eine Ausschließung von Minoritätenmord und brüderlichem Sozialverhalten zu postulieren und einen Fortschritt zur Brüderlichkeit schon allein darin zu sehen, daß Gewalt sich innenpolitisch überlebte. Die Voraussetzung unserer Gesellschaft, in der es friedlicher zugehen darf, war ja, daß die in brutaler Form nivellierte Gemeinschaft des Nationalsozialismus mit *allen für alle* die Gesellschaft von nicht-integrierten oder potentiell systemfeindlichen Gruppen durch Ausmerzung entlastete. Davon waren Juden oder Zigeuner nicht weniger betroffen als arische Politiker, Marxisten und Geistliche, die den Consensus verweigerten.[2] Wie gründlich sie ausgerottet wurden, läßt sich am Bewußtsein allzu vieler Individuen und Politiker ablesen: sie existieren nicht einmal mehr in deren Erinnerung. Wie das ›Vergessen‹ schreitet auch der Zwang zur Realitätsverleugnung fort: Bundespräsident *Heuss* gedachte noch der Opfer von grausamen Verhältnissen, um die wir wußten; wenige Jahre später erklärte Bundespräsident *Lübke* bei gleichem Anlaß, das, wessen wir trauernd gedächten, sie ohne unser Wissen geschehen. In der Zeit als lebenserfüllter Gegenwart wandelt sich das Vergangene. Selbst für die ärztlichen Gutachter in Wiedergutmachungsfällen ist das Leiden der Verfolgung unkenntlich geworden: Ein Mensch muß die Ermordung zahlreicher seiner Kinder symptomfrei ertragen können, um eine normale Konstitution zu haben (74). Auch das ist eine Überlegung, die uns alle angeht, die wir so leicht dazu neigen, das Mitgefühl mit anderen durch Schuldgefühle für das zu ersetzen, was wir ihnen antun:

Die Voraussetzungen des sozialen Friedens sind die Ausrottung vieler Minoritäten und systemfeindlicher Gruppen und das allmähliche Vergessen ihrer Ausrottung; wir sind nun unter uns.

Kehren wir noch einmal zum Anfang unserer Erörterungen zurück. Wohlstand und Christentum allein, so scheint es, haben weder staatliche Gewalttätigkeit verringert noch zur Entwicklung eines neuen brüderlichen Sozialverhaltens viel beigetragen. Die Freiheit der Wirtschaft hat uns nicht humaner, die Gleichheit der Rechte, ohnehin mehr Verfassungsnorm als Verfassungswirklichkeit, kaum duldsamer gemacht. Daß es bei uns im allgemeinen friedlich zugeht, verdankt die formierte Gesellschaft unseres Landes nicht nur dem Wohlstand und dem politischen Wohlverhalten bedeutender Organisationen, sondern auch Hitler, der sie von provokatorischen Elementen gereinigt hat. Man kann ruhig einen Schritt weitergehen und überlegen, ob wir nicht auch der Brüderlichkeit schon einmal näher waren als heutzutage.

Gegen unsere Vermutung, ein Fortschritt in der Verwirklichung von fraternité sei schon allein darin zu sehen, daß Gewalttätigkeit sich innenpolitisch erübrigt, wäre ein Gegenargument nämlich sehr leicht zu finden. Wirklich, *soziale Realität,* war Brüderlichkeit in unserem Staat ja allein in einer Gestalt, die der Gewalt zugehört: Sie wurde als Kameradschaft, gar als ›Frontkameradschaft‹ bezeichnet und überaus gefeiert. Sie war selektiv, nicht über alle Zweifel hinaus zuverlässig und immer dabei, sich mit dem Unrecht gemein zu machen, aber es hat sie in Deutschland gegeben. Deutsche Menschen in der Bundesrepublik fühlen sich seither einsam, mit der Möglichkeit, einen zur Treibjagd offiziell freigegebenen Feind zu erschlagen, ging ihnen der Bruder an ihrer Seite verloren. Wie die Beobachtung zeigt, stellt sich diese insuffiziente Form von Brüderlichkeit, falls keine Grenzmauer mit eindeutigem Schießbefehl existiert, nur dort wieder her, wo der Anspruch auf nationale Macht in der Sprache der Mörder erneut laut wird. *Kameraden* sind diejenigen, die von den gleichen Ressentiments radikalisiert werden. Die Ressentiments haben ja die Ausrottung ihrer Objekte überlebt, heute sind die Objekte im Vorurteil sogar so sicher konserviert wie die Mücke im Bernstein. Kameradschaft wäre also eine Form von Brüderlichkeit in der Warengesellschaft, nur eben unter unmenschlichen Bedingungen des sogenannten Ernstfalls oder der Verschwörung zu Raub und Mord. Man erinnert sich bei dieser Gelegenheit, daß der Grundsatz der *Solidarität:* Einer hätte für alle, alle hätten für einen einzustehen, in Deutschland gleichfalls zur sozialen Wirklichkeit nur im Mythos der ›Gemeinschaft‹ wurde – jener Volksgemeinschaft, in die unsere deutsche Gesellschaft, nach der mißlungenen Revolution am Ende des Ersten Weltkrieges, im Jahre 1933 zurückfiel und die dabei die Leichen derer unter sich begrub, denen gewisse soziale Merkmale fehlten, die man vom ›Bruder‹ forderte.

Eine nähere Analyse der Gleichzeitigkeit von Kameradschaft und Minoritätenmord, von Solidarität und Raubzug lehrt etwas sehr Bemerkenswertes. Einzelne Menschen, auch ganze Gruppen, können aus jenem humanen Zusammenhang ausgeschlossen werden, der die Voraussetzung für die Aktivierung von Mitgefühl und Neigung ist, wenn sie nicht bestimmte soziale Merkmale tragen, nicht sichtlich ›Unsereiner‹ sind. Der »versteckteste Moderantismus« in irgendwelchen schriftlichen Äußerungen genügte *Emery*, einem Beamten aus Lyon, um darin – mit drohendem Blick auf die Guillotine, das ›Fenster der Nation‹ – die ganze Aristokratie zu finden (1). Damit allein, daß einer von der Mutter mit allen biologischen Merkmalen seiner Gattung geboren wurde, ist er noch nicht wirklich ein vollständiger Mensch – weder damals noch heute, er muß es erst werden; zu seinen natürlichen Merkmalen müssen andere hinzutreten, die der Geborene innerhalb seiner sozialen Mitwelt sich erwirbt.

Anders wäre die Borniertheit vieler Eltern gegenüber ihren Kindern, die sie doch lieben, gar nicht verständlich: auch Kindern fehlen ja noch gewisse Merkmale der Erwachsenen, die allein ›Unsereiner‹ sein können; oder die scheinbar so spontane Feindseligkeit, die Menschen unseres Landes im Umgang mit Juden, Kommunisten und Gastarbeitern entwickeln – mit Geschöpfen also, denen bestimmte, für den vollständigen Menschen der jeweiligen Eigengruppe geforderte Merkmale fehlen. Im Umgang miteinander enthält der Begriff ›Mitmensch‹ – für die Konstituierung brüderlichen Sozialverhaltens der Schlüsselbegriff – offensichtlich gewisse Postulate, die zu erfüllen lebenswichtig sein kann. Wer Mensch, wer mitfühlenswürdige Kreatur ist, darüber entscheidet eine gruppenspezifische Indoktrination. Umfassende Brüderlichkeit, eine neue Humanität des Sozialverhaltens scheitern so zwar daran, daß das Postulat der Gleichheit aller Menschen *als* Menschen abstrakt blieb, jedenfalls fortwährend durch Gruppennormen begrenzt und aufgehoben wird, aber die soziale Feindseligkeit gegen andere macht immerhin innerhalb der Gruppe bestimmte Formen von Brüderlichkeit möglich.

Es fällt uns schwer, uns »um der Freiheit willen ebenso zu verbünden, wie wir es für die Tyrannei tun« (*Mirabeau* am 30. 10. 1787); aber die Brüderlichkeit fällt uns auch nicht leicht. Weil das Mitgefühl so vieler Menschen durch ihre gruppenspezifischen Vorurteile beschränkt wird, sind gegenwärtig außerhalb der politischen Reaktion, die solche Vorurteile pflegt, anscheinend alle Versuche zum Scheitern verdammt, über Public Relations so etwas wie ›Gemeingefühl‹ oder umfassende Hilfsbereitschaft zu evozieren und über Jugendverbände zu organisieren. Nur wenn der liebe Gott in Lengede mitbohrt, geht ein Seufzer der Anteilnahme durch das Land und das Gebet durch die Spalten der Bildzeitung. Brüderlichkeit und Gemeinschaft nur unter der Herrschaft unmenschlicher Intentionen und Vorgänge; Abwesenheit von Solidarität und fraternité unter den Bedingungen des sozialen Friedens und der ›klassenlosen‹

Gesellschaft – dies wäre einer der Widersprüche, die das Nachdenken über Brüderlichkeit so irritieren.

Noch an vielen anderen Stellen nimmt Gesellschaft (als Inbegriff aller Verbindungen, die Menschen miteinander eingehen und zugleich der Totalität bedingender Momente) als *widersprüchliche* stationären Charakter an. Ein Exempel, das uns gleich zum Problem der fraternité zurückführen wird: Wir alle sehen, daß man zugunsten der Privatsphäre als ›Freizeit‹ gemeinsam in Kauf nimmt, daß diese über die Freizeit-Industrie mit in den Warencharakter der Sozietät einbezogen wird; eben dies gilt bereichsweise auch für mitmenschliche Beziehungen in der Privatsphäre, für Freundschaften, die als die wichtigsten aller Konsumgüter angesehen werden (58). Was noch in *Tiecks* Novelle *Des Lebens Überfluß* eine Distanzierung zur Gesellschaft zu erlauben schien, die Liebe zweier Menschen, ist heute in Gefahr, total integriert zu werden. Auf dem Wege über diese Form der Expansion der Warengesellschaft (und die mit ihr verbundene Demokratisierung von Privilegien) stellt sich in Konsumstil und Lebensgewohnheiten allmählich eine konkrete Einheit der Zivilisation her, die mit der Individualität auch den objektiven Charakter fraternitätshemmender Fremdheit, die zu tragischen Mißverständnissen führende Ungleichheit einzelner Subkulturen schwinden lassen sollte. Und wenn wir auch fern von jenen revolutionären Zeiten leben, die »dazu angetan sind, die moralischen Fähigkeiten und alles, was es an edlen Regungen gibt, zur Entwicklung zu bringen« (Madame *Roland* am 18.7.1790): die wachsende Uniformität und ›Eindimensionalität‹ der Warengesellschaft entzieht immerhin den Vorurteilen der Gruppen, die umfassende Brüderlichkeit nicht zulassen, langsam das materielle Substrat.

Man neigt zur Annahme, daß diese Entwicklung neue Möglichkeiten brüderlichen Verhaltens schaffen könnte. Nur außerhalb der Hochzivilisation erfolgte die Abgrenzung sozialer Gruppen spontan und rücksichtslos nach dem Faktor der Gleichartigkeit bzw. der Ungleichartigkeit; Gleiche sind Mitmenschen, Ungleiche der Feind. E. R. *Jaensch* sprach von der »Attraktion affiner Strukturen«, die um so spontaner wirke, je mehr Merkmale die sich Gruppierenden gemeinsam haben. Nur in voneinander relativ unabhängigen Subkulturen in Epochen des unterentwickelten Waren- und Personenverkehrs nimmt die Festigkeit der Grenzen und die Binnenkohärenz der Gruppe mit der Menge der beteiligten Individuen *unwiderstehlich* zu (59). In Hochzivilisationen aber bilden wirtschaftliche Autarkie, Minoritätenmord und ›Kameradschaft‹ der Eigengruppe einen einzigen Schuldzusammenhang. Würde die Warengesellschaft wirklich zur Weltgesellschaft werden, könnte das ethnozentrische Weltbild sozialer Gruppen nur in der Ideologie überleben, die sich nicht auf alle Zeiten hin gegen das Schwinden ihrer objektiven Grundlagen verteidigen ließe. »Ja, vereinigen Sie die Freunde der Menschheit aus allen Nationen«, schrieb Madame *Roland* im Mai 1791 an *Bancal,* »es braucht nichts Geringeres als diese allgemeine Konföderation« (1).

Die Vermutung, mit der Zunahme von sogenannten Gruppendiffusionen in den industriellen Gesellschaften wüchse auch die Chance für umfassende Brüderlichkeit, und die gegenwärtige Konzeption von Machtpolitik, ›Außenpolitik‹, genannt, werde bald durch eine Theorie der internationalen Beziehungen abgelöst, die auf anderen Fundamenten beruhen müßte als denen der Nationalstaatlichkeit, bleibt gegenwärtig eine abstrakte Hoffnung. Die sozialen Folgen der erörterten Entwicklungen sind recht andersartig, weil die Entstehung von ›Weltgesellschaften‹ durch planmäßig eingesetzte nationalstaatliche und zugleich auch klassenspezifische Steuerungstechniken durchkreuzt wird.

Wir wählen als Beispiel für diese Behauptung die Vorbereitung von *Kriegen* und was diese erfordert. Solange noch für die vorgeschichtliche Gruppe – als einem fest integrierten kleineren, autarken Sozialverband merkmalsgleicher einzelner – das Mitglied einer fremden Gruppe a priori der Feind, nicht einmal so recht Mensch war, bedurfte es verständlicherweise kaum spezieller Motivationen für die Idee, den Fremden, ›dieses andere da‹, totzuschlagen. Reste eines solchen prähistorischen Ethnozentrismus haben sich zwar, wie dargelegt, vielerorts auch im Raum der industriellen Zivilisationsgesellschaften erhalten. Aber vor wenigen Dezennien noch hatte allein die gesellschaftliche Schichtung der Bevölkerung in Besitzende und Proletarier zeitweise zu einer Frontbildung quer durch nationalstaatliche oder ethnische Gruppen geführt, die nicht immer und überall im Falle des Krieges spontan eingeschmolzen wurde, obwohl in der neueren Geschichte letztlich das Nationalgefühl überwand, was herrschende Kreise als Parteienhader bezeichneten. Vielerorts drohten solche und verwandte Gruppendiffusionen, überließe die Regierung der Nation die geschilderten Tendenzen zur Egalisierung ungehindert sich selber. Die Verteufelung etwa der ›heimatlosen Linken‹, d. h. jener Menschen, die sich von ethnozentrischen Vorurteilen befreit haben, zeigt, daß ein Herrschaftsinteresse daran besteht, soziale Vorurteile zu pflegen und als ›Heimattreue‹, ›Vaterlandsliebe‹ usw. zu glorifizieren. Jede Kritik, die gegenwärtige Zustände zu labilisieren, gar zu ändern droht, läßt sich deklassieren als das, was das eigene Nest beschmutzt – ein Argument, das ein vernünftiger Mensch nicht verstehen, eine Haltung, die er nicht nachvollziehen kann. Vernunft soll daher durch implantierte Vorurteile zeitig korrumpiert werden. »Arme Tröpfe, die wir sind!«, rief *Mirabeau,* »lassen wir uns führen; es ist nicht gut, daß Sklaven so helle Augen haben« (20. 2. 1779).

Innenpolitisch ist die Situation eben wachsend unbehaglich geworden: das autoritäre *divide et impera* der Klassengesellschaft droht an wirtschaftlichen Erfordernissen in Phasen der Vollbeschäftigung, d. h. der Verteuerung und Verknappung menschlicher Arbeitskraft, zu scheitern. Wir erinnerten bereits einmal daran, daß mit dem Anwachsen des Wohlstandes in den Industrienationen auch die Nötigung entfällt, das Existenzminimum der großen Zahl, der Knappheit an Gütern wegen, durch Machtmittel zu sichern. Gewalt wird überflüssig. Selbst das Problem, für den eigenen industriellen Ausstoß Märkte zu finden, wird durch Techniken der Wirtschaftswerbung zu einer mit friedlichen Mitteln zu lösenden Frage. Dies alles hat eine unbequeme Auswirkung. Der Wehrwille nämlich, die Bereitschaft, sich an der Fortführung nationaler Politik mit kriegerischen Mitteln nach außen oder innen spontan zu beteiligen, kann von der Mehrzahl der Bürger nicht mehr ohne entsprechende Meinungspflege und Erziehung erwartet werden. Auch der dem einzelnen nun erreichbare Lebensstandard steigert seine Lust, zu leben. Die Idee, jede Obrigkeit sei von Gott und die locker mit ihr verbundene Vorstellung des bellum justum, den der Bürger als Christ zu akzeptieren habe, werde unglaubwürdig. Dies ist in einer Welt, deren militärische und imperialistische Tendenzen anscheinend nur durch das atomare Patt notdürftig in Schach gehalten werden, eine unerwünschte Verlegenheit.

Es ist die ›Psychologische Rüstung‹, neuerdings *Geistige Rüstung* genannt, die als eine der planmäßig eingesetzten Steuerungstechniken der gegenwärtigen Gesellschaft in Ost und West es nicht zulassen will, daß der Mensch im anderen den Menschen entdeckt, daß in einer in wesentlichen sozialen Merkmalen wachsend homogener werdenden und die ethnozentrischen Kleingebilde auflösenden Gesellschaft Bürger verschiedener Nationen einander zu ähnlich werden, als daß es noch Stil der Zeit bleiben könnte, sich gegenseitig spontan totzuschlagen. Wir könnten unserer Folgerung auch eine etwas andere Form geben und die erste Strecke unserer Reflexion mit der Behauptung abschließen, es sei Brüderlichkeit in der Form des *Mangels an Wehrwillen,* die sich gerade in der Überflußgesellschaft realisiert, und die ›Psychologische Rüstung‹ sei die Herrschaftstechnik, solcher rudimentären Brüderlichkeit wirksam zu begegnen.

II

Für die natürliche Unordnung der menschlichen Dinge, gegen umfassende Brüderlichkeit als revolutionären Stil des Sozialverhaltens arbeiten noch andere Kräfte: Unheilvolle Vorurteile, Fügsamkeit, Egoismus, Dienstfertigkeit, die »alle Klassen der Gesellschaft vergiften, stärken die Verwegenheit der Machthaber, die von der dem Rechten zugesteuerten öffentlichen Meinung erschreckt, zurückgehalten, vielleicht fortgerissen und eines Besseren belehrt werden könnten« (*Mirabeau* am 17. 3. 1778). Die Internationalisierung einer Gesellschaft, die sich nach *Hegel* anschickt, zur Weltgesellschaft zu werden, wird nach wie vor nicht nur von der Sorge um die sogenannten nationalen Substanzen durchkreuzt, eine Sorge, die bei bestimmten Minoritäten schon wieder den ›Mangel an Wehrwillen‹ schwinden läßt; mit Erfolg werden vielmehr Bereitschaften – Vorurteil und Egoismus – stabilisiert, sich feindselig gegen Sündenböcke zu kehren. Was die Sorge um die nationalen Substanzen, um Danzig, Ostpreußen, Sudeten, angeht, so wird sie sicherlich von außen mitgenährt: Die Idee der nationalen Integrität, eine Wegmarke auf der Straße zur Einheit des Weltmarktes und zur Emanzipation der Wirtschaft, finden unsere längst in Superstrukturen verfilzten Industrievölker im Nationalitätskampf der ›Entwicklungsländer‹ wieder. Eigenes Motiv mag der Wunsch sein, nun, nachdem vergessen wurde, daß wir den letzten Krieg angefangen haben, auch noch zu vergessen, daß wir ihn verloren. In Deutschland war die Nationalitätsidee zudem verschwägert mit spontanem Verlangen nach Kameradschaft und Gemeinschaft, d. h. nach bornierten Formen der Brüderlichkeit unter radikalem Verzicht auf Freiheit und Vernunft, nach Gleichheit in bezug auf eine gesamtgesellschaftliche Ungleichheit, die als verpflichtend, als ›Führerprinzip‹, von allen, auch den Beherrschten, akzeptiert wurde. Das wirkt noch immer nach. »Dienen, um auf Befehl zu unterdrücken«, so *Robespierre* in einer Rede, »scheint ihnen ein begehrenswerteres Schicksal zu sein als die mit den Mitbürgern geteilte Freiheit.«

Die Aggression gegen Nicht-Integrierte bedarf übrigens einer zusätzlichen Erklärung. Man muß an dieser Stelle bedenken, daß *Freiheit* in der Warengesellschaft ja nicht als rationale, d. h. über einen Zuwachs an Bewußtsein und vernünftiger Einsicht und auch nicht als eine der Sinne, d. h. über einen Zuwachs an repressionsfreiem Glück verwirklicht ist, sondern in einer merkwürdigen Form von Identität zwischen Herrschaft und Beherrschten – als Ergebnis von Manipulation. Freiheit heutzutage wäre konkret zu definieren als der Zustand, in dem Unfreie sich bei Abwesenheit eines als heteronom, als auferlegt empfundenen Zwangs befinden; wir sind frei, wenn Unfreiheit nur noch faktisch, aber nicht mehr in unserem Bewußtsein vorkommt. Fehlt aber sowohl ein Zuwachs an Bewußtsein als auch einer an Lust, so erhält sich die archaische Matrix der Aggression (47) unberührt unter der dichten, ja versteinernden Decke der Konformität. Da herrscht der ›gesunde Menschenverstand‹ und scheut vor allem ›Extremen‹ zurück und bewegt sich in Duldsamkeit des Bürgers gegen seinesgleichen, »die vom Haß gegen den wirklichen Menschen untrennbar ist« (65). An dieser Stelle zeigt sich dann, daß Aussagen der psychologischen Anthropologie, das Subjekt zerfalle in eine Primitiv- und in eine obere Ich- oder Kortikalperson, zwar als wissenschaftliche falsch sind, sich aber trotzdem dazu eignen, den entglittenen Sozialisierungsprozeß gegenwärtiger Kultur, als auf eine Freiheit ohne Vernunft und Glück abzielend, nachzuzeichnen. In der hochtechnifizierten Zivilisation bleibt dem Cortex des Bürgers außerhalb der Arbeitssphäre wenig mehr zu tun, als primitive Impulse zu rationalisieren und sich vor der Reflexion zu schützen, die ihn mit seiner Ohnmacht konfrontieren würde.

»Das Vernünftige und Naturnotwendige«, schrieb *Marx* im Jahre 1868 an *Kugelmann,* »setzt sich nur als blindwirkender Durchschnitt durch«. Damit es dabei nicht bleibe, hat man sich erfolgreich darum bemüht, die Wirksamkeit sozialer Steuerung durch ihre systematische Verwissenschaftlichung zu steigern. Die Widersprüchlichkeit der Gesellschaft beweist sich darin, daß die Entwicklung hochrationaler Steuerungstechniken, auf Kybernetik oder Spieltheorie gestützt, sich gleichzeitig als eine zur Irrationalität in vielen Köpfen und Gemütern niederschlägt. Die »Ingenieure der richtigen Ordnung können von den Kategorien sittlichen Umgangs absehen und sich auf die Konstruktion der Umstände beschränken, unter denen Menschen wie Naturobjekte zu einem kalkulierbaren Verhalten genötigt sind« (28); die Wissenschaft schickt sich an, den Planern der sozialen Steuerung und politischen Kontrolle immer effektivere Methoden zur Verfügung zu stellen; die Zirkulation von integrationsfördernden Nachrichten umspannt als ein immer dichteres Netz die Erde. Aber als M. *Ludendorff* die ›überstaatlichen Mächte‹ an allem Elend, den Tod Mozarts und Schillers eingerechnet, schuld sein ließ, wurde das gern geglaubt; ebenso die von *Hitler* beschworene ›Vorsehung‹. Die der Anschauung und der Einsicht des Bürgers entrückte Rationalität einer Steuerung, die über seine eigentlichen, ihm selbst zu oft verborgenen Wünsche und Ängste hinweg rationalisiert, wird mit dem perfekt Irrationalen identisch. Während *Hitler* mit wahnhafter Konsequenz einen Plan realisierte, den nachzulesen jedermann in der Lage war, sah er sich mit voller Zustimmung seines Volkes als ein »Werkzeug einer höher gesehenen Notwendigkeit«, die sich rational nirgends auswies. Da sahen die Augen des Menschenfreundes nur eine Szene des unermeßlichsten Elends und das Grab einer Freiheit, die auf Europa so vielversprechend herabzulächeln schien.[3]

Die manipulierte Integration ist immer unfähig, das Entstehen brüderlicher Verhaltensweisen im Sinne revolutionärer Forderungen zu begünstigen; die vom Bewußtsein des einzelnen unabhängige Zweckrationalität sozialer Steuerung konserviert die Roheit seiner Affekte und Aggressionen.[4]

»Der Weise schließt die Augen vor dem Unrecht und der Schwäche des Privatmenschen; aber der Bürger darf keine Gnade gewähren [...], wenn es sich um das öffentliche Wohl handelt«. An diese Empfehlung der Madame *Roland*, sehr alt, aus dem Jahre 1791 stammend (1), wäre auch in diesem Zusammenhang zu erinnern. Hinter der Fassade der Konformität, die so sehr den Eindruck der Solidarität und der Interessengleichheit zu vermitteln vermag, demonstriert gegenwärtig die Ministerialbürokratie geradezu klassische Fälle von Widersprüchlichkeit und befördert dadurch nachhaltig die Irrationalität des Sozialverhaltens. In dem von Ministerien empfohlenen, aus öffentlichen Mitteln gestützten und allen Schulen zugänglichen ›Wegweiser durch das Schrifttum und die Lehrmittel zur ostkundlichen Unterrichtsgestaltung‹ wird das in »unnatürlicher Weise überbevölkerte Westdeutschland« auf den Ostraum und auf die Autoren R. *Pozorny*, P. *Lamatsch* und andere Rechtsradikale verwiesen, während gleichzeitig in Amtsblättern der Minister für Erziehung und Volksbildung erklärt wird, alle Menschenbildung in der Schule bleibe unvollendet, wenn sie nicht in die Tiefe des Religiösen führe; erst jenseits aller vernünftigen Zwecke habe der Mensch seine Verankerung im Transzendenten (und sich ihrer bewußt zu werden, mache ihn erst ›eigentlich‹ zum Menschen): Das ›Diesseits vernünftiger Zwecke‹ wird dadurch desavouiert. Die von der bürgerlichen Revolution doch erbittert bekämpfte Verbindung von Ressentiment, Revanchismus und Religion, von Klassenherrschaft und Christentum, setzt sich unter demokratischer Freiheit fort. Auch dies ist ein Moment der sozialen Integration, d. h. der Herstellung homogener Gesinnungen, die zwangsläufig außerhalb der eigentlichen sittlichen Konfliktebene sich bilden. »Es gälte«, so rief Madame *Roland* empört, »bis zum letzten Atemzug zu wachen und zu predigen – oder sich nicht auf Revolutionen einzulassen«. Tatsächlich verdämmert die potentielle Aufmerksamkeit des Bürgers unter dem Ansturm wissenschaftlich fundierter Integrationsbestrebungen.

Dabei mag die Versöhnung von politischem Unrecht, von Krieg, Gewalt und Religion nicht die schwerste der integrativen Aufgaben sein, die der Staat gegenwärtig zu lösen hat. Integrativ bemühen sich die Parteien. Nach Godesberg erzog selbst die Opposition, des erfolglosen Widerspruchs müde, ihre Mitglieder dazu, denselben Zielen und Methoden zuzustimmen, mit denen die Regierungspartei einst die absolute Mehrheit gewann. Nicht nur in wirtschaftlichen, militärischen und außenpolitischen Konzeptionen vollzieht sich dabei eine Angleichung derer, die getrennt für Angleichung ihrer Anhänger sorgen;

Regierung und Opposition tauschen untereinander wichtige Merkmale aus, seitdem sie mit der bestehenden gesellschaftlichen Ordnung eng verflochten, ja verfilzt sind. Sicher haben Arbeitgeberverband und Gewerkschaften erhebliche integrative Leistungen zu vollbringen. Seit dem großen Streik von 1948 und dem Gründungskongreß des Deutschen Gewerkschaftsbundes 1949 hat sich die einstige revolutionäre Idee, kapitalistische Gesellschaftsstrukturen zu verändern, zum Gedanken der Sozialpartnerschaft gemildert (43), was den sozialen Frieden zweifellos befördert. Darin liegt auch eine Anpassung an den Staatsbürger, der in dynamischer Rente, in Kindergeld und Mietbeihilfe, gegebenenfalls auch in Gießkannen-Subventionen seine soziale Sicherheit gefunden hat und nun will, daß strukturell alles beim alten bleibe. Freiheit und Gleichheit besagen ihm wenig, wenn sie nicht gleichzeitig Sicherheit versprechen. Bestenfalls streikt man ein wenig für ein paar Prozent: daß der Streik einst ein Mittel zur politischen Erziehung war, geht dem Bewußtsein des republikanischen Arbeiters verloren.

Vom möglichen *Glück* der Menschen ist nur noch in der Weise der Roßtäuscher die Rede: Unterhalb der sozialen Integration ist nämlich dafür gesorgt, daß sich die Unausgefülltheit der Individuen, die Summe ihrer Enttäuschungen nicht gegen Zustände richtet, denen jenes Unbehagen sich verdankt, sondern gegen irgendeinen ›Feind‹, der auf dem Wege über integrationsfördende Nachrichten aufgebaut wird. Man hat dennoch den Eindruck, als sei die soziale Integration nur eine scheinbare, die faktische Widersprüche in der gegenwärtigen Gesellschaft nicht nur so läßt, wie sie sind, sondern sogar lassen *will*, weil sie die Ausübung von Herrschaft erleichtern. Der Mangel an umfassender Brüderlichkeit, der uns irritiert, rettet weltweite Systeme, die Freiheit und Gleichheit im Maße wirtschaftlichen Interesses und ohne Zuwachs an kritischer Vernunft für viele erst herbeigeführt und dann stabilisiert haben.

Brüderlichkeit wird auf diesem Wege nicht zum Zeitstil des Sozialverhaltens. Was sich mit der beschriebenen Annäherung an Gleichheit und im Verlauf der sozialen Integration allerdings herstellt, sind bestimmte Formen von *Toleranz*. Das zeigte schon der Zwang zu ›psychologischer Rüstung‹, seitdem Subkulturen begonnen haben, ihre Gruppenmerkmale miteinander auszutauschen oder gemeinsame zu entwickeln, was – ebenso wie die Emanzipation der Frau – für eine funktionierende industrielle Gesellschaft, in Produktion wie im Absatz der Produkte, unerläßlich ist. Wir sahen schon, daß einer ›anders‹ spricht und aussieht, genügt nicht mehr als Anlaß dafür, ihn spontan totzuschlagen. Die zur Angleichung ihrer Bevölkerungsgruppen tendierende Industriegesellschaft darf sich zudem, bei wachsender allgemeiner Bildung und nach dem Abbau klassischer Legitimitäten wie ›Thron und Altar‹, als pluralistische verstehen, worin wieder ein Schritt zur Toleranz getan wird. Leider büßt dieses pluralistische Selbstverständnis gleichzeitig an politischer Bedeutung und an humanisierender Wirksamkeit ein; da der Bürger Wahrheit und Irrtum kaum noch als Gegensätze betrachtet, sondern sich duldsam damit bescheidet, alles gelten zu lassen (65), sofern es bloß nicht ›kommunistisch‹ ist, wird der Pluralismus der Ideen zum bloßen Schein. Immer seltener kann die Idee an irgendeiner Stelle tun, was ihre Funktion war: den eingefahrenen Gang der Dinge unterbrechen. In dem sich nach eigener Gesetzlichkeit regelnden Mechanismus der bürokratischen Verwaltung wurde der Gedanke weithin wirkungslos. Wer Einfluß hat, kümmert sich wenig um Vernunft; überzeugt davon, daß schon alles so richtig läuft, wie es nun eben einmal läuft, wird der kritische Einfall für ihn mit dem Sand identisch, der zwischen dem Räderwerk knirscht. Die Ökonomie der Verwaltung hält dazu an, in Schwierigkeiten immer denjenigen Lösungsweg einzuschlagen, der das geringste Maß an Umdenken erfordert. Die Ministerialbürokratie, die höheren Verwaltungsstäbe lassen sich zwar vor wichtigen Entscheidungen, soweit sie öffentlich sind, Denkschriften von den verschiedenen Interessengruppen und Fachleuten erstellen, aber Memoranden, Expertisen, hinter denen nicht wirklich mächtige Wählergruppen stehen, finden kaum viel Beachtung. Daß die Kommunikation von Wissenschaft und Politik, vom Entwerfen wirkungsvoller Steuerungstechniken abgesehen, nicht funktioniert, ist evident.

»Vor allem freien Völkern kommt es zu, die größte Achtung vor der öffentlichen Meinung zu hegen, sich immer auf sie zu berufen«, forderte *Mirabeau* in einem Brief an Herrn von *Kussel* (1). Dies war im Jahre 1787; heutzutage bewegt sich Politik in der Tat im Medium einer Opinion publique, die freilich ebenso gemacht wird, wie sie umgekehrt, nach methodisch sorgfältiger Rückmeldung, ihre Macher macht. Wie es mit der Achtung vor ihr steht, seitdem sie das, was wirklich an Wichtigem geschieht, wider den Zugriff der Bürger abschirmt, bleibe unerörtert. Niemand weiß besser als eine Regierung des deutschen Establishments, »daß das Geheimnis die wahre Ägide der Tyrannei ist« (*Mirabeau*, am 17.3.1778). Hinter dem versöhnlichen Schleier wirtschaftlichen Wohlergehens nähern wir uns Zuständen, in denen die wahren Selbstinteressen des Menschen totgeschwiegen werden (46) und in denen freie Wahlen, als Ausdruck des revolutionär emanzipierten Souveräns, endgültig besiegeln, daß die Ausübung von Herrschaft vom Votum des Bürgers unabhängig wurde.

Die Konzeption der parlamentarischen Demokratie bedarf gewiß einer Revision: unter den veränderten Bedingungen der Gegenwart wird, was einst Hoffnungen des Dritten Standes glorreich zu erfüllen schien, zur Farce. Freilich erhält das Volk befriedigt, was man es wünschen macht: Ruhe, Ordnung, Konsumgüter, etwas Lust. Wie aber, wenn die Solidarität der Regierten als Form von Brüderlichkeit erst ihrer Solidarität im Regieren entspränge? »Ich ging in den Jakobinerklub ... ich weiß nicht, ob ich Ihnen berichtet habe, daß man da in unbeschreiblicher Begeisterung, am Boden kniend, den bloßen Degen in der Hand, den Schwur erneuert hatte, frei zu leben oder zu sterben« (Madame *Roland* am 23. 6. 1791). Brüderlichkeit so verstanden würde freilich neue Formen wirksamer öffentlicher Teilhabe an den allgemeinen Dingen voraussetzen. Teilhabe am Gemeinwohl fordert Einsicht, und so wäre Intelligenz eine weitere Bedingung von Solidarität. Ist die Entfaltung der Intelligenz – die Fähigkeit, sich denkend in der Welt zu orientieren, erworbene Dogmen des Sozialverhaltens in Frage zu stellen, Klassenschranken zu übersteigen und die unausgesprochenen Obersätze unseres Handelns kritisch ins Wort zu bringen – am Ende auch davon abhängig, daß sie die Möglichkeit findet, sich an Öffentlichem solidarisch zu bewähren? Jedenfalls galt es dem scharfen Beobachter *Pareto* für wichtiger, Menschen durch das Manipulieren von Gefühl und Instinkt zu steuern als etwa durch Änderung ihrer Gedanken, an deren Gehalt dem Regierungs- und Verwaltungsfunktionär heutzutage nichts mehr liegt. Wie die Dinge nun einmal geworden (oder geblieben) sind, wird wirklich an den Gedanken vieler Bürger nichts liegen, weil sie nichts Beachtenswertes mehr enthalten. Noch immer ist es nützlich, sich auf diese geistige Unreife des Volks zu berufen und dafür zu sorgen, daß es nicht erwachsen wird (33); zu akzeptieren, daß viele von ihnen verächtlich sind und zu vergessen, »daß sie durch unsere sozialen Einrichtungen so werden, wie sie sind« (Madame *Roland* in einem Brief an *Robespierre* am 27. 9. 1791).

III

Doch kehren wir zum Ausgang unserer Erörterung zurück. Wer nicht mehr für den Kampf aller gegen alle stimmen möchte, wer nach dem sozialen Schicksal der Brüderlichkeit fragt, findet, daß Christentum, Wohlstand und sozialer Friede nicht viel für die Verwirklichung dieser großen revolutionären Forderung geleistet haben. Immerhin hat Deutschland eine Welle von ›Solidarität‹ erlebt: Sie verdankte sich, wie bemerkt, entweder als Kameradschaft dem Terror oder der Gemeinsamkeit in Vorurteilen, die der Reflexion entzogen sind; im einen wie im anderen Fall war sie mit Gewalttätigkeit verschwistert. Heutzutage stiftet Toleranz, als Ausdruck der Tatsache, daß dem Bürger vieles gleichgültig wurde, gleichfalls gewisse Bedingungen sozialen Wohlwollens. Einerseits sind wir alle Nutznießer des sozialen Friedens; andererseits braucht selbst Verfolgungswahn nicht unbedingt als etwas Krankhaftes zu erscheinen. »Ein Nichtirrer hat allmählich so viele Beweise bekommen für die Feindlichkeit der Welt, daß seine erste Regung das Mißtrauen wird – und wer bemüht sich schon, es zu zerstreuen? Er bekommt falsche Bilder, aber sie werden gerechtfertigt durch die vielen richtigen, die er schon hatte«, schrieb H. *Mann* (19). Der Verfasser konnte während des letzten Krieges in Wien beobachten, daß ein überfahrener Hund eher menschliches Mitgefühl fand als die verhungernden Juden, mit Aufräumungsarbeiten im Stadtinneren beschäftigt; vor der gleichgültigen Selbstverständlichkeit der teilnahmslosen Passanten wurde das Antlitz des Sterbens unkenntlich. Wer Mensch, wer mitfühlenswürdige Kreatur ist, darüber entscheiden seit je Indoktrinationen.

Es ist bemerkenswert, wie weit sich die Überlegung, an Brüderlichkeit sich vortastend, von Vernunft, von Gleichheit selbst dort entfernt hat, wo sie auf Formen brüderlichen Sozialverhaltens, auf ›Kameradschaft‹ stieß, und wie blechern sich der Jubel *Mirabeaus* über das ›Regiment der Freiheit‹ aus solcher Entfernung, angesichts solcher Sozialerfahrungen ausnimmt. Im Umgang der betrogenen Menschen miteinander enthält trotz revolutionärer Tradition und christlicher Erziehung der Begriff Mitmensch gewisse rational nicht ausgewiesene Postulate, die zu erfüllen lebensdringlich sein kann, wie die Geschichte der Juden nach 1933 zeigt. Ähnliches gilt, trotz demokratischer Verfassungsnorm und der Gleichheit des Individuums vor dem Gesetz, für den abgebrauchteren Begriff des ›Bürgers‹, wie die Geschichte der politischen Rechtsprechung in Bonn und Weimar lehrt: die Herrschaft der *richtigen* verfassungswidrigen Vorurteile im Bewußtsein des Gesinnungstäters ist auf das Urteil unumwunden von Einfluß.[5] »Seit über einem Jahrhundert«, schrieb Madame *Roland* schon 1791, »predigt die Philosophie die Toleranz; sie hat angefangen, in einigen Köpfen zu wirken, aber ich sehe sie noch kaum in den Sitten« (1).

Es bliebe als Form von Brüderlichkeit der tätige Beistand für Kranke und Schwache. Indessen ist die Solidarität *pro infirmis,* die den Philatelisten an der Schweiz erfreut, längst an die Wohlfahrtseinrichtungen des Staates übergegangen. Konkret wird die Solidarität aller für den einen im Regelfall als Anspruch, zu dem sich der einzelne berechtigt weiß, oder als die Steuer, die der Bürger zu entrichten hat. Nach der »außerordentlichen Revolution ... die vielleicht jemals in der menschlichen Gesellschaft stattgefunden hat« – so der Arzt Dr. *Rigby* am 19. 7. 1789 –, führt der Traum vom bürgerlichen Leben nur ins Schlaraffenland, während die Tochter des Königs weiter hinter den

Dornen schläft. Daß die Verteidigung seiner selbst gegen das Unrecht und der Kampf für die Wiedererlangung seiner Freiheit, seiner gesellschaftlichen Rechte die »erste Pflicht eines mit Empfindung begabten Wesens« wären, wie *Mirabeau* einem Freund im September 1779 schrieb, ist längst vergessen. Und was bedeutet Brüderlichkeit in einem Lande, wo es dem Bürger noch immer als entsetzliches Unglück dünkt, »Töchter zu hinterlassen, die, anstatt einen Professor zu kriegen, einen Schuster heiraten müßten?«[6]

Nach Georg *Forster* soll man die Revolution nicht in Beziehung auf Menschenglück und Unglück betrachten, sondern als »eines der großen Mittel des Schicksals, Veränderungen im Menschengeschlecht hervorzubringen« (an seine Frau, am 5.4.1793). Es empfiehlt sich deshalb an dieser Stelle, noch einmal innezuhalten und erneut zu überlegen, wohin uns der Versuch führt, den Traditionen der Französischen Revolution und ihrer Verwirklichung in unserer gegenwärtigen Gesellschaft nachzugehen. Was sich dem überschauenden Blick zeigt, lehrt, daß die Formen, in denen wir Ziele der Großen Revolution approximieren, wesentlich vom Instrument abhängen, dem sich diese Annäherung verdankt: von der Wirtschaft. Der soziale Friede, in dem gewisse Momente von Gleichheit und Freiheit sich erfüllten und der durch ein fast allseitig akzeptiertes bonum commune gestiftet wird, hat den konkreten Gehalt dieser revolutionären Forderungen einschneidend verändert, wenn man die Gegenwart an der Vision des Dritten Standes messen will. Man erinnert sich etwa staunend daran, daß von ›Männern der Wirtschaft‹ *Freiheit* schon einmal als die zur Wahl, nämlich zur Auswahl zwischen verschiedenen Angeboten definiert worden ist (60). Die Auswahl zwischen substituierbaren Varianten gleicher Produktgruppen führe den Zwang zur Entscheidung und damit zum Verzicht mit sich; in der Tat sind Wahl, Entscheidung, Verzicht wesentliche Elemente von Freiheit.

Nun muß in einer industriellen Gesellschaft die Freiheit des Bürgers an der Konsumpflicht ihre Grenzen finden: Es geht an, Konsumfrequenzen im Belieben des einzelnen zu lassen, wenn jedermann das Recht auf Wohlleben bloß eingeräumt wird; soll es jedoch verwirklicht sein, so muß die Gegenposition, nämlich das Recht zum Verzicht auf Wohlleben, unmöglich gemacht werden (62). Freilich liegt der Einwand gegen jene Konzeption von Freiheit nicht im sogenannten Konsumzwang, der Einwand liegt näher. Freiheit wird, soweit die oben wiedergegebene Begriffsbestimmung reicht, zur abhängigen Variablen des Reichtums oder der Kaufkraft insofern, als höhere Kaufkraft mehr Freiheit gewinnen läßt, maximiert sich mit wachsendem Einkommen doch die Nötigung zu Wahl, Entscheidung und Verzicht, und weil sie sich beim Besitzenden als Not zur Auswahl, beim Ärmeren als Zwang zum Verzicht (sogar zum Verzicht auf Wahl) auswirkt. Diese Freiheit leidet an der Ungleichheit. Freiheit für alle kann in einer hochindustrialisierten Gesellschaft, deren Leistungskraft die materielle Armut fast aller überwand, indem sie private Gewinne zu maximieren trachtete, nur abstrakt zugestanden werden. Übrigens wird, verwandten Quellen zufolge (57), von der Verminderung des Kaufkraftgefälles auch Gleichheit erwartet, meist unter Bezugnahme auf die Demokratisierung von Privilegien, inklusive derer der ›leisure class‹. »Denn die Meinungen steigen ebenso wie die Moden von den Vornehmen zum Mittelstand und von dort zum Volk hinab« (75). Gleiche sind, die gleich viel und gleiches konsumieren.

Selbst die Verwirklichung von Brüderlichkeit wird also vom ökonomischen Fortschritt erwartet: insofern nämlich die Minderung sozialer Spannungen zwischen den Menschen und der aus ihnen abgeleiteten Aggressionen mit der Erhöhung der allgemeinen Kaufkraft in Zusammenhang gebracht wurde. Brüderlichkeit wird als Abwesenheit von sozialem Neid, soweit er aus ungleichen Konsumchancen entspringt, verstanden. Von ungleicher Verteilung des Besitzes ist nicht die Rede, wie überhaupt Wohlleben und Wohlstand fortwährend miteinander verwechselt werden. Durch diese Verwechslung gegen manche Angriffe oberflächlich abgeschirmt, kann dem Unternehmer, der zu Freiheit und Gleichheit auf seine Weise beiträgt, neben der Hoffnung auf geschäftlichen Erfolg auch ein moralischer Nutzen in Aussicht gestellt werden (76). An dieser Stelle sei daran erinnert, daß nach unseren Überlegungen eines der Hindernisse für die Entfaltung eines umfassenden brüderlichen Sozialverhaltens in der Korruption der Gleichheitsforderung liegt. Es sollte daher fraternitätsfördernd sein, wenn sich lange unterdrückte ›Minderheiten‹ emanzipieren. Die Emanzipation etwa der Frau zeigt, wie weit wirtschaftliche Erfordernisse die Regierung revolutionärer Parolen lenken – ein Akt der Gleichheit, und somit doch ein vorbereitender Akt der Brüderlichkeit.

»›Bleiben Sie! Wir sind nach der Revolution!‹, sagte mir neulich ein Nachbar in einer Loge, als ich einer Dame Platz machen wollte«, berichtete allerdings schon 1790 G. A. von *Halem*. Die rechtliche Gleichstellung der Frauen hat es in der Tat erleichtert, sie schutzloser zu lassen und sie industriell auszubeuten. Brüderlichkeit war nicht das Ziel der Gleichstellung, die Emanzipation der Frau mußte gelingen, weil ihre Arbeitskraft benötigt wird. Seither können Haushaltsführung und Kindererziehung einer Frau kaum noch soziale Sicherheit vermitteln oder die Prämie einer öffentlichen Anerkennung einbringen. Sie ist insofern unser, der Männer, ›Bruder‹ geworden, als sie jetzt innerhalb der Arbeits- und Geldsphäre mit uns rivalisieren kann. Eine Frau ist wie ein Mann, der Kinder kriegt. Als die Vermehrung der Nation um des Krieges und der Eroberung willen Programm wurde, Kinder gebären wieder als Tugend galt, bedurfte es der Verleihung eines ›Mütterehrenkreuzes‹, um die Dynamik dieser gesellschaftlichen Entwicklung wenigstens partiell zu verzögern und die Frau in Haus und Bett zurückzubetrügen.

Auch die Förderung mittelloser Begabter hat Fortschritte gemacht – gleichfalls ein Akt der Emanzipation. Die Annahme, ›im freien Spiel der Kräfte‹ werde sich die wirkliche Begabung schon durchsetzen, erwies sich zeitig als ähnlich naiv wie die Auffassung, bei den Wahlkandidaten der Politik werde letzten Endes die Fähigkeit der Kandidaten den Ausschlag geben. In den Anstrengungen, die für die Förderung mittelloser Begabter unternommen werden und die die Gleichstellung aller Menschen begünstigen, löst sich die Gegenwart stärker von einer geschichtlichen Ordnung ab, die auf Ungleichheit von Geburt und Stand beruht, und korrigiert den zoologischen Dschungel des ›qu'on laisse faire la nature‹ in der Bildungspolitik. Cui bono? Die Absicht der Französischen Revolution, den »Geltungsbereich der intellektuellen Fähigkeiten zu erweitern«, wie der Arzt Dr. E. *Rigby* nach England berichtete (1), die Erwartungen *Mirabeaus,* sie werde den Tag bringen, an dem auch das Talent eine Macht sein werde, erfüllt sich heute insofern, als neben den ›klassischen Faktoren‹ Arbeit und Kapital »auch Bildung als entscheidender Produktionsfaktor angesehen wird«, wie eine Industrie- und Handelskammer unlängst verkündete. Das Interesse der Wirtschaft hat hier ein Stück Gleichheit verwirklicht, aber für Brüderlichkeit ist damit noch wenig geschehen. Denn Bildung ist jetzt ein verlängerter Arm der Produktion; Bildungs- und Produktionsprozeß sind voneinander abhängig, war die Meinung der OECD (›Synopsis for Modern Secondary School Mathematics‹). Es war also gegenrevolutionär, wider das ökonomische Interesse der bürgerlichen Revolution, daß man den Chemiker *Lavoisier* hinrichten ließ. *Coffinhal* bahauptete sogar, die Republik brauchte weder Gelehrte noch Chemiker (5).

Einmal aktenkundig unter Nutzenerwartungen konzipiert, wird Bildung naturgemäß auch von den Betroffenen an Nutzenerwartungen gebunden und leistet nicht viel für die Humanisierung unserer Affekte, deren Brüderlichkeit bedarf. Die neue Bildungskonzeption regt vielmehr einerseits dazu an, den Wert eines Gedankens oder Gebildes ungerührt, ja guten Gewissens, an seiner Verkäuflichkeit zu messen; sie führt andererseits nur dazu, daß ärmere Familien, die den Nutzen der Bildung, nicht einsehen oder kennen, wenig Neigung haben, ihre begabten Kinder fördern zu lassen. Anzeigen, in denen das ›Persönlichkeitsbild‹ des Jungakademikers mit tausend Mark honoriert wird, liegen außerhalb des engen Horizonts ihrer Lektüre, ihrer Phantasie.

Steigerung der industriellen Effektivität bedeutet gerade für das Bewußtsein des ›Vierten Standes‹ gefühlsgemäß noch immer nur einen Vorteil für den Unternehmer; diesen auch noch durch Bildung ihrer Kinder zu erhöhen, widerspricht ihrer Einstellung: übrigens auf Kosten der Lebensaussichten dieser Kinder.

Neben den Frauen und den mittellosen Begabten sind überhaupt die Kinder eine weitere entrechtete Minorität; Brüderlichkeit wäre nur zu verwirklichen, wenn sie als ›Unsereiner‹ mitfühlend akzeptiert würden. Man fragt sich in diesem Zusammenhang, was wohl die wirtschaftliche Entwicklung zur Warengesellschaft für die Stellung des Kindes in der Familie bedeuten mag. Immerhin hatten sie als Arbeitskräfte oder potentielle Verdiener, die zum Unterhalt der Familie beitrugen, einen Anwalt im Wirtschaftsegoismus der Armen. Nachdem um 1900, das ›Jahrhundert des Kindes‹ einleitend (68), der frühen Lebensjahre vom Zugriff des Wirtschaftslebens ein ganzes Stück weit freigesetzt waren, und das Kind als selbständiges Wesen zum Gegenstand des Nachdenkens wurde, scheint seine Position sich nicht nur zu verbessern. Die Anzahl der Kindesmißhandlungen und -tötungen ist, wie jeder Zeitungsleser weiß, erschreckend hoch. Namentlich im letzten Jahrfünft nimmt die Toleranz der Eltern gegen Geschrei und Unangepaßtheit der Kinder ab.[7]

Die Ursache dieser Entwicklung mag sein, daß die Aufzucht vieler Kinder nicht mehr im Interesse der Gesellschaft liegt. Die Freigabe wirksamer antikonzeptioneller Mittel steht vielerorts vor der Tür. Darin ist durchaus ein wesentlicher Schritt zu menschlicheren Lebensverhältnissen zu sehen. Beides: die Planung einer vernünftigen sozialen Welt und das Interesse der Aufhebung sexueller Repression fordert die Propagierung aller Möglichkeiten zur Geburtenregelung. Andere Merkmale dieser Entwicklung sind hingegen weniger erfreulich. In Deutschland, als einer der stärksten und dichtestbesiedelten Industrienationen, ließ die Sorge für werdende Mütter und Säuglinge nach. Das Programm der Sozialmedizin konzentriert sich vor allem auf die Rehabilitation von Unfallverletzten und die Verhütung vorzeitiger Invalidisierung. Und schließlich regelt das ökonomische Interesse auch die *Moral.* Der Freigabe kontrazeptiver Mittel, schon der Aufklärung über deren Existenz und Anwendung, erwachsen Gegenkräfte, weil die Freigabe von Lust das durch Askese disziplinierbare Arbeitsinstrument, den menschlichen ›Organismus‹, emanzipieren könnte; das Interesse an der moralischen Repression ist aber immer Herrschaftsinteresse.

Die Verfilzung von Moral und Ökonomie, im eben erörterten Falle von so paradoxen Folgen, führt übrigens an vielen Stellen zu bemerkenswerten Antagonismen. Einerseits bleiben bürgerliche Tugenden wie: Pflichtgefühl, Arbeitsmoral, Einordnung usw. für die Erziehung des künftigen Berufstätigen unentbehrlich und sind deshalb unangefochtene Sollwerte der Verhaltenssteuerung; ›Freiheit‹ tritt in Kraft, wenn der Heranwachsende solchen Imperativen des Gewissens ebenso folgt wie vordem den Erwachsenen. Andererseits muß die Wirtschaft, wenn sie den einzelnen als Konsumenten in den Dienst ihrer Absichten stellen will, manche traditionellen Normen bürgerlicher Haushaltsführung auflösen, wovon auch die mit Besitz früher verbundenen Haltungen der Schonung, der Pflege, der Treue, der Sparsamkeit betroffen werden. Der Widerspruch in den sittlichen und faktischen Forderungen des Zeitalters gewinnt an Schärfe dadurch, daß nicht alle Verhaltensweisen, die Erziehung und Sitte mit Lustprämien auszeichnen, auch diejenigen sind, mit denen der einzelne im Wirtschaftsleben erfolgreich sein kann. Kinder lernen von ihren Eltern neben den Regeln des sozialen Verkehrs auch gleich, wie man diese Regeln überspielt (34). So setzt sich, was immer an gesellschaftlichen Antagonismen vorhanden ist, über das elterliche Verhalten bis in die Identitätsfindung ihrer Kinder hinein fort. Der Identitätsbruch, nicht die vertrauensvolle Geborgenheit in der Zuneigung anderer Menschen, ist die soziale Grunderfahrung in einer Welt, der gewachsen zu sein nur hoffen darf, wer ihre Normen ebenso akzeptieren wie trickhaft überspielen kann. Wenn so auch im einzelnen manche Bedingungen für eine Entfaltung brüderlichen Sozialverhaltens gegeben sein mögen, so scheint das Insgesamt dieser Bedingungen fraternité doch wirkungsvoll zu hemmen. Was immer man über Brüderlichkeit ausmachen kann, es bleibt ein Bericht über Versäumnisse.

Dies ist für den Fortbestand des gegenwärtigen, des Goldenen Zeitalters günstig: Dem isolierten Individuum, unter der Decke der Konformität mit den Resten seines Ich einsam geworden, bringt die Widersprüchlichkeit seiner Gesellschaft kaum noch Dynamik, die es menschlich weiterbrächte. Der einzelne löst seine Spannungen in der Aneignung einer auf Konsum eingestimmten sozialen Welt und benötigt überdies, was ihm an Energien verfügbar bleibt, dazu, das in sich abzuwehren, was als promesse du bonheur noch nicht gänzlich erloschen ist.

Brüderlichkeit konnte, anders als ›the right of Liberty‹, anders als Gleichheit, nicht zur bequem zugänglichen Handelsware werden, lag auch nicht im Interesse der Warenproduktion und fror ein. Mangel an umfassender Brüderlichkeit hindert niemanden daran, ertragreichem Wirtschaften nachzugehen. Überlieferte, vorkapitalistische Sozialordnungen und Werthierarchien werden im Sinne revolutionärer Forderungen nur insoweit verändert, als dies die Geschäfte zu stimulieren vermochte. Mit dem mächtigen Anwachsen der Produktionsraten haben aber, wie im Individuum, innere Widersprüche auch in der Gesellschaft an Sprengkraft eingebüßt: Sie kann mitsamt ihren Antagonismen stationär werden, weil die Suche nach höherem Lebensstandard und die allgemeinen Rüstungsanstrengungen dafür sorgen, daß die Wirtschaft trotzdem floriert. Die ›Gesellschaft im Überfluß‹ *(Galbraith)* ist das wahre Ende der Französischen Revolution; wenn *sie* auf Brüderlichkeit verzichten kann, wird man auf künftige Veränderungen der Gesellschaftsstruktur warten müssen.

[1] Bis zum 3. Kapitel, S. 97.

[2] *Robespierre* – man könnte meinen, hundertfünfzig Jahre später, und nicht früher – hatte offensichtlich andere Ideen. »Wie kann man gegen die Juden die Verfolgungen ausspielen, denen sie bei verschiedenen Völkern ausgesetzt waren? Wir müssen im Gegenteil die Verbrechen der Nationen wiedergutmachen, indem wir den Juden die unabdingbaren Menschenrechte wiedergeben [...]« »Wem müssen wir (Verbrechen und Vorurteile der Juden) zur Last legen, wenn nicht unserem eigenen Unrecht? Nachdem wir die Juden von allen Ehren, selbst vom Recht auf öffentliche Wertschätzung, ausgeschlossen hatten, haben wir ihnen nichts als gewinnbringende Geschäfte gelassen. Geben wir sie dem Glück, dem Vaterland, der Tugend zurück, indem wir ihnen die Würde des Menschen und des Bürgers wiedergeben. Denken wir daran, daß es niemals politisch richtig sein kann [...] eine Menge von Menschen, die mitten unter uns leben, zur Erniedrigung und zur Unterdrückung zu verurteilen« (Vor der Konstituierenden Versammlung im Jahre 1789). – Auch *Talleyrand* forderte in einer Denkschrift die bürgerliche Gleichstellung der Juden, um sie zu integrieren.

[3] G. *Forster* am 6. 9. 1793 in (1).

[4] Unter dem Titel ›Zeit zum Frösteln‹ hat Hans Schwab-Felisch unlängst zusammengefaßt, was spürbar auf uns zukommt: das »Undeutliche des Irrationalismus mit dem exakt Bürokratischen des Auschwitz-Deutsch« verbunden in den Äußerungen des Jugendbunds für Entschiedenes Christentum, die unlängst Bücher verbrannten; die Bedrohung des Ehepaars Lorentz und die bemerkenswerte Stellungnahme der Sudetendeutschen Landsmannschaften, deren Exponenten einer im Kabinett der Bundesrepublik sitzt; die Brände, die an die Haustüren des Autors Günter Grass und des Journalisten Karl Silex gelegt worden sind; die Haltung des ›Volkswillens‹ zur Todesstrafe; die Attacken der ›Welt‹ (Hans Zehrer) und der ›Frankfurter Allgemeinen Zeitung‹ gegen die *Intelligentsia.* Schwab-Felisch beendet seine Marginalien mit einer Feststellung, die selber frösteln macht: »Der Boden des Terrors ist bereitet; sublime Formen auf der einen, Feuerbrände und Morddrohungen auf der anderen Seite. Es ist November. Zeit zum Frösteln.« (In: *Merkur,* H. 12, 1965)

[5] Die Tatsache, daß verfassungsfeindliche oder verfassungswidrige Bestrebungen nicht oder ungern oder milde verfolgt werden, wenn sie ›rechte‹, monarchistische, konservativ-autoritäre Tendenzen haben (Bayerischer Heimatbund, Abendländische Akademie, Abendländische Aktion), sehr scharf aber, wenn linksradikal, ist bekannt.

Das hat seine Geschichte. Gerade die Bestimmungen über die Staatsgefährdung durch das 1. Strafrechtsänderungsgesetz wurden als Waffe bezeichnet, geschmiedet, »um im kalten Krieg zu bestehen« (CDU-Abgeordneter Dr. Hasler, Protokoll der 132. Sitzung des Bundestages vom 8. 2. 1951; vgl. auch MdB Wahl, in: Stenogr. Berichte, 158. Sitzung vom 9. 7. 1951, S. 3604). Der SPD-Entwurf für ein Staatsschutz-Gesetz vom Jahre 1949 enthielt noch eine Forderung, den Status des ›Kriegsdienstverweigerers‹ besonders zu schützen; der Entwurf der Regierungsparteien sogar Vorschriften gegen den ›Friedensverrat‹ (Verhandl. des Dt. Bundestags vom 12. 9. 1950, S. 3107). Was schließlich, wohl unter dem Druck der Korea-Krise und der verbreiteten Aufrüstung, aus diesen Bemühungen geworden ist, hat mit den älteren Intentionen nicht mehr viel gemeinsam.

Auch die Freiheit der Presse ist relativ zur vertretenen Gesinnung. Der ›Deutsche Ostdienst‹ darf Golo *Mann* mit den Worten abqualifizieren: »Wenn nicht selber Jude, so doch Judenfreund«, ohne daß etwas geschähe (vgl. den *Stern* vom 24. 1. 1965); ein deutscher Vertriebenenminister konnte 1961 vorschlagen: »Im Strafgesetz solle verankert werden, daß diejenigen als Landesverräter gebrandmarkt und bestraft werden, die auf deutsches Land verzichten wollen« (*Deutsche Volkszeitung* vom 29. 9. 1961), während man ›linksorientierten‹ Politikern und den ›linken‹ Blättern – konkret, Die Andere Zeitung usw. – ein gleich weit gefaßtes Recht auf Freiheit der Meinungsäußerung nicht oder nur ungern zuzugestehen bereit ist.

Am 9. Mai 1955 erklärte ein Staatsanwalt beim Prozeß gegen einen Kommunisten (1933 2 Jahre Zuchthaus, 1940 8 Jahre Zuchthaus): »[...] daß

der Angeklagte bereits wegen solcher Tätigkeit, nämlich für die KPD, unter der Naziherrschaft hart bestraft worden ist. Das hat offenbar nichts genutzt. Ich beantrage daher (!) gegen ihn eine Gefängnisstrafe von 2 Jahren sechs Monaten« (3. Arbeitstagung für die Amnestie und die Verteidiger in politischen Strafsachen, 1955, S. 19, siehe unten). Ähnlich der Staatsanwalt von Lücken vor der Strafkammer in Lüneburg im Jahre 1960: In seinem Plädoyer gegen einen angeklagten Kommunisten, während der NS-Zeit wegen Hochverrats bestraft, formulierte er: »Straferschwerend ist es, daß der Angeklagte schon einmal für dieses politische Delikt bestraft wurde«. Andererseits galt der Besitz hoher Kriegsauszeichnungen, zwischen 1939 und 1945 erworben, bereits einmal als ›strafmildernd‹.
Ein Betriebsratsmitglied der Motorenwerke Mannheim, das zweimal mit einigen Kollegen Wochenendfahrten nach Weimar zur Besichtigung des KZ Buchenwald organisierte, erhielt pro Reise zweieinhalb Monate Gefängnis; im gleichen Gericht (Landgericht Karlsruhe) wurde zum gleichen Termin der SS-Führer Erlinger für die Ermordung von 1200 Juden mit zwölf Jahren Gefängnis bestraft. Der einzige dem Autor bekannte Fall einer vermutlichen ›Staatsgefährdung‹, bei dem nach einer Mitteilung des Ministerpräsidenten *Zinn* Waffen und sog. Liquidationslisten gefunden worden waren, gelangte nicht einmal zur Verhandlung – es handelte sich um den BdJ. Und eine Bitte des Roten Kreuzes der DDR um *Genehmigung monatlicher Lebensmittelpakete* für politisch Inhaftierte, die unter dem Angebot der Gegenseitigkeit vorgetragen wurde, ist von der Bundesregierung abgelehnt worden.
(*Quellen:* »Referate der Arbeitstagung und Gesamtaussprache des erweiterten Initiative-Ausschusses für die Amnestie und die Verteidiger in politischen Strafsachen‹ 1.-12. Mai 1957 bis Mai 1965; ›Denkschrift über Probleme der Justiz in politischen Strafsachen‹, 1 und 2, 1956 bzw. 1957, *E. Burkhardt,* Heidelberg. Vgl. ferner: *Max Hirschberg:* Das Fehlurteil im Strafprozeß, Fischer Bücherei 1963; *Otto Kirchheimer:* Politische Justiz, Frankfurter Beiträge zur Soziologie, Sociologica Bd. 1, 1955, S. 171 ff.; *Ulrich Sonnemann:* Das Land der unbegrenzten Zumutbarkeiten, Rowohlt, 1963, S. 225 ff.; *Hanna Ahrendt:* Eichmann in Jerusalem; Piper, 1962. *Der Spiegel,* die Sendung *Panorama* [E. Kogon, Herbst 1965], die *Frankfurter Rundschau* [›Staatsschutz zwischen Recht und Politik‹], *Konkret* [z. B. *Lutz Lehmann:* ›Der Feind steht links‹, Teil III, Februar 1966] haben verschiedentlich über die Tendenzen zum Gesinnungsstrafrecht berichtet.)

6 Georg *Forster,* an seine Frau, am 28. 1. 1793.

7 Im Jahre 1965 starben in der Bundesrepublik neunzig Kinder, hauptsächlich zwei- bis vierjährige, an Mißhandlungen; die meisten von ihren Müttern getötet. (Vgl. *Die Welt,* Nr. 256 vom 3. 11. 65, Nr. 16 vom 20. 1. 66; *Der Spiegel,* Nr. 46 vom 10. 11. 1965. – Öffentlich haben sich hierzu geäußert: Prof. Elisabeth Trube-Becker in Düsseldorf; Regierungsdirektorin G. Falkenberg in Kassel; der Deutsche Kinderschutzbund in Hamburg u. a.). Sie starben oft langsam, nach langer Not, an Schlägen mit Feuerhaken, Stuhlbeinen, Kleiderbügeln oder Fäusten.
Die Bundesrepublik scheint in der Statistik der Kindesmißhandlungen weit vorn zu liegen, dabei weisen die genannten Zahlen nur jene Fälle aus, die bekanntgeworden sind. Die Gesamtrate dürfte viel höher sein; im Grunde kein Wunder in einem Land, das in vielen Teilen der westlichen Welt als Hort körperlicher Züchtigungen gilt. Nach dem Ergebnis einer Umfrage erhalten *mehr als die Hälfte aller Knaben, fast 40 Prozent der Mädchen von den Eltern Stockschläge.*
Nicht nur das ›positive Denken über die Prügel‹, in der Bundesrepublik extensiv gehandhabt, erschwert es Wohlmeinenden, Einfluß auf das Verhalten der Eltern zu nehmen. Obwohl zwischen 1950 und 1960 *2571 Täter wegen Kindesmißhandlungen* bestraft wurden, ist und bleibt das uneingeschränkte Elternrecht unsere ›heilige Kuh‹ – ein Ausdruck, den ein couragierter Arzt im Hygiene-Institut der Stadt Hamburg gebraucht hat. Dabei tragen die Ärzte selbst dazu bei, daß wahrscheinlich nur etwa 5 Prozent aller Kindesmißhandlungen bekanntwerden und vor den Richter kommen. So tadelte eine Ärztekammer einen ihr zugehörenden Mediziner, der die Staatsanwaltschaft benachrichtigte, als er zum dritten Mal innerhalb kurzer Zeit ein Kind sah, dem man durch Schläge den Arm gebrochen hatte – tadelte ihn wegen Verstoßes gegen die Schweigepflicht. Und die Nachbarn quälerischer und mörderischer Väter und Mütter schweigen; aus Interesselosigkeit; weil sie gern selbst ein Kind schlagen möchten; aus Trägheit. Die geprügelten Kinder schweigen aus Angst oder weil sie noch nicht sprechen können.
Die Vermutungen der Fachleute: Dunkelziffern für Verbrechen an Kindern von 95 Prozent in der Bundesrepublik – und die in den Tageszeitungen berichteten Einzelfälle: eine Mutter ließ ein dreijähriges Kind tagelang mit einer Luftgewehrkugel im Auge herumliegen und gab, als das Auge schließlich verloren war, einen erschreckend rohen Kommentar – werden im öffentlichen Bewußtsein durch andere Informationen ausgeglichen, wenn nicht überlagert. Unterschriften unter den Bildern zusammengeschlagener englischer Kinder und das geringe Strafmaß für die Täter (berichtet im ›Annual Report‹ der ›National Society‹) zeigen, daß es in anderen Ländern auch blutig und übergroßzügig zugehen kann. Vor allem aber findet die Empörung des Bürgers ganz andere Ziele. An den *seit 1961* von Sittlichkeitsverbrechern ermordeten 71 Kindern wird ungewöhnlich viel stärker Anteil genommen als an den 90 Kindern, die von ihren Eltern *in einem Jahre*

ermordet wurden. Der Ruf nach Todesstrafe oder lebenslanger Internierung für den Sexualmörder ist ein gigantisches ›Haltet den Dieb!‹.

Vergleicht man gar die Schäden, die unmenschliche Eltern an ihren Kindern anrichten, mit denen, die etwa im Zusammenhang mit unzüchtigen Handlungen an Kindern verursacht werden, so schneiden die Eltern noch schlechter ab. Wenn Eltern ein neunjähriges Mädchen bei kleinen Anlässen hungern lassen, es an sein Bett anketten, schlagen und beschimpfen, so ist das auch ohne physische Verstümmelung oder Tötung für das Opfer verheerend und barbarisch; wenn der fünfzigjährige ›Onkel‹ die Neunjährige ohne Anwendung von Gewalt dazu verführt, an sexuellen Spielen teilzunehmen, so wird sie das leichter bewältigen; möglicherweise schadet es ihr vor allem deshalb, weil der sexuelle Umgang mit Minderjährigen gesetzlich verboten ist.

Denn für die Begegnung mit sexuellen Stimuli bedarf es nicht des ›Onkels‹, dafür sorgen Presse, Film, Fernsehen und sexuelle Aufklärung und schädigen auf sublime Weise. Das Angebot an sexueller Freiheit und erotischen Reizen verführt Kinder und frustriert sie zugleich, weil die eigene provozierte Sexualität vom Kinde weder physisch noch psychisch bewältigt werden kann.

Im übrigen hat der Autor bei eigenen empirischen Untersuchungen feststellen können, daß die Intoleranz der Mütter gegen das Schreien schon der Säuglinge generell wächst. Und es wächst das Bedürfnis, die Kleinsten schnell groß zu kriegen: was sich die Mehrzahl der Eltern wünscht, ist eine Akzeleration schon der Neugeborenen. So wird das Baby wie ein Pseudoerwachsener leitbildlich betrachtet, aber *wenn* die Kinder dann halberwachsen geworden sind, wird die natürliche Rivalität in der Familie verleugnet: jetzt wird der Vater zum größeren Bruder, die Mutter zur älteren Schwester. Kurz: die im Jahre 1965 von ihren Eltern ermordeten neunzig Kinder sind die barbarischen Symptome einer allgemein sich verschlechternden Atmosphäre.

Die neue Innerlichkeit des Staatsbürgers

I

Vieles von dem, was gefordert war, hat sich erfüllt, indem es sich verwandelte. Wie die gegenwärtigen Formen von Demokratie, und nicht nur die parlamentarischen, den Leitbildern der bürgerlichen Revolution widersprechen, zu deren Erfüllung die Demokratie sich anschickte, so widerspricht auch die Innerlichkeit des gegenwärtigen Staatsbürgers dem revolutionären Entwurf vom *citoyen.* Beide Wandlungen sehen wir in Abhängigkeit von wirtschaftlichen Vorgängen, denen Demokratie sich verdankt.

»Nicht nur ist die Tugend die Seele der Demokratie«, schrieb etwa *Robespierre,* »sondern sie kann auch nur innerhalb dieser Regierungsform existieren«. Aber nicht die republikanische Tugend, sondern der Identitätsbruch mitten im Consensus wurde die Grunderfahrung des Menschen in einer demokratischen, stationär widersprüchlichen Gesellschaft. Von der Revolution in ein neues Recht gesetzt, neigt er dazu, mit dieser Grunderfahrung sich einzurichten. Statt den Strategien der sozialen Integration, mit denen seine Zustimmung herbeigeführt werden soll, seine Aufmerksamkeit zuzuwenden, findet er es einfacher, die Sorge für die politische Geschichte und für soziale Zustände, wie den Fahrplan der Bundesbahn, den Fachleuten zu überlassen. Behauptete *Saint-Just* noch, die Umstände seien nur für diejenigen schwierig, die vor dem Grabe zurückschrecken (1) – als wären revolutionäre Anstrengungen in Permanenz denkbar –, und Madame *Roland,* Mut sei weiter nichts als eine Gewohnheit, so schätzen wir Erben die konkrete Schwäche des gebrochen-harmonisierten Ich gegenüber der Welt seiner Gesellschaft realistischer ein. Der ›Bürger als Souverän‹ wurde jedenfalls ein anderer, als die Revolution ihn sich entworfen hatte. Den Güterwohlstand, an dem er sich erfreuen kann, vom Arbeiter und Kleinbauern zur Zeit des westeuropäischen Frühkapitalismus teuer bezahlt, erhielt er nur im Rahmen sozialer Verhältnisse, die ihn selbst einschneidend veränderten. Lebte er nun wenigstens angenehm und gesichert im Wohlstand, hielte man besser jedes zu kritische Wort zurück. Aber Wohlstand, Wohlleben und Vollbeschäftigung – späte Kinder und Enkel auch des gegenrevolutionären Terrors der Jahre nach 1794 – waren nur um einen hohen Preis zu erreichen.

Es mag zunächst wenig einleuchten, daß uns dabei sogleich ein fast ›stiller‹ Zoll einfällt, der dem einzelnen abgefordert wurde: die Lockerung seelischer Bindung an Gegenstände des Konsums. Aber es ist unmöglich, die neue Innerlichkeit des demokratischen Bürgers zu beschreiben, ohne zuerst die Form zu skizzieren, welche der *Mirabeau*sche ›Fanatismus des Eigentums‹ am Ausgang der bürgerlichen Revolution angenommen hatte: am Konsum und an der inneren Beziehung zu habbaren Gegenständen. In der Lockerung solcher Bindungen, Voraussetzung der ökonomisch geforderten und sich überstürzenden Konsumfrequenz, realisiert sich die vorhin erwähnte Auflösung traditioneller Normen bürgerlicher Haushaltsführung. Diese Lockerung der Objektbindung, für florierende Warengesellschaften überaus bezeichnend, bleibt ihrerseits nicht ohne ernsthafte Konsequenzen; sie gehört zum Teuersten, was für die Überwindung des physischen Elends in den Industriegesellschaften entrichtet werden mußte. Denn psychisch schwach besetzte Objekte, häufigem Wechsel unterworfen, stillen die Bedürfnisse, die sie hervorrufen, nur kurzfristig. Das bedeutet suchtartigen Zwang zur Repetition im aufwendigen Konsum (34); der Bürger verliert in diesem Zwang Freiheit und Selbstbestimmung, ohne es zu spüren, und seine Innerlichkeit erschöpft sich in flüchtigen Tauschverhältnissen. Noch die sogenannten ›Konzentrationsstörungen‹ der Kinder, also ihre Unlust, Gegenstände lange genug festzuhalten und sich zu binden, Ursache eines ubiquitären Schulelends, legen für die weitreichenden Auswirkungen dieser Entwicklung beredt Zeugnis ab.

Nun wäre allerdings die Kritik am bloßen Aufwand, wenn überhaupt beabsichtigt, leicht zu widerlegen. Sie ist weit verbreitet, aber trotzdem wenig sinnvoll. Ersparnistheorien, für das Kaufmannskontor angebracht, könnten, von einer ganzen Nation befolgt, zur Barbarei führen. Sparsamkeit ist der Verschwendung nur manchmal ökonomisch überlegen, und private Laster werden, wirtschaftlich betrachtet, zur gesellschaftlichen Tugend. Der Überfluß ist überhaupt nützlich, man wünscht ihn jedem. Andererseits reicht der wirtschaftliche Effekt des Aufwands allein nicht aus, die gegenwärtige innere Verfassung des Bürgers zu rechtfertigen. Namentlich mit der suchtartigen Repetition im Konsumverhalten des Bürgers haben die Verteidiger der Gegenwart es schwer. In dem Maße, in dem die Bedürfnisse breiter Bevölkerungsschichten sich im repetitiven Konsum erfüllten, das ›pursuit of happiness‹ seine für die Warengesellschaft charakteristische Form fand, ist mit diesen Bedürfnissen selbst etwas geschehen, was uns die Annehmlichkeiten des Wohllebens und des Güterbesitzes nur mit Einschränkungen genießen läßt. In der zwangshaften Konsumtion, einzigartigem Movens der Marktwirtschaft, wurde das ›Streben nach Glück‹, früher bloße Rechtsnorm des revolutionären Humanismus, zwar zur sozialen Wirklichkeit; auch dies war ja eine Forderung bürgerlicher

Revolutionen: den Menschen glücklicher zu machen und ihn in den Stand zu setzen, nach Glück zu streben; aber unversehens wurde der Verzehr, und was an Bedürfnissen, Arbeit und Frustration mit ihm zusammenhängt, zur neuen Innerlichkeit des ›Souveräns‹, und das war kaum das Ziel so vieler revolutionärer Anstrengung; hier scheint der Erfolg nachträglich seine Ursachen Lügen zu strafen.

Dies leitet die Reflexion auf die Genese der Innerlichkeit jenes Subjekts, für das in demokratischer Tradition Freiheit und Gleichheit veranstaltet werden und dessen Glück doch das Ziel bürgerlicher Revolutionäre gewesen ist. ›Konsumtionstrieb als Innerlichkeit‹ bedeutet nichts anderes, als daß das Motiv des *Habenwollens,* des Sich-Aneignens zum Primärmotiv des Bürgers wurde; ein Motiv, zwar einerseits noch deutlich seine plebejische Herkunft verratend, andererseits aber die Übernahme eines wichtigen sozialen Merkmals der herrschenden und die Produktionsmittel besitzenden Schicht voraussetzend. Wie Gefangene und Wärter einnander ähnlich werden, kommen Besitzer und Plebs zu neuer Identität. Dies ist mindestens ebensosehr im Interesse der nach Gewinn strebenden wirtschaftenden Unternehmer wie im Interesse der Abhängigen. Unter Aufrechterhaltung der Klassenstruktur setzt sich die Gleichheit des zentralen Bedürfnisses durch: *die Welt in Warenform sich anzueignen.*

Auch im Zeitalter des Überflusses vermag dies nur, wer die nötigen Geldmittel erwirbt. Daß Menschen arbeiten müssen, um ihr Leben zu fristen, ist vergessen, diese Motivation hat sich geschichtlich erschöpft. In der Tat wird, wer nicht arbeitet, nicht verhungern: er verliert höchstens, falls er nicht zur ›leisure class‹ sich rechnen darf, an sozialer Würde und an Selbstachtung. Der erwachsene Bürger ist zur Arbeit sozial verpflichtet; er wird von den Ausbildungsinstitutionen in seine Arbeitswelt eingeführt. Auf diese Weise emanzipierte sich Arbeit, als der Hunger anfing, nur noch das Signal dafür zu geben, daß es Zeit sei, eine Mahlzeit einzunehmen. Geleistet wird Arbeit nun bestenfalls für den Konsum; immer häufiger zerreißt der subjektive Zusammenhang zwischen eigener Anstrengung und der dafür empfangenen Vergütung. So, wie der Arbeitsplatz gesellschaftlich zugeteilt (und nicht durch irgendeinen Unternehmer ›gesichert‹ oder ›geschaffen‹) wird, so erhält der einzelne am Monats- oder Wochenende einen Betrag zugewiesen, dessen Höhe die Tarifpartner untereinander ausgemacht haben. Der Weg von der Arbeitswelt des Abhängigen und seiner Produktivität bis zu den Kompromissen der Unternehmer und Gewerkschaften ist oft zu weit, als daß irgendein individualisierbarer Bezug zum Lohn und seinen Zuschlägen gestiftet werden könnte. Die idealisierte Form des klassischen Arbeitszwangs, das Leitbild des ›Berufs‹, verliert rasch an Rang und an Profil. Der Job liefert die Mittel zur extensiven Konsumtion schneller und bedarf geringerer Investition. In ihm ist die Arbeit endgültig nicht mehr die Befriedigung eines Bedürfnisses, sondern »nur ein Mittel, um Bedürfnisse zu befriedigen« (K. *Marx*). Am wenigsten ist Arbeit eine Erfahrung geworden, die lustvoll in sich selber wäre (62). Auch diese Entleerung des Arbeitslebens erweist sich für die Sozialbildung als sehr verhängnisvoll (34).

Solche einleitenden Überlegungen, vorerst recht locker geknüpft und nach jeder Seite hin unvollständig, enthalten doch schon eine wichtige Information. Wenn das ›Streben nach Glück‹ als entfesselter Konsumtionstrieb soziale Realität wurde und sich die Innerlichkeit des Bürgers entsprechend gewandelt hat, bedarf unsere Reflexion über den Ausgang der bürgerlichen Revolution offensichtlich eingehender sozialpsychologischer Analysen. Zunächst wäre zu bedenken, daß das Habenwollen, der Konsumtionstrieb, wie *Marx* ihn nannte (30), durch die Fülle angebotener Gegenstände vermittelt wird, also durch die gütererzeugende Industrie; das Bedürfnis, das wir nach ihnen verspüren, ist durch ihre Wahrnehmung geschaffen. Die Ladenstraße ist ja die permanente Ausstellung dessen, was man nicht hat (70). Das homogenisierende Motiv des Habenwollens wird nicht nur durch den Anbieter von Gegenständen geschaffen, es *bedarf* auch des Angebots, denn es ist, für sich betrachtet, annähernd objektlos und deshalb vom Anbieter durchaus abhängig. Es wird nicht durch einen spezifischen Gegenstand befriedigt (oder eine Reihe von solchen, die sich längs irgendeines Ähnlichkeitskontinuums anordnen ließen), sondern bloß durch *alle,* also durch habituelle Konsumtion und bedarf deshalb ständig der Vermittlung mit Objekten, an denen es sich jeweils flüchtig stillt. In der Sprache der Volkswirtschaft: zur ›horizontalen‹ ist längst die ›vertikale‹ Konkurrenz getreten, alle Güter (Anbieter) konkurrieren mit allen. Die gewohnheitsmäßige Konsumtion antwortet auf die entfesselte Erzeugung, auf die Produktion in Permanenz, beide fordern einander. Das ist freilich nicht schlicht ein ›Naturprozeß‹, die ›Gesellschaft‹ hat es so gemacht, und gewiß lassen sich auch mächtige Interessen namhaft machen. Wer die Wirtschaft dem ›Regiment der Freiheit‹ unterstellte, bereitete also die Heraufkunft des Konsumenten vor – ein spätes Geschenk zwar, aber auch dies ein neuer Mensch der Revolution.

Eine dem Wandel der Motivationsstruktur entsprechende Veränderung durchlaufen sogar die *Sinne* des neuen Menschen. Sie, nach *Feuerbach* Quellen der Freiheit und des Glücks, werden gleichfalls auf den Sinn des Habens reduziert; für sie sind Gegenstände einzig Waren, deren man sich ›konsumtiv‹ bemächtigen kann (31). Der Mensch, schrieb *Marx,* »eignet sich sein allseitiges Wesen auf eine allseitige Art an, also als totaler Mensch. Jedes seiner menschlichen Verhältnisse zur

Welt, Sehen, Hören, Riechen, Schmecken, Fühlen, Denken, Anschauen, Empfinden, Wollen, Tätigsein, Lieben, kurz alle Organe seiner Individualität ... sind in ihrem ... Verhalten zum Gegenstand die Aneignung desselben, die Aneignung der *menschlichen* Wirklichkeit. Sie ist daher ebenso vielfach, wie die menschlichen Wesensbestimmungen und Tätigkeiten vielfach sind [...]« (31). Aber in der Warengesellschaft ist »an die Stelle aller physischen und geistigen Sinne [...] die einfache Entfremdung« aller dieser Sinne getreten: der Sinn des Habens (31). Solcher Sinn ist nicht mehr *mein* Sinn: »ICH ist ein anderes«, schrieb *Rimbaud* am 15. Mai 1871 an P. Demeny, und ist unter das eherne Gesetz des Tausches gezwungen: »Es gilt darum, durch die Entregelung aller Sinne beim Unbekannten anzukommen« (16).

Sinne und Motive des Bürgers als Konsumenten – das also, was er sieht, hört, begehrt – konstituieren seine Welt. Die Folgen der erörterten Wandlungen in der ›Tätigkeit‹ des Menschen sind für das Verständnis des Subjekts der Wohlstandsgesellschaft nicht wenig bedeutsam. Der Abstand des Erreichten zum humanitären Programm des revolutionären Bürgertums läßt sich nirgends so deutlich erkennen wie gerade hier. Sollte sich das Motiv des Habenwollens generalisierend erfüllen können, so bedurfte es notwendig der Entwicklung von Daseinstechniken, alles und *für alle* habbar zu machen – nicht zuletzt das Kunstwerk, soweit es Produkt einer affirmativen Kultur und damit ›schön‹ war. In den Anfängen der kapitalistischen Gesellschaft galt es nur, »der Natur einen Totenschleier überzuwerfen« (*Robespierre* [4]): War die Welt zunächst bloß Mechanismus, war dieses Konzept »zur Entfesselung der maschinellen Produktivkräfte ideologisch wichtig« (41), der homo absconditus nur als Spuk der Okkultisten existent, so mußten später, am Übergang zur Warengesellschaft ›im Überfluß‹, selbst so wenig warenhafte Gegenstände wie: Hafen, Bucht, Quelle sich im Zuge des Habbarmachens und der Egalitätsklausel (›Gleiche sind, die gleich viel und gleiches konsumieren‹) zu käuflichen Angeboten verändern, wie jedes Reisebüro ad oculos demonstriert. Was Natur dem Reisenden einst menschlich bedeutete, wird in der Verwandlung zum Konsumgut aufgezehrt.

Die ökonomische Bedeutung der eben skizzierten Wandlungen von Mensch und Welt ist evident. Die neue Motivlage wird zur Quelle fortwährender produktiver Anstrengungen der Individuen, die subjektiv zwar darauf gerichtet sind, jene Mittel zu erwerben, die man zur Aneignung in der Warengesellschaft nun einmal benötigt, die dabei aber gleichzeitig die Erzeugung von immer mehr käuflichen Gütern herbeiführen; von Gütern, die, wie man heute zu sagen pflegt, zu erlangen eben in besonderer Weise die Schaffensfreude und den Fleiß des einzelnen auslösen und anstacheln – so Papst Leo XXIII. Ludwig

Erhard sprach vor einigen Jahren von der Anstrengung, »mehr zu leisten und mehr zu arbeiten, um durch vermehrtes Einkommen seine Lebensmöglichkeiten schöner, bunter und reicher gestalten zu können. Denn [...] die Darstellung dieser schönen Dinge, der technische Fortschritt, der sich hier dokumentiert und den Kauf eines neuen Gerätes begehrenswert macht, das ist es, was zu vermehrter Anstrengung führt«. In der Tat befinden sich unter vielen marktwirtschaftlichen Erzeugnissen, die jene Bedingung nicht erfüllen, auch solche, in denen Entlastung, Ruhe, Annehmlichkeit habbar werden, wie jede automatische Waschmaschine lehrt. Dies gilt für alle hochindustrialisierten Gesellschaften. In unserem Lande haben die Anstrengungen des Konsumenten sogar nicht nur die psychischen, sondern auch die materiellen Folgen des verlorenen Kriegs und der Demontage beseitigt; selten hat die Wirtschaft, unter das ›Regiment der Freiheit‹ gesetzt, so unter der Arbeitsintensität der Individuen floriert wie in unserer jüngsten Geschichte. Die Wirtschaft hat es inzwischen überall gelernt, den Bürger wirkungsvoll über das Erzeugte zu informieren: »Ich möchte sagen, daß es unmoralisch wäre, den Menschen Nachrichten vorzuenthalten, die ihnen sagen, was die Welt ihnen Schönes und Gutes bieten kann«, erklärte Dr. *Morris,* Erzbischof von Cardiff, was verallgemeinert den neuen Gehalt von bürgerlicher Moral durchscheinen läßt: In der Warengesellschaft ist moralisch, was das Habbarmachen von vielem für viele und die Maximierung der Gewinne ermöglicht, indem es das legitime Bedürfnis des Bürgers nach Konsumtion mit den ›schönen Dingen‹ *Erhards* vermittelt. Was *Unmoral* ist, zeichnet sich deutlich ab: Unmoralisch wären schon Informationen, die nicht nur Waren begehrenswert präsentieren, sondern auch erkennen ließen, daß der einzelne auf sie verzichten kann.

Schon Adam wurde die Welt zu eigen gegeben, als er sie benannte und damit er sie benenne. Dies und der Cartesianische Auftrag der Aufklärung, Herr und Meister der Natur zu sein, setzte sich bis in die Aneignung der Welt hinein fort. Im Zeitalter nach der Freisetzung der Wirtschaft wurde dabei Natur, wird Kunst, wird Kultur total habbar, als Habbares, als Käufliches ungeschieden Gegenstand für den konsumierenden Menschen und zum Konsum. Wie aber Natur zur Ware und die Innerlichkeit des Subjekts zum bloßen Konsumtionstrieb wird, so nimmt andererseits das industrielle Erzeugnis menschliche Züge an, wird zur ›Produktpersönlichkeit‹, zur ›Individualität‹. Während menschliche Beziehungen sich versachlichen, vergeistigt sich die Ware; letzteres ist ein Tatbestand, der ebensowohl Oberflächen-Differenzierung genannt werden kann. Es zeichnet sich darin eine bestimmte Form der Humanisierung von Natur und Warenwelt ab, deren eine Gesellschaft schließlich bedarf, die den Humanismus der revolutionären Ideen aufgab, für die ihre Industrie zum Äquivalent für ›Welt‹ und deren Gutes und Schönes mit dem Fertigerzeugnis oder mit der Dienstleistung identisch wird. Die Techniken, Produkt und Dienstleistung marktgerecht zu präsentieren, werden neuerdings als ›Philosophie des Produkts‹ bezeichnet, wobei ›Philosophie‹ gar nichts anderes mehr enthält als die Idee des Zusatz-Nutzens und der Weise, ihn den prosektiven Konsumenten zu vermitteln. Philosophie und Vergeistigung, im marktwirtschaftlichen Angebot konkret geworden, halten den Konsumenten in Bewegung, der sie sich um jeden Preis aneignen muß. Der Lohn des Schweißes ist die *reichere Lebensmöglichkeit* (und nicht mehr, Gott behüte, nur Wolle und Weizen); freilich eine, die ausschließlich über den Konsum zugänglich wird.

Obwohl Glück in standardisierter Form genossen werden muß und zumindest prinzipiell alles Produzierte auch allen Bürgern zur Verfügung steht, braucht der einzelne auf Abhebung vom Nächsten nicht zu verzichten. Bemerkenswerterweise werden nämlich Güter zum Mittel, innerhalb der egalisierten Tauschgesellschaft soziale Rangunterschiede auszudrücken, sie werden zum Statutssymbol. Während andere Privilegien älterer Herkunft, solche der Geburt oder der Tradition, in der allgemeinen Fungibilität mit Sicherheit untergingen, fand die Ungleichheit eine neue Sprache. Nun hat freilich das Privateigentum als allgemeine Grundlage der Rechtsordnung, und vor dem Menschen stärker geschützt als der Mensch vor ihm, unter der Decke der relativen Konsumenten-Gleichheit strukturelle Ungleichheiten aufbewahrt. »Wie man vom Schwinden der Klassenunterschiede sprechen kann, solange sich der Boden und die übrigen Produktionsmittel im Privateigentum einer Minderheit befinden, während die Mehrheit des Volkes besitzlos dasteht, ist unerfindlich« (36). Die Sicherung des Privateigentums als der Angel, um die sich nach *Hegel* die ganze moderne Rechtsprechung dreht, war in ihrer sozialen Bedeutung und bei struktureller Ungleichheit schon zeitig anerkannt: »Aber da haben wir die Klippe der modernen Philosophie«, schrieb Herr *Jullien* in dem schon einmal zitierten Brief vom 15.12.1792, »wohl hat sie die Gleichheit der Rechte aufgestellt, aber sie will die Ungleichheit der Vermögen aufrechterhalten [...]« (1). Er fuhrt fort: »[...] die den Armen auf Gnade und Ungnade dem Reichen ausliefert und diesen letzteren zum Richter über all seine Rechte macht, weil er ihm das Recht der Existenz rauben kann«. Inzwischen entlasten ›Ladenstraße‹ und Konsumtionstrieb den Reichen von der Ausübung unmittelbarer Herrschaft. Den Bösen sind wir los; das Böse ist geblieben.

Doch tut die Ungleichheit der Vermögen kaum noch jemandem wirklich weh – so, daß er meinte, es müsse in seiner Gesellschaft etwas verändert werden. Denn inzwischen ist die industrielle Gesellschaft fortgeschritten, die Individuen haben, endlich befriedigt, gelernt, ihre produktiven Anstrengungen an den Erwerb von Statussymbolen zu heften, und nicht mehr an eine Veränderung des Status.

II

Die zeitgenössische Form von Humanisierung der Welt, ihr Warencharakter, ist nach unseren bisherigen Überlegungen mit der neuen Innerlichkeit des Bürgers, dem Konsumtionstrieb, eng verbunden. Welt wird als anzueignende Ware, die ihren Preis hat, menschlich; Ware wird als Fertigerzeugnis ›Geist‹. Menschen verwirklichen sich selbst und stillen ihre Träume im Aneignen. Natur, nicht länger bloß id quod substat oder Reservoir von Produktivkräften und nützlichen Stoffen, wird als konsumgerechtes Angebot auf neue Weise habbar. Ein dezidierter Revolutionär wie *Saint-Just* glaubte, die Bedürfnisse brächten das arbeitende Volk in die Abhängigkeit seiner Feinde; so in seiner Rede am 8. Ventôse. In der Tat wurden die Bedürfnisse des arbeitenden Volks, die es in die Hände der Händler brachten, für die aufblühende industrielle Gesellschaft bedeutsam. Die historische Entwicklung neuerer Zeit, die erst den Reichtum weniger Familien und dann das Huhn in fast jedermanns Topf produzierte, gewann an Ablaufgeschwindigkeit, als die Industrie sich nicht nur, mit revolutionärer Anstrengung des Bürgers und unter erheblichen Opfern des Vierten Stands, vom *Staat*, sondern auch von der gemeinsamen Not und von den lebenserhaltenden Grundbedürfnissen als Ursache von Nachfrage emanzipierte; als sie ihren Nutzen daraus zog, daß die Bedürfnisse eines künftigen commenwealth von Konsumenten plastisch, steigerbar und differenzierbar sind. Menschen, deren jeder in endlich gewonnener Freiheit darauf spekulierte, »dem anderen ein neues Bedürfnis zu schaffen, um ihn zu einem neuen Opfer zu zwingen, um ihn in eine neue Abhängigkeit zu versetzen und ihn daraus zu einer neuen Weise des Genusses ... zu verleiten« (31), haben die kapitalistische Gesellschaft geformt; daraus ergab sich Entlastung für viele.

Aus dem Ehrgeiz des neuen produzierenden Wirtschaftssubjektes, den Nächsten zu übervorteilen – »Ich prelle Dich, indem ich Dir einen Genuß verschaffe« (31) –, ergab sich wachsender Güterwohlstand, zum Nutzen auch der Ärmeren, als Form von Gleichheit, und nicht die fortschreitende Verelendung derer, die keine Produktionsmittel besitzen. Die Freisetzung des geschäftstüchtigen und gewinnsüchtigen Unternehmers von feudalistischen, klerikalen, obrigkeitsstaatlichen

Tendenzen, d. h. die Einführung einer staatsfreien Sphäre für das ›freie Spiel der Kräfte‹, anfänglich ein Verrat an den sozialen Intentionen der Großen Revolution, erwies sich schließlich als zu materiellem Vorteil aller inszeniert. Gleichzeitig wurde die Wirtschaft zum Herren aller. Die subjektiven Motivationen vieler Unternehmer haben sich seither ohne Zweifel verändert. Was aber blieb, ist, daß die Produktion – so schon *Marx* – nicht nur Gegenstände für den Verbraucher erzeugt, die dieser benötigt, sondern auch den Verbraucher für den Gegenstand. Jede sozialpsychologische Analyse des gegenwärtigen Menschen bleibt unvollständig, wenn sie nicht realisiert, daß *die Industrie die Mutter der neuen bürgerlichen Innerlichkeit ist:* Sie vermittelt die Konsumtion, deren Material sie schafft, der ohne sie der Gegenstand fehlte – aber die produzierte Konsumtion vermittelt auch die Erzeugung, indem sie den Produkten erst das Subjekt schafft, für das sie Produkte sind. Die Erzeugung lieferte dem Bedürfnis nicht nur ein Material, sondern sie lieferte dem Material auch ein Bedürfnis (30): die normierte, repetitive Konsumtion. Das Leben des Menschen hat eben den gesellschaftlichen Sinn, Konsumtion und Produktion zu vermitteln. Nicht einmal nach Feierabend hat *die* Freiheit eine Chance, von der die Dichter singen.

Es ist unmittelbar einsichtig, daß solche Realisierung des Wohlstands – und der mit ihm verflochtenen Formen von Freiheit, Gleichheit und prekärer Sicherheit – allerdings noch anderes und mehr forderte als nur entschiedene Anstrengungen in der Rationalisierung der industriellen Produktion. Das maximierte ja nur die Erzeugung, schuf noch nicht automatisch eine marktgerechte Innerlichkeit des Bürgers. Ja, es wurde die rationell gestaltete Produktion gerade wegen ihrer wachsenden Effektivität zwingend zum Ursprung ganz neuer wirtschaftlichen Bemühung. »Der Ausstoß läßt sich nicht länger variieren; der Ausstoß wird von der Kapazität des standardisierten Maschinenprozesses diktiert« (M. *Dobb*), was eine langfristige Absatzstrategie fordert, die möglichst stabile Märkte und Marktanteile sichern soll (29). Der Besitz eines Marktes wurde wichtiger als der einer Fabrik. Das Substrat der Märkte sind die Konsumenten; die Entwicklung der industriellen Produktion zwang deshalb dazu, auch die Sphäre der Konsumtion und damit den Bürger selbst rationell zu beherrschen. Die ›Sphäre der Konsumtion‹ ist, konkret gesprochen, menschliches Bewußtsein. Auch der ›Besitz von Märkten‹ ist also nichts anderes als Herrschaft über den Menschen.

Der Unternehmer, zu dessen Befreiung die Revolution stattfand, drohte zeitweilig, in Abhängigkeit vom Willen des Konsumenten zu geraten: eine hübsche dialektische Paradoxie. Die Verwandlung der Verkäufer- in sogenannte *Käufer-Märkte* läßt diese Drohung noch durchschimmern, in der sich merkwürdig genug, ältere plebejische Tendenzen von 1793 nach Umkehr von Herrschaft zu restituieren trachteten – jetzt aber ganz außerhalb des politischen Bewußtseins des Bürgers als Souverän. Hochentwickelte distributive, informierende und beeinflussende Techniken der Verschränkung von industrieller Erzeugung und individuellem Verbrauch ließen eine solche ›Diktatur des Proletariats‹, also derer, die keine Produktionsmittel und kein Anlagevermögen besitzen, freilich nicht erst zustande kommen. Der empfindliche Mechanismus der Warengesellschaft durfte nicht in Abhängigkeit vom unwissenden Konsumenten bleiben, und der Gefahr, daß Enthaltsamkeit, an winzige Anlässe sich heftend, zum Anfang einer Wirtschaftskrise werden konnte, war entgegenzutreten. Präfabrizierte Leitbilder, in denen bestimmte Lebens- und Genußerwartungen des Konsumenten sich pointiert darstellen ließen, wanderten auf dem Wege über Massenmedien und als allgemein verbindliche Klischees in das Individuum: Es wurde, was es konsumiert; es konsumiert, was es in einer Warengesellschaft eben werden kann. Das Angebot hat also nicht nur ein Bedürfnis erzeugt, sondern das gesamte Muster an individuellen Präferenzen des Geschmacks, des Stils, das zum Kauf bestimmter Gegenstände motiviert. Die Imperative der Werbung begegnen dem Konsumenten, der von ihnen bewegt wird, übrigens immer nur außerhalb der Situation des Kaufs und Verzehrs, im abstrakten Raisonnement, als ein ihm Äußerliches oder Fremdes. Die gütererzeugende Industrie besitzt ja sein Bewußtsein; als Verbraucher, als handelndes Wirtschaftssubjekt erfährt er Imperative der Werbung daher als individuellen Antrieb, als triebartiges Reagieren im Anblick von Objekten – als Unwillkürlich-Spontanes, als eine sogar rational begründbare Präferenz. Es klingt rührend, wenn festgestellt wird, die Rationalität individueller Entscheidungen erweise sich freilich oft als fragwürdig (70).

Die Entwicklung wirksamer Marktstrategien veränderte nicht nur die soziale Lage des Konsumenten. Anfänglich suchten Unternehmer und Händler nur eine »fremde Wesenskraft über den anderen zu schaffen«, wodurch mit der Masse der Gegenstände »das Reich der fremden Wesen (wuchs), denen der Mensch unterjocht ist« (31), später wurden zusätzlich beide Marktpartner, Erzeuger und Konsument, von Steuerungstechniken der Marktwirtschaft, von langfristigen Absatzstrategien abhängig. Unternehmer und Händler haben an Ermessensspielraum eingebüßt, von Willkür, von Beliebigkeit ist keine Rede. In der modernen Industriegesellschaft gilt die Freiheit der individuellen Bestimmung von Produktion und Verbrauch weitgehend mehr formal als wirklich (70). Herrschaft ging an Steuerungstechniken über, *sie* übernehmen nun selbst, auf dem Wege über die Individuen, die ihrer bedürfen, die Gewalt über die öffentlichen Dinge. Die Auseinandersetzung von ›Herr und Knecht‹ fror in dieser Herrschaft des Apparats, der Technik, ein, mit ihr auch deren revolutionäre Dialektik – auch unter diesem Aspekt wird die Gesellschaft stationär. Marktzwang und Konsumzwang erscheinen beide als anonyme Mächte, gegen die zu protestieren albern wirkt. Freilich blieb im Grad der Aktivität und im Grade des Nutzens, der trotz Abhängigkeit aus dieser Aktivität gezogen werden kann, der Unterschied zwischen dem güterproduzierenden Industriellen einerseits und dem zahlenden Verbraucher andererseits beträchtlich.

Für *Marx*, der als ihr schärfster Kritiker den Anfang dieser Entwicklung erlebte, bedeutete jedes neue Produkt »eine Potenz des wechselseitigen Betrugs und der wechselseitigen Ausplünderung« (31). Darüber hat unsere Gesellschaft sich beruhigt, seit sich an Stelle der von *Marx* intendierten »Befreiung jedes einzelnen Individuums« – Tradition der Aufklärung und der bürgerlichen Revolution – längst und mit dessen Einverständnis die Befriedigung des Individuums setzte, die es unter erträglichen materiellen Bedingungen in Freiheit und Konsum findet, solange es sich leidlich sicher fühlt. Die Abhängigkeit des gesellschaftlichen Lebens von Steuerungstechniken bleibt zwar als Unheimlichkeit irrationaler Daseinsmächte stimmungshaft erhalten; keiner weiß, was der kommende Tag bringt, und hält sich an die Parole: Nur keine Experimente; doch findet der Bürger, dem wenig anderes übrigblieb, sich damit ab. Die Kritiker beunruhigt es bisweilen, daß der Reichtum aus der Unzufriedenheit des einzelnen produziert wird. In der Tat weiß ja das Privateigentum das Ruhebedürfnis nicht zu einem menschlichen Bedürfnis zu machen (31). Unzufriedenheit, eine moderne Form von Armut – denn Armut bedeutet, nicht das haben zu können, was der Markt doch als habbar anbietet –, ist jedoch, wie man leicht einsieht, in einer fortgeschrittenen Gesellschaft unentbehrlich, weil sie allein zum Motor individueller Anstrengungen wird, derer das Ganze um der funktionierenden Wirtschaft willen bedarf. Die Abhängigkeit der Gesellschaft von dem, was sie selbst produziert hat: von der produzierenden Industrie, wird total. Und dafür starb Ludwig XVI. – nicht anders als *Robespierre.*

Einige Leute, die es noch nicht wissen, empfehlen, der Bürger solle um der Zufriedenheit willen sich des Konsums enthalten, aber Askese war nur als magische Praktik sinnvoll in menschliches Bewußtsein einzubetten – als Praktik, einer nicht durchschauten Außenwelt Herr zu werden. Empfehlungen zur Konsumaskese müssen überdies wirkungslos bleiben, weil Menschen über den Konsum an ihrer Gesellschaft partizipieren. Das Bedürfnis, haben zu wollen, ist gleichzeitig ein sozial-integratives, woraus sich ein Teil seiner energetischen Ladung herleiten mag. *Grabbes* tröstliche Versicherung, »aus dieser Welt werden wir nicht fallen«, versagt, wenn es darum geht, von der Gesellschaft ausgeschlossen zu werden. Hier zeigt sich bei der sozialpsychologischen Analyse verborgene Unsicherheit, die die scheinbare Sekurität des Wohlstands jedem Appell, nach der Verwirklichung der revolutionären Ideale zu fragen, bei weitem vorzieht. Nicht alle Ängste werden im Konsum beschwichtigt, die Abhängigkeit vom Wohlleben schafft auch neue. Zu guter Letzt soll die Predigt, maßzuhalten, den Kälteschatten der zwangshaften Konsumtion erwärmen, aber sie bringt nur zum Ausdruck, daß der Zauberlehrling sein Wort vergaß.

Denn niemand weiß zu sagen und es gleichzeitig glaubhaft zu machen, wie Wirtschaft wieder auf ein menschliches Maß zurückzuholen und im Einverständnis aller zu begrenzen wäre. Freiheit als Unabhängigkeit von Forderungen, Techniken oder Verführungen des ökonomischen Apparats erscheint nur über Wirtschaftskrisen, d. h. über den Rückfall in absolute Armut, erreichbar zu sein. Armut macht aber nur *bitterer* unfrei. Man tröstet sich damit, daß immerhin die brutal ungleiche Verteilung der Güter und Lebenserwartungen ebenso wie die schlichte Ausbeutung der Besitzlosen teils gemildert, teils abgeschafft, teils notdürftig kompensiert worden sind. Wir haben inzwischen gesehen, daß ein hoher Preis dafür entrichtet werden muß. Die der frühkapitalistischen Gesellschaft eigene Ausbeutung und radikale Ungleichheit der Chancen waren nicht nur grausamer, sondern auch mit dem Prinzip der Gleichheit und mit der Humanisierung der Warengesellschaft unvereinbar, denn sie ließen kein Anwachsen der Kaufkraft zu.

Die soziale Integration und die Versöhnung der Klassen scheiterte natürlich nach wie vor an den wirklichen Armen, von denen niemand mehr spricht. Ihre Existenz zeigt, bis zu welcher Grenze eine Humanisierung reicht, die von der Höhe des verfügbaren Einkommens abhängt. Für sie kann es kein Leben mehr in der Gesellschaft geben, seitdem der Konsum die Teilhabe des einzelnen an seiner Sozietät ausmacht und regelt, und nicht mehr, wie vor der bürgerlichen Revolution, die Teilhabe an der guten Gesellschaft den Konsum. Die wirkliche Zahl der Armen ist weniger bedeutsam als die Tatsache, daß sie vergessen, aus dem öffentlichen Bewußtsein ausgesperrt sind: Das Bild, das der Bürger von der Wirklichkeit der Gegenwart hat, wird von Zeitschriften und anderen Kommunikationsinstrumenten bestimmt, in denen Arme kaum vorkommen. Dort üben die Leser die leicht zu erlernende Kunst, unserer Welt zu begegnen, ohne mit ihr in Konflikt zu geraten. Doch wurde immerhin die frühkapitalistische Schichtung der Bevölkerung in sehr viele Hungernde und wenige Satte zugunsten einer vielfach facettierten Skala von Partizipanten am Güterwohlstand der Nation überwunden.

Immer mehr Menschen sind in der glücklichen Lage, den allgemein akzeptierten Lebensstandard zu erreichen. Man muß sogar einräumen, daß sich die menschlichen Bedürfnisse im Angebot an Konsumgütern auch differenziert haben, ebenso wie die Weisen ihrer Befriedigung. Die Eröffnung immer neuer Möglichkeiten des Genusses macht jeden, der nicht wirklich arm ist, menschlich. »Der unter dem rohen praktischen Bedürfnis befangene Sinn hat auch nur einen bornierten Sinn. Für den ausgehungerten Menschen existiert nicht die menschliche Speise [...] Es ist nicht zu sagen, wodurch sich diese Nahrungstätigkeit von der tierischen unterscheidet« (31). Auch diese Humanisierung hat sich hinter dem Rücken der produzierenden Individuen durchgesetzt. Puritanische Kritik wendet hier ein, daß Genuß und Sinnlichkeit beklagenswert seien, jedenfalls Fortschritte ihrer Sensibilität keinen menschlichen Fortschritt begründen. Diese Kritik wollen andere Stimmen mit dem Hinweis außer Kraft setzen, daß Enthaltsamkeit nur als Form von Armut, die den Reichtum produziere, sinnvoll sei: Askese, die über private Einschränkung neue Investitionen ermögliche, habe, als bürgerlich-private Tugend, in einer gut funktionierenden Warengesellschaft keinen Ort mehr. Die Prämisse der Metakritik, Enthaltsamkeit habe den Bürger zum Produzenten gemacht, ist wahrscheinlich versteckt apologetisch: Der Weg zum Besitz von Produktionsmitteln war wohl eher über den skrupellosen und geschickten Zugriff zu finden als über Enthaltsamkeit, deren ökonomische Basis trotzdem nicht ganz bestritten werden muß. Nur für den Armen war Askese *ethisch*. Doch macht sich die puritanische Kritik eher dadurch verdächtig, daß es mit Sicherheit zur repressiven Erziehung gehört, puritanisches Verhalten, etwa als Pflichttreue, als Arbeitsmoral, zu fordern und dem, der wenig mehr besitzt als Tugend, Lohn im Gefühl der Tugend oder im Jenseits zu verheißen.

Wenn allerdings immer mehr Menschen gleichzeitig in der Lage sind, den allgemein akzeptierten Lebensstandard zu erreichen, der als Konsumtion psychisch nur noch schwach besetzter Objekte immer nur flüchtig befriedigt, so müssen immer mehr gleichzeitig in der Gefahr stehen, frustriert zu werden. Auch hier bringt die Annehmlichkeit des Güterwohlstandes neues Elend; jedes Ding geht eben mit seinem Gegenteil schwanger. Dies aus der Versagung sich nährende Aggressionsspannung ist indessen gesellschaftlich nützlich. Sie fließt in überlieferte Vorurteilshaltungen ein und läßt sich deshalb durch geeignete Informationspolitik mitsamt den bürgerlichen Ressentiments gegen Sündenböcke kehren. Daran hat, wie unsere Überlegungen zur ›Brüderlichkeit‹ zeigten, der soziale Friede ein bestimmtes Interesse: die Wirtschaft bleibt auch hier politisch nützlich. Wieder erinnern wir uns, fröstelnd, an Auschwitz und Danzig – mitten im Reichtum. Aber nicht nur Frustrierung und Vorurteil, auch die tiefe Verlogenheit des sozialen Empfindens, aus den Annalen der bürgerlichen Gesellschaft bekannt, hat sich im Wohlstand erhalten; die Betroffenen suchen bei ›Frau Irene‹ oder ähnlichen Institutionen der Massenblätter nicht mehr Rat, sondern Hilfe gegen Grausamkeit, Gleichgültigkeit, Rücksichtslosigkeit und Härte.[1]

Andererseits sind offen brutale Formen der Herrschaftsausübung zumindest gegenwärtig überholt. Wir wissen, daß der Übergang zur gewaltlosen Technologie der *social control* sich unter dem Einfluß eines vielfältigen Faktorenbündels vollzog, zu dem zweifellos neben der Entstehung von Gewerkschaften auch die politische Organisation des Proletariats in Parteien rechnet. Mit *human engineering*, mit der Herstellung von ›Betriebsklima‹ versucht die Wirtschaft heutzutage auf Entwicklungen zu antworten, die sich äußerlich an der Verringerung durchschnittlicher Arbeitszeiten und dem steigenden Einkommen, d.h. an dem Unsichtbarwerden der Ausbeutung, ablesen lassen. Die Produktion darf gewiß nicht bloß nach der Seite hin betrachtet werden, daß Arbeit die Reproduktion der physischen Existenz der einzelnen ermögliche: »Was die Individuen [...] sind, hängt ab von den materiellen Bedingungen ihrer Produktion« (31). Eine *rationellere* Gestaltung der kooperativen Gütererzeugung war daher von großer menschlicher Bedeutung. Was *Marx* als ›rationellere Regelung‹ von Arbeit vorschlug, war allerdings nicht gerade das, was im gegenwärtigen Sozialraum betriebs- und arbeitspsychologisch organisiert wird. Auch die Organisation der Arbeitswelt dient, wo nicht ausschließlich dem Interesse des Unternehmens, so doch dem der Erhöhung industrieller Produktivität. Psychologisch unterbaute Maßnahmen des *human engineering*, Paradigma einer ›Humantechnik‹, können jedoch höchstens über den Werkzeugcharakter der Subjekte in der Betriebsorganisation hinwegtäuschen (Th. W. *Adorno*); auch das ›Betriebsklima‹ ist nach wie vor durch die Eigenart der jeweiligen Produktionsprozesse und der sozialen Organisation am Arbeitsplatz bedingt (L. v. *Friedeburg*) und nicht durch die Anstrengung der innerbetrieblichen Werbung. Nicht einmal die demokratische Mitbestimmung in einigen Betrieben scheint eine grundlegende Umwälzung in den Beziehungen von Arbeitnehmer und Arbeitgeber bewirkt zu haben.

Die Verknappung an Arbeitskräften als Folge industriellen Wohlstandes schränkte die Autonomie der Besitzer von Produktionsmitteln, deren Verhalten sich der Wohlstand mit verdankt, wirksam ein. Die gegenwärtige Lage in der Bundesrepublik erweckt daher den Eindruck, als seien die Unternehmer von Revolution und Liberalismus dazu freigesetzt worden, den Arbeiter als Kontrahenten und seine Organisation als Tarifpartner rechtlich zu akzeptieren. Einige Gewerkschaften haben sich gewandelten Verhältnissen insofern angepaßt, als sie selbst zu einer integrativen Kraft geworden sind. Im Zeichen des sozialen Friedens tauschen auch hier kooperierende Gruppen bestimmte soziale Merkmale untereinander aus. Der Besitz an Produktionsmitteln, in unserer Rechtsordnung durch keine staatlichen Eingriffe wesentlich beschränkt, obwohl die Verfassung dies zuließe, produzierte sich bei wachsender Effektivität selbst Grenzen der Willkür. Wer will, mag sich darüber beruhigen, daß im Laufe dieser Entwicklung physische Versklavung, in welcher Form auch immer, überflüssig wurde und durch feinere Formen mittelbarer Abhängigkeit ersetzt wurde. Erst seit die Konsumtion und was sie ausmacht zur neuen Innerlichkeit des Bürgers wurde, hat sich Gewalt innenpolitisch überlebt.

III

Das gesellschaftliche Leben polarisierte sich überhaupt in Produktion und Konsumtion. Die freiwillige, d.h. die nicht als heteronom erkannte, nicht spürbar aufgezwungene Übernahme der Produkte in das Konsumleben des Bürgers und die ebenso freiwillige, d.h. durch keinerlei staatliche Direktiven oder öffentliche Meinungen erzwungene Übernahme des Konsumbegehrens in die Produktion geben das Muster ab für den *politischen* Versuch, den Bürger als verfassungsgemäß emanzipierten Souverän gelten zu lassen, ohne dabei die maximale Integration des sozialen und politischen Zusammenhangs zu verletzen. Dieses politische Kunststück gelang.

Das Staats- oder Herrschaftsinteresse auf außerökonomischem Gebiet war, nach dem Vorbild der Wirtschaft, ohne jede Krisis mit dem Recht auf freie Meinungsbildung und -äußerung, auf freie Wahlen zu versöhnen: indem etwa die Bildung und Aktivierung von Meinungspräferenzen dem Staatsbürger voll eingeräumt wird und eben nur die Art und Anzahl der Alternativen – auch hier oft auswechselbare Varianten gleicher Meinungsgruppen – einer ungewöhnlichen Beschränkung anheimfiel, die qualitativer, nicht nur quantitativer Natur ist. Art und Anzahl der Alternativen in Innen- und Außenpolitik (und was sonst von beiden abhängen mag) werden nicht nur vom Interesse der friedlichen sozialen Integration geregelt; was noch an Alternativen angeboten werden kann, wird darüber hinaus von der Nachrichtenverteilung, ihren Techniken und Apparaten abhängig. Wir werden uns diesem Aspekt des politischen Lebens noch ausführlich zuwenden. Beide Partner, Regierung und Volk, befinden sich innerhalb des Spielraums, den die Interessenverbände lassen, in Abhängigkeit von den kommunikativen Techniken, die zwischen ihnen angeblich nur vermitteln. Bürger und Regierung geben sich offenbar ganz dem Vertrauen in die Respektabilität und Vernünftigkeit dieses Zustands hin, »und auf diese Weise richtet man die Freiheit zugrunde« (1), wie Madame *Roland* am 31.7.1791 vermutete. In gewisser Weise kann sich auch hier, wie der Konsument im Warenangebot, der Bürger im Angebot der Alternativen, an politischen Zielen selbst wiederfinden. Es sind ›seine‹ Ziele, ›seine‹ Wünsche, denen er begegnet. Nur darf dieses ›sein‹ und ›sich selbst‹ eben nicht unabhängig vom Angebot, von den Informationstechniken des sozialen Friedens und schließlich vom Interesse einer warenproduzierenden Gesellschaft gedacht werden. Individuelles Wesen und soziales Angebot, gesellschaftliche Tradition und zeitgenössische Erziehung, Herrschaftsverhältnisse und ökonomische Bedürfnisse sind miteinander verfilzt.

Die Verschränkung von Erzeugung und Verbrauch, ihr quantitatives Aufeinander-abgestimmt-Sein, die Verschränkung von Regierungsstil und politischem Verhalten, von wahlstrategischer Parole und ›eigener Meinung‹, setzt die Manipulation, ja den Besitz des Bewußtseins anderer voraus. Erst und allein damit ist jede physische Versklavung endgültig überflüssig geworden. Wer mag, soll trotzdem stolz darauf sein, daß wir, wenn es früh an der Wohnungstür klingelt, sicher sein können, daß es nur der Milchmann ist. Das Pendant unseres sozialen Friedens und der gegenwärtigen Politik bleibt damit trotz aller Fortschritte der bürgerlichen Gesellschaft seit *Marx*ens Tagen die *Entfremdung* des Individuums. Und was ebenso andauert, ist die Herrschaft der materiellen Produktion über den Menschen. Dies wird anscheinend so bleiben, denn in der Nachfolge besitzender Klassen erwarten immer mehr Individuen Wohlstand und setzen es als selbstverständlich voraus, daß sie zu einer stets wachsenden Anzahl selbst unnötiger Güter und Dienste berechtigt seien. Dieser Prozeß ist irreversibel, d. h. die Versorgung wachsender Bevölkerungsmassen bei steigenden individuellen Ansprüchen mit zunehmenden Gütermengen muß wirklich gewollt werden (62). *Toynbee* mag ruhig – im Hinblick auf die Vereinigten Staaten von Amerika – behaupten, der Absatz größtmöglicher Mengen von Konsumgütern sei nicht der Zweck der Revolution gewesen, zu diesem Ziele aber hat sie uns geführt. Der konkrete Effekt solcher bedeutender politisch-sozialer Geschehnisse, wie es die bürgerlichen Revolutionen gewiß gewesen sind, löst sich in einer Gesellschaft, deren Steuerung den einzelnen Bürgern gleich welcher Couleur und welchen Ranges längst entglitten ist, von den ursprünglichen Zielen dieser Geschehnisse und von den subjektiven Beweggründen ebenso ab wie von der revolutionären Ideologie. Die Expansion der ökonomischen Sphäre hat sich, wie schon die Französische Revolution lehrt, noch immer hinter dem Rücken der Revolutionäre durchgesetzt.

Die wirtschaftliche Sicherheit allerdings, die der Wohlstandsgesellschaft so teuer ist, steht nicht auf einem sonderlich stabilen Fundament. Die Chance, daß sich ›rechte‹ Ressentiments und autoritäre Residuen auch hinter dem Rücken der mit dem sozialen Frieden beschäftigten Wohlstandsgesellschaft ein Flußbett graben, in das die mannigfachen Antagonismen der Gegenwart einströmen, um eines Tages den Staudamm des demokratischen Wohlverhaltens niederzureißen, ist gleichfalls nicht gering. So bleibt in der *Humanisierung der Warengesellschaft,* die Freiheit und Gleichheit ebensowohl verriet als erfüllte, wenig Beruhigendes. Menschen beginnen, das zu sein, was Ware und fabrizierte Meinung verheißen, der Mensch wird versachlicht, die Ware dagegen, einmal aus der industriellen Tätigkeit emanzipiert, saugt sich mit menschlichem Wesen voll, wird Innerlichkeit, die sie entäußert, wird ›Persönlichkeit‹. Auch in der Politik demokratischer Staatsgebilde setzen sich, was immer früher einmal mit ihnen gemeint war, Personen, d. h. deren durch Werbe- und Propagandamaßnahmen gestaltete Vorstellungsbilder, an die Stelle der Sachen, um die es eigentlich geht. Sich mit den Stimmungen und Gefühlserwartungen der Wähler zu identifizieren, erweist sich als die für Präsidentschaftskandidaten der USA bedeutsamste Leistung – noch dazu eine kostspielige, die sich nur ein reicher Mann leisten kann (48). Nicht nur das Studium amerikanischer Wahlfeldzüge erweckt die Vermutung, daß die erhoffte Qualität pluralistischer Gesellschaften, den Individuen sehr viele Handlungsalternativen anzubieten, keine politische Wirklichkeit mehr findet. Das politische Disengagement des Souveräns wird dadurch kompensiert, daß die Politik ihre Konzeptionen wie Konsumgüter verkauft: wie eine Filmdiva, wird auch der Präsident durch Werbung gemacht. In der Funktion, die das Image des Politikers nun allerorten gewinnt, wird ein residuelles monarchistisches Moment wieder aktualisiert.

Wir würden gern glauben, daß die Strategie, mit deren Hilfe der reiche Mann den Souverän überzeugt, der Substanz des politischen Gedankens nichts antut, *wenn* dies denkbar wäre. Wir würden ebenfalls nicht ungern glauben, daß die politische Strategie der Gegenwart dem mündigen Bewußtsein des Bürgers der Entwicklung seiner Vernunft nichts antut. Doch zum credo quia absurdum est können wir uns nicht bequemen; dann wäre die Aufklärung wirklich tot.

Freilich werden mit den Sachen, um die es geht, auch die strategischen und taktischen Manöver der Herrschenden unter der dichten Decke stabiler Konformität zunehmend unerkennbar. So scheint uns die Entwicklungsgeschichte der Demokratie zu lehren, daß wir das

Beste vergessen haben; nicht mehr die Macht der Erinnerung an den ›Sonnenaufgang der Vernunft‹ läßt das Künftige im Gegenwärtigen leuchten, sondern das *Vergessen* überzieht das wirkliche Gesicht der Zeit mit einem goldenen Firnis.

[1] Vgl. *Die Zeit,* Nr. 15 v. 9. 4. 1965, S. 58.

Exkurs über Tradition und Familie

Wir behaupten, die warenerzeugende Industrie sei die Mutter der neuen Innerlichkeit des Bürgers und das Angebot eine Art Matrize für die Struktur seiner Bedürfnisse. Nicht der Humanismus der Französischen Revolution, sondern ihre ›objektive Tendenz‹ habe, so unsere Ansicht, bemerkenswerte anthropologische Folgen gehabt. Mögen die Zusammenhänge zwischen Wirtschaft, Gesellschaft und Innerlichkeit der Bürger auch evident sein, so bliebe noch immer die Frage offen, wie sich denn das Interesse der warenproduzierenden Nation in der psychischen Struktur des einzelnen reproduziert. Man muß die sozialpsychologische Analyse noch ein Stück weit fortsetzen, denn diese Struktur läßt sich auch aus individuellen Lebensgeschichten ableiten, nicht nur aus der revolutionären Genese unserer Gesellschaft. Mag es für den Bürger auch kein richtiges Leben im falschen geben (78), so steuert jenes falsche ihn doch nicht unmittelbar. Wenn *Mirabeau* seinem Freunde Jakob *Mauvillon* im Jahre 1788 schreibt, in einem gewissen Sinne sei ihm alles recht: »Ereignisse, Menschen, Dinge, Meinungen, alles hat einen Henkel, eine Handhabe« (1), so trifft das in einem äußerlich-unmittelbaren Sinne eben nur für die Dinge, am wenigsten für den Menschen zu. Es sind *innere* Bedingungen des menschlichen Wesens, die es ›handhabbar‹ machen, und zwar ganz überwiegend lebensgeschichtliche Erwerbungen; wir sagten schon, daß selbst der Bankier das Klima einer Epoche nur mittels des Bankiers *in uns* zu bestimmen vermag.[1] Die Geschichte der warenproduzierenden Industrienationen ist seit den großen Deklarationen der Menschenrechte zugleich eine der rasch weiter fortschreitenden Verinnerlichung sozialer Leitwerte. Auch die Leistung des Vergessens, Bedingung des sozialen Friedens und des Consensus, wird im einzelnen Menschen analytisch faßbar. Die psychischen Mechanismen, mit deren Hilfe er Spielregeln internalisiert, sind mit den gesellschaftlichen Maßnahmen der sozialen Steuerung nicht unvermittelt identisch. Wie also werden soziale Tendenzen und kulturelle Normen zur seelischen Struktur des einzelnen Bürgers, und was gewährleistet die Tradition in der nachrevolutionären Gesellschaft?

Keiner von uns wurde schon als folgsamer Bürger, bereit zur Zustimmung, geboren. »Von meinen Eltern war ich so erzogen, daß ich allen Erwachsenen und besonders älteren mit Achtung und Ehrerbietung zu begegnen hätte [...] Ganz besonders wurde ich immer darauf hingewiesen, daß ich Wünsche oder Anordnungen der Eltern, der Lehrer, Pfarrer usw., ja aller Erwachsenen bis zum Dienstpersonal unverzüglich durchzuführen bzw. zu befolgen hätte und mich durch nichts davon abhalten lassen dürfte. Was diese sagten, sei immer richtig«, schrieb der ehemalige Kommandant von Auschwitz, R. *Höss*, in seiner instruktiven Autobiographie (22). Die Bereitschaft zur unterwürfigen Annahme des Angebots ist für die kulturelle Tradition nicht weniger sinnvoll als für Industrie und Herrschaft, sie erst bereitet jenen Einstellungs-, Meinungs- und Urteilsgehorsam vor, den wir *Konformität* nennen. Im Bericht von *Höss* erscheint die *Familie* als der Ort, an dem solche Bereitschaften gestiftet werden. Kindergarten und Schule tragen das ihre dazu bei. In der Tat ist es uns durch Ethnologie und Kulturanthropologie längst gegenwärtig, daß Strategien der Nachwuchsaufzucht zum festen Programm jeder Gesellschaft, jeder kulturellen Tradition gehören. In ihnen lernt das heranwachsende Kind in unserer Welt zu leben, erwirbt sich auch die Instrumente, die es später benötigen wird, um sich vernünftig zu orientieren; mit ihnen wird aber gleichzeitig produziert, was als ›Wesen‹ des Menschen zum Zwecke der Erhaltung gegebener sozialer und politischer Zustände ontologisiert wird oder als ›guter‹ und ›schlechter‹ Charakter in den Wortschatz der Unwissenden eingeht. Selbst die ›Natur‹ des Menschen, die zu beherrschen jede gesellschaftliche Erziehung von ihm fordert, ist schon gesellschaftlich determiniert. An diesen Strategien scheitert der Versuch, »den Zwang der Tradition durch die Herrschaft der Vernunft zu ersetzen«, was *Robespierre* forderte (4); an ihnen würde auch jeder Versuch scheitern, den Menschen total unwissend zu lassen und ihn zum reflexionslosen Instrument von Herrschaft zu degradieren. Das große Hindernis des revolutionären Umschwungs, der strukturellen Veränderung gesellschaftlicher Umstände, liegt also immer in dem, was ihn psychisch überhaupt erst möglich macht: in der Aufzucht der Kinder.

Eine der Bedingungen für jede Revolution wie für die Versteigerung unseres Zeitalters ist, so betrachtet, daß es keine präsoziale ›menschliche Natur‹, kein vom Imperativ der Gesellschaft unabhängiges menschliches ›Wesen‹ gibt, so wenig wie anthropoide Frühformen der Gattung Homo sapiens, die weder Werkzeug noch Arbeit gekannt hätten. Die Barriere für jegliche Absicht, die Welt nach Vernunftsprinzipien einzurichten, besteht darin, daß selbst das Neugeborene gesellschaftliches Wesen in statu nascendi, die erste extrauterine Begegnung mit der Mutter schon Gesellschaft in actu ist und es von früh an spezifische Kulturreize seiner Epoche übernimmt, d.h. selbst zu ihrer Tradition wird; aber anders wäre auch jede tiefere Vernünftigkeit des Verhaltens undenkbar.

Wie die Biologie lehrt, sind die Lernfähigkeit des Menschen als eines gesellschaftlichen Wesens und der Lerneinfluß seiner Umgebung in die physische Entwicklung gleichsam eingeplant. Gerade weil Menschen schon vom ersten Atemzuge an Menschen sind, steht das frühe Zusammenleben des Säuglings mit seiner Mutter unter einem normativen Zusammenhang: die ›Gattung‹ ist deshalb der menschlichen Sozialgeschichte gegenüber alles andere als unabhängig. Nicht einmal die Differenzierung seiner Erlebnisse in lustvolle und unlustvolle ist dem Neugeborenen einfach mitgegeben. Mit dem ersten Atemzuge, vom ersten Schrei an beginnt die Übernahme gesellschaftlich erwünschter Verhaltensweisen – zunächst und vor allem »auf Grund vitaler Beziehungen zu menschlichen Vorbildern und nach vorgelebten Modellen« *(Rüstow)*, beginnt die Übernahme von »Ideen, die sich des Kindes in der Wiege bemächtigen und sich ihm mit der Liebkosung der Mutter mitteilen, es in seinen Spielen umgeben, in die Form verschiedener Gefühle mit der eingeatmeten Luft bis in das Knochenmark durchdringen und sein sittliches Wesen bilden, bevor es in die Welt und Gesellschaft eintritt«, heißt es in einem 1836 veröffentlichten Briefe P. J. *Tschaadajevs* (17). Um den uns vorschwebenden Antagonismus zuzuspitzen: Gegenwärtig kann die Familie zu allerletzt das sein, was sie zu allererst sein könnte, nämlich ein point de résistance wider den allmächtigen Konsensus; denn zwar vermittelt sie allein dem heranwachsenden Kinde mit der Kultur seiner Zeit auch die Möglichkeiten, sie revolutionär zu verändern, aber ihre gesellschaftliche Funktion liegt doch primär in der Produktion gesellschaftlich erwünschter seelischer Strukturen (24), und revolutionäre Impulse sind in der Regel unerwünscht.

Wer etwa seine Lust an der Ungleichheit der Köpfe, bei vollkommener Gleichheit der Rechte, hat und sich eine Ehe von Freiheit und Vernunft nur durch ein breites Differenzierungsspektrum unter den souveränen Bürgern einer Nation vorstellen kann, wird daraus nicht die Folgerung ableiten, man habe die Eltern mitsamt der Kinderstube abzuschaffen und die Sozialisation der Neugeborenen dem Staat selbst zu übertragen – das war spätestens seit *Platon* gerade die Prärogative von Herrschaft. Schließlich darf über der Wichtigkeit erhabener Gegenstände – Kultur und Revolution – nicht das Glück des einzelnen vergessen werden, für den all dies Wichtige veranstaltet werden soll; und noch immer ist der Ort, wo er früh Glück erfährt, die Familie.

Doch wir sollten es nicht hinnehmen, daß es gegenwärtig noch kaum einen anderen bindenden Imperativ der familiären Erziehung gibt als die Forderung, Kinder müßten, was immer ihnen dabei geschehen mag, den besser angepaßten, sozial konformen Eltern möglichst ähnlich werden, und daß so jeder *Mirabeau*sche Henkel einen neuen

Henkel erzeugt. Als ›natürlich‹ ist hier nichts zu erklären; von ›Vererbung‹ zu reden, hat fast überall, wo es um mögliche Zusammenhänge zwischen der ›Natur‹ der Eltern oder Großeltern und der der Kinder oder Enkel geht, die Funktion eines Euphemismus. »Lügen empfingen die Eltern ... Lügen geben sie ihren Kindern« (18), das ist die Vererbung der ›Henkel‹. Vielfach benötigen Eltern nicht einmal Unterrichtung über das, was von ihnen gesellschaftlich gefordert wird: »Mir genügt es, an dem zu halten, was bei unseren Vätern Sitte war«, sagt ein Vater bei *Horaz*. Noch im Versuch, sich kontradiktorisch zu verhalten, kann die Qualität der zu überwindenden Überlieferung roh durchschlagen.

»Der Sohn wird bei seinem Vater geboren«, schrieb *Montesquieu* in seinen *Persischen Briefen*, »und hält sich an ihn – da haben wir die Gesellschaft samt ihrer Ursache« (52). Was aber nicht schon die unreflektierte Gewißheit leistet, daß die soziale Umwelt bestimmte erzieherische Verhaltensformen von den Familien erwartet, übernimmt das Wunschbild der Eltern vom eigenen Kind, dieser Inbegriff ihrer Vorstellungen über seine Entwicklung, ja über seine Zukunft überhaupt. Wie die psychoanalytische Beobachtung lehrt und wie jeder von uns aus Eigenem ergänzen könnte, wenn nur nicht das Vergessen auch hier die soziale Wirklichkeit mit einem dichten Firnis überzöge, werden kindliche Lebensäußerungen nur dann akzeptiert, wenn sie auf der Linie der sozialen Erwartungen und des Wunschbildes liegen: beide sind gesellschaftlich induziert. Stellen sie zu spärlich sich ein, werden sie erzwungen: es sind Zuckerbrot und Zwang, die das Wesen des Heranwachsenden mit dem sozialen Klischee zur Deckung bringen und ihn werden machen, was er angeblich seiner Anlage nach ›ist‹. Hier, und nirgends sonst, wird der *Mirabeau*sche Henkel, wird die ›Handhabe‹ produziert, auch wenn sich bei näherem Hinsehen das elterliche Wunschbild als genetisch durchaus heterogen entpuppt. Insofern es gesellschaftlich induziert war, enthält es, was an Leitwerten jeweils sozial relevant ist, insofern es aber aus individueller Erfahrung der Eltern sich speist, die nun ihre eigene gesellschaftliche Genese haben, wird in ihm untergebracht, was *ihnen* innerlich mißlang. Wäre die kulturelle Tradition nur der gesellschaftlichen Praxis kongruent, so bliebe dem Heranwachsenden wenigstens der Zwang zur doppelten Moral erspart. So aber setzt sich, was immer an gesellschaftlichen Antagonismen vorhanden ist, über das sogenannt ›spontane‹ Verhalten der Eltern bis in die Identitätsfindung ihrer Kinder hinein fort: Der Identitätsbruch als soziale Grunderfahrung des einzelnen, der uns schon beschäftigt hat, reproduziert präzise die Verfassung der Eltern und erhält darum die Antagonismen des Zeitalters aufrecht. Noch im negativen Fall sozialen Gehorsams – Jugendkriminalität und Bandenwesen – läßt sich die Wirksamkeit solcher Vorgänge nachweisen. Die Psychoanalyse, die der Produktionsstätte der Gesellschaft, der Familie, so viel Aufmerksamkeit zuwendet, wäre zu fragen, wie sich hier ein Stück Welt gewaltlos verändern ließe.

Die Berufung auf Werte, die erzieherisch zu vermitteln sind, verdeckt das eigentliche Wesen der Erziehung; diese wird übrigens auch in der Beobachtung, die Familie habe gesellschaftlich erwünschte seelische Strukturen zu erzeugen, nur abstrakt bestimmt. Wir können das, was in den Kinderstuben der Warengesellschaft geschieht, durchaus konkreter ausdrücken: Unter dem Motto ›Schon ins zarte Kinderherz pflanz' den Keim der Tugend‹ verhalten sich Eltern so, daß ihre Kinder später, wie die Eltern, zum Subjekt-Objekt der Arbeit und des Konsums im gesellschaftlichen Apparat hergerichtet werden. Was produziert werden soll, ist in erster Linie der künftige Berufstätige; danach der kommende Konsument. Es ist im Interesse der Versteinerung gegenwärtiger Zustände, daß mit der sozialen gleich auch die biologische Natur des Kindes unterjocht wird: Erziehung »beugt den Nacken, vertreibt den Stolz, regelt die Mienen, hält die Zunge im Zaum, verbannt übermäßiges Gelächter, beherrscht die Zunge, zügelt den Gaumen, beschwichtigt den Zorn und regelt den Gang«, heißt es diskret bei einem Jesuiten und Pädagogen des XV. Jahrhunderts (79).

Hier ist übrigens, wie überall im Felde zeitgenössischer pädagogischer Ideen, Vorsicht geboten: Die Aufhebung von Repression in der Erziehung, wäre sie möglich, erhielte ihren sozialen Wert erst aus der Intention des Erziehenden, die ihm nicht bewußt sein muß, also auch nicht einfach erfragbar sein kann. Das Ersetzen von irrationalen Autoritätsbeziehungen durch gleichfalls irrationale Partnerschafts-Verhältnisse zwischen Eltern und Kindern läßt den Heranwachsenden ebenso scheitern. Das Mißtrauen etwa gegen den Begriff des Gehorsams, von Erziehung heute untrennbar, ist nur zu berechtigt, aber wenn es sich undialektisch gegen Ordnung schlechthin richtet, wird es nur ›anarchisch‹. Anarchie schlechthin macht die Willkür bloß permanent und verewigt damit vernunftlose Herrschaft. »Jeder Arbeiter weiß«, schrieb *Brecht*, »daß eine Fabrik nicht produzieren kann ohne Disziplin der Arbeitenden. Dieser Umstand läßt ihn das Wort Disziplin mit Achtung aussprechen. Aber diese Disziplin enthält auch den Begriff des bloßen Gehorsams, ohne den die Produkte der Fabriken den Arbeitenden nicht abgenommen werden können« (88). »Die Reform des Bewußtseins«, und dies eben gilt auch für Erziehung, für die sozialen Strategien der Nachwuchsaufzucht, »besteht *nur* darin, daß man die Welt ihr Bewußtsein inne werden läßt, daß man sie aus dem Traume über sich selbst aufweckt, daß man ihre eigenen Aktionen ihr *erklärt* [...] Unser Wahlspruch muß also sein: Reform des Bewußtseins nicht durch Dogmen, sondern durch Analysierung des mystischen, sich selbst unklaren Bewußtseins«. »Es wird sich zeigen, daß es sich nicht um einen großen Gedankenstrich zwischen Vergangenheit und Zukunft handelt, sondern um die *Vollziehung* der Gedanken der Vergangenheit« (31). Wenn wir eine neue Generation wünschen, die nicht ihre *Mirabeau*schen Henkel und Handhaben annähernd jedermann darbietet, der sie ergreifen kann; die in die Lage gesetzt wird, die gesellschaftliche Welt auf den Kopf, das ist: auf den Gedanken zu stellen und also strukturelle Veränderungen der Gesellschaft anzustreben; die nachvollziehend im Sinne bürgerlicher Revolutionen tätig sein kann, so verlangt dies von den Erziehern zunächst nicht einen Wechsel der *Handgriffe*, sondern das richtige *Bewußtsein*.

Auch das Bewußtsein des Erziehers, das er von sich, von seiner gesellschaftlichen Welt und ihrer Geschichte hat, ist aber, im Zeitalter der fortschreitenden Integration, in Gefahr, immer aufs neue vom Sog einer kulturellen Tradition ergriffen zu werden, die auf Versteinerung gegenwärtiger Verhältnisse abzielt. So beginnt die Leidensgeschichte der menschlichen Vernunft frühzeitig, denn die Annahme dieser kulturellen Tradition findet in einem Alter statt, wo die Kinder noch auf Treu und Glauben, auf Autorität, auf Vertrauen übernehmen müssen, was ihnen die Familie anbietet. Die intimen sozialen Bezüge der Kindheit, auf die *Rüstow* anspielt, bestimmen als archaische Matrix ungeprüft auch alle späteren emotionalen Welt- und Sozialerfahrungen. Hierin liegt ihre gesellschaftliche Bedeutung als Stabilisator der Sozietät – und ihre individuelle Bedeutung als Quelle künftiger neurotischer Konflikte. Über die neurotische Störung des Individuums erhält sich der Gesellschaft als die, die sie gegenwärtig ist.[2] Das Vertrauen der Kinder bleibt oft unerwidert: »Gott, was für Lügen macht man den Kindern weiß«, schrieb *Multatuli* in einem Brief vom 22.10.1875, »nicht so sehr durch das Erfinden von Tatsachen, als durch das Verdunkeln von Tatsachen [...]« Der Hang zum Verdunklen besteht fort. Im durchschnittlichen Erziehungsklima der Warengesellschaft wird deshalb beiläufig, aber konsequent auch der Drang zur Frage gedrosselt, den das Kind, mit so viel Unverständlichem befaßt, entwickelt. Die in der familiären Erziehung dominierende Sozialstrategie und deren taktische Prozeduren setzen uns aus diesem Grunde nur angeblich, höchstens im technischen Sinne – über erworbene Anpassung und Wissensvermittlung – in den Stand, kritisch nachzudenken. Den angesichts der drohenden Versteinerung der politischen und gesellschaftlichen Zustände erforderlichen Brauch einzuführen, immer neu nachzudenken, daran hindert sie uns. *Multatuli* hat sehr klar gesehen, daß Erzieher und Eltern selbst bei einiger Einsicht ihrerseits starkem Druck aus dem sozialen Umfeld unterliegen. Zeitgemäß phantasierte er den empörten Brief eines ›Onkels‹: »Wenn Sie fortfahren, die Kinder meines Bruders so aufzuklären, daß die elterliche Autorität untergraben wird, werde ich auf der Börse bekanntmachen, daß Ihre Ideen kommunistisch und unanständig sind [...]« (18). So ist mannigfach dafür gesorgt, daß man die Kinder denken lehrt, aber nur, damit sie das repetieren können, was die soziale Mitwelt sich denkt.

Erziehung als Praxis, den Neugeborenen in die Gesellschaft einzuführen, umfaßt wesentlich mehr als das, was man gemeinhin so bezeichnet. Die Reflexion darf sich nicht etwa auf das Angebot explizierbarer Vorschriften beschränken. Sozialstrategien sind mehr als Handgriffe, Praktiken oder kodifizierte Anweisungen zum Handeln. Auch Leitbilder, deren strategische Funktionen ihrem Träger verborgen bleibt, Leitwerte wie: Pflicht, Gehorsam, auch Theorien und selbst das, was Institution geworden, was sich materiell-räumlich verfestigt hat, ist in diesem Schuldzusammenhang relevant. Daß etwa ›gut‹ wäre, was Autoritäten fordern, ›schlecht‹, was des Kindes eigene Seele sich wünscht, ist als strategisches Konzept Technik der kulturellen Tradition – nicht nur das Ensemble von Verhaltensweisen, mit denen es im Umgang mit Kindern durchgesetzt werden soll. Hierfür sind übrigens infolge der bei ›geglückter Erziehung‹ fortgeschrittenen Internalisierung des Unterdrückers nicht immer äußere Maßnahmen erforderlich: »Benimmt sich einer dumm, so muß er sich schämen und ärgern, und das ist die Hölle, in welcher er schwitzt. Ist er dagegen aufmerksam gewesen und hat er sich geschmeidig benommen, so nimmt ihn jemand Unsichtbares an der Hand, etwas Trauliches, Geniehaftes, und das ist der Garten, die gute Fügung, und er lustwandelt nun unwillkürlich in traulichen, grünlichen Gefilden«, heißt es in einem Roman Robert *Walsers* (51).

Niemals vermag eine Revision gängiger Strafkataloge oder eine Reduktion der erzieherischen Aktivität den sozialen Druck der Erziehung zu verringern, wenn nicht das gesamte soziale Klima der Familie sich atmosphärisch verändert. Das wäre unbequem; in der Unlust der Erwachsenen, solche Unbequemlichkeiten auf sich zu nehmen, hat die *social control* einen ihrer Stützpunkte. Gesellschaftliche Strategie, die keine neuen Veränderungen der Sozialstruktur mehr wünscht, ist auch die Ethik als Theorie vom Guten und Bösen, das, was ihr als ›Gewissen‹ im einzelnen unreflektiert entspricht, eine der ›Henkel‹ *Mirabeaus.* Zuletzt wird dem aus seinen Schlupfwinkeln aufgescheuchten Strategen noch immer der ›absolute Wert‹ als ultimum refugium bleiben. Was aber Kinder im Sinne herrschender Verhältnisse prägt, ist nicht zuletzt, was nur scheinbar ›Spontaneität‹ heißt: Das Insgesamt der spontanen affektiven Äußerungen der Erzieher, das die verinnerlichte Unterdrückung und die integrativen Kräfte der Gesellschaft bereits enthält. Was ganz von allein kommt, was leicht über die Zunge geht, was aus dem Herzen fließt: gerade darin lebt, was den Individuen selbst nicht zugehört. Im erzwungenen Umgangsstil mehr noch als in ihren Regeln schaffen sich kulturstrategische Konzeptionen ihre gesellschaftliche Wirklichkeit. Nichts anderes bedeutet die herrschende Meinung, daß Erzieher ›Vorbild‹ sein müßten.

Das Phänomen der sich überschlagenden autoritären Erziehung im imperialistischen Zeitalter der kapitalistischen Gesellschaft, der vor dem Ersten Weltkrieg verbreitete, sozial akzeptierte und ideologisch verbrämte Hang des Geschäftsmannes und Bourgeois zur väterlichen Brutalität erscheint in neuem Licht, seitdem die experimentelle Gruppenpsychologie gezeigt hat, daß autoritäre Führungsstile die Hypertrophie von Besitzbedürfnissen fördern. »Doch das Anbeten der Autorität als eine Sache von Heiligkeit ist ein Fehler, der eure Geschichte verunziert«, liest man in den Minnebriefen *Multatulis* (18a).

Auch unsere Schulen vermitteln nicht nur ›Wissen‹ – und selbst in der Auswahl des als vermittlungswürdig erkannten Wissens regiert, wo immer es angeht, das Interesse der Gesellschaft, sich in wichtigen Bereichen unverändert zu erhalten. Schulen bilden berufsmäßig Charaktere. Charakter ist ein Begriff für das Ensemble solcher überdauernden Dispositionen, auf die die Gesellschaft angewiesen ist – also selbst ein strategisches Konzept. Charakterbildung hat der Lehrer zu leisten, der nach dem Diktum Martin *Bubers* im Bewußtsein lebt, eine bestimmte Auswahl des Seins, nämlich: die des Richtigen, dessen, was sein soll, dem Werdenden gegenüber zu vertreten (61). In der Rolle des Vermittlers zwischen Kind, gesellschaftlichem Stil, Verhaltenstradition und Kenntnisbestand ist er zwangsläufig zur Konservativität gezwungen: auch er lebt für die Versteinerung der Verhältnisse. Wie überall, umfaßt der Begriff der Schulerziehung auch hier mehr als technische Prozeduren und deren Kodex. Die Erziehungstheorie redupliziert stets, was im Interesse gegenwärtiger Herrschafts- und Sozialverhältnisse so und nicht anders zu sein hat, einschließlich der noch nicht überwundenen Festsetzung sogenannter angeborener Begabungsgrenzen. Denn sosehr sich auch die Wirtschaft ein breites Reservoir brauchbarer Talente erschließen muß und so laut auch das Schlagwort von der ›Begabungsreserve‹ durch die Gazetten geht, so deutlich begrenzen andererseits Herrschafts- und Besitzinteresse die soziale Mühe, die man sich um Begabungen gibt: rückt doch bei solchen Überlegungen die Idee der Rotation von Führungskräften in gefährliche Nähe und muß doch die soziale Mobilität, einst das Charakteristische der neuen bürgerlichen Gesellschaft, an den nun erreichten Schichtungen auf eherne Schranken stoßen. Die Epoche des freien Wettbewerbs ist vorbei. Mit ihr starb, was etwa an Initiative außerhalb der vom Stellungssuchenden geforderten noch hätte existieren können. Man sieht, daß die Praxis und die Theorie der Sozialisation der Heranwachsenden aus gutem Grund Anspruch auf ein Kulturschutzgebiet erheben. Für den Reflektierenden stellt sich in diesem Zusammenhang die Frage, wie wohl das doch unabdingbare Recht des emanzipierten Individuums zum Ungehorsam mit dem stationären Charakter des gegenwärtigen gesellschaftlichen Zustandes vereinbart werden könne.

Gar nicht. Techniken der sozialen Strategie reichen zu tief in die Selbsterfahrung des Staatsbürgers. Die Angst, dem gesellschaftlichen Verband, der anstatt einer physischen Natur die Menschen umgreift, bei nicht-konformem Verhalten auch nicht mehr anzugehören, hat sich längst mit der uralten Angst vor der leiblichen Vernichtung verschmolzen (65). Charakterzüge, denen der small talk soviel Aufmerksamkeit zuwendet, sind verfestigte Defensiven gegen diese immerwährende Drohung. Wer mit dem Leben viel zusammenstoße, schrieb *Freud* am 27. 1. 1886 an seine Braut, »muß die Arglosigkeit verlieren und dafür einen Charakter anschaffen« (23). Daß es nicht häufiger als beschränkt empfunden wird, die in sozialen Lernprozessen unwillkürlich erworbenen Dispositionen zur Wiederholung bestimmter defensiver Verhaltensweisen einem Menschen als ›Charakter‹ zuzuschreiben, und diesen dann für die Wiederholung verantwortlich zu machen, ist doch bemerkenswert. Aber infolge ihrer Sanktionierung, infolge der heiligen Verborgenheit der auf perfekte Verinnerlichung zielenden gesellschaftlichen Strategie und unter dem Druck der sozialen Angst kann es kaum zum Zeitstil werden, die Bedingungen des eigenen gesellschaftlichen Seins zu erforschen. Die Undurchsichtigkeit des Menschlichen für den Menschen, an der die Idee der Brüderlichkeit scheitert, wurde unter zu vielen Schmerzen in der frühen Kindheit erworben. Diese Undurchsichtigkeit wäre erst zu überwinden, wenn wir, kritischer Akt des sozialen Ungehorsams, gesellschaftliche Kräfte und Vorgänge ebenso von der Rationalität des Menschen beherrscht sehen wollen wie die Kräfte der physischen Natur vom *homo faber*.

Es ist leicht zu sehen und einzugestehen, daß die *Tradition*, vom Elternhaus getragen, anstelle der Vererbung die gattungsspezifischen Verhaltensweisen aufbewahrt. Sie konserviert jedoch zugleich die sozial-integrativen Verhaltensweisen und dient dem Interesse der Gesellschaft, stationären Zuständen zuzustreben. Der Thematisierung sozialer Strategien und gar ihrer kritischen Aufhellung steht im Wege, daß sie gerade wegen dieser Bedeutung vor der Reflexion des einzelnen durch gleichfalls verinnerlichte Abwehrmechanismen geschützt werden. Insofern sie übrigens zu den spezifischen Kulturreizen einer Epoche gehören, verstehen sie sich von selbst: das scheinbar Selbstverständliche wird nicht in Frage gestellt, eher noch als ein a priori im

Begriff wiedergefunden. Der Philosoph denkt dann, er habe bewiesen, was er bloß redupliziert.

Solche Überlegungen führen gewöhnlich zu einem kritischen Punkt. Man wird vermuten, daß eine neue Gesellschaft, die sich selbst auf die Bedingungen ihres Seins hin durchschaubar geworden wäre und die wach und vernünftig sich steuerte, vorerst der Individuen bedürfte, die ohne allzugroße Angst die Bedingungen der eigenen Existenz untersuchen. Aber Individuen sind nur durch Anpassung möglich; Anpassung geht der Autonomie zwangsläufig voraus. Bisher scheint weniges so sehr die Reife des Individuums zu verhindern wie gerade der Sozialisierungsprozeß, dem es sich verdankt. Der hier enthaltene Widerspruch, eine neue Formulierung des inneren Widerspruchs, der unsere Reflexionen über Familie und Erziehung von Anfang an begleitet hat, ist nur prima facies unabweisbar. Ihn zu ontologisieren, für unabänderlich zu nehmen, hieße, unsere eigene Widersprüchlichkeit vergötzen und die historische Relativität menschlichen Geschicks und seiner Veränderlichkeit gerade für das, worin es gebraut wird, außer Kraft setzen. »Das Zusammenfallen des Änderns der Umstände und der menschlichen Tätigkeit oder Selbstveränderung«, das von *Schiller* gleichfalls erkannte zentrale Problem, das »rollende Rad während des Umschwungs auszutauschen«, kann nach *Marx* freilich »nur als revolutionäre Praxis gefaßt und rationell verstanden werden.« Nur in der Demokratisierung des bürgerlichen Lebens, in der Teilnahme des einzelnen an seiner Sozietät, in der Gleichzeitigkeit von Erziehung zu kritischem Bewußtsein *und* einer planvollen Änderung struktureller Bedingungen der Warengesellschaft wäre dieser Widerspruch schrittweise zu überwinden. Diese Hoffnung ist nicht so utopisch, wie es den Anschein hat. Denn wenn die Verhältnisse, unter denen Menschen leben, auch immer gleich schwer zu ertragen waren, so war die Chance, sie zu bessern, doch nicht immer gleich gering, und wenn auch Freiheit und Vernunft gegenwärtig nicht viele Chancen haben, so werden sie doch immerhin *gefordert.* In der optimistischen Diktion *Horkheimers,* nie sei Reflexion auf das kollektive Subjekt ganz durchzuführen, »solange in der Gesellschaft irgend Freiheit herrscht, kann es sich nicht durchweg als bedingt verstehen, und, wenn Freiheit geschwunden ist, hört es auf, Subjekt zu sein« (64), wäre mitzuhören, daß Gesellschaft selbst im Sozialisierungsgeschehen Autonomie sowohl fordert als auch verweigert. *Freiheit ist um nicht weniger ein gesellschaftliches Konzept als der soziale Friede, der zu ihrem Friedhof werden soll.*

Nur sind, solange noch Angst als zuverlässiges Fundament von Ordnung gilt und solange, wer herrscht, lieber im trüben fischt, die Aussichten auf Freiheit gering. Trotzdem schafft sich die herrschende Ordnung selbst die revolutionäre Tendenz. Wer lesen lernt, hat von da an ja zu vielen Büchern Zugang, und ihn auf erwünschte zu beschränken, ist schwierig. Allein die Durchsetzung der Schulpflicht führte antistationäre Kräfte in bestehende Zustände ein. Mag der Heranwachsende auch beim Studium verbotener Themen in den sexuellen des Lexikons steckenbleiben; als Leser hat er sich gegen Beschränkungen aufgelehnt, die ihm zugleich mit dem Alphabet oktroyiert worden sind. Es müssen ja zeitgleiche soziale Bedingungen sein, die beides, wenn auch in sehr ungleichem Maße, vorbereiten: die Auslöschung jeder Autonomie und die Tendenz, Freiheit zu maximieren. Wenn jemand am Gebrauch seiner erworbenen Lesetätigkeit gehindert wird, kann dies, getreu dem *Leibniz*schen Tendenzbegriff, der ›inquiétude poussante‹, seine Entwicklung zur kritischen Autonomie auch stimulieren (41).

Was dem Heranwachsenden an Gebot und Wert nahegebracht wird, ist seit jeher an Herrschaftsverhältnisse gebunden. Allein das physische Übergewicht des Erwachsenen über das Kind, das selbst bei optimaler Selbstkontrolle ersterer, an der es in der Regel fehlt, nie ganz von Aggressionen und Unterdrückung freizuhalten ist (26), färbt kulturelle Werte und sanktionierte Verhaltensmuster ambivalent ein. In seltenen, günstigen Fällen werden sie nie wieder guten Glaubens hingenommen. Die Liebe zu den Eltern gar oszilliert zwischen überwältigender Neigung und vorsichtigem Haß, was Spuren zurücklassen kann. Endlich gibt das Bedürfnis, »als ungesättigtes, als ein durch die ihm jeweils gewordene Welt nicht erfülltes, den immer wieder entspringenden und sprengenden Widerspruch ab. (41).

Wenn sich das gesellschaftliche Geschehen gegenwärtig auch träge dahinwälzt und wenn entschiedene Tendenzen spürbar sind, den Staatsbürger total zu verwalten, so ist doch neben dem vagen Pluralismus unserer Gegenwart auch die Anwesenheit kritischer einzelner ein gesellschaftliches Faktum. Weder Arbeitszwang noch Betriebsorganisation, weder Massenkommunikationsmittel noch pädagogische Residuen aus der Kindheit machen den Widerspruch unmöglich. Hingegen sorgt die Technik der sozialen Steuerung, der Etablierung des allgemeinen Konsensus gegenwärtig dafür, daß er gesellschaftlich wirkungslos bleibt. Die *social control* ist, sehr im Unterschiede zu Ludwig XVI., nicht mehr köpfbar. Nach wie vor wachsen Menschen als souveräne Individuen heran – bereit aufzubrechen, wann und wohin sie immer wollen. Wirklich möglich ist es ihnen allerdings meistens nicht; ihre Chance zur Freiheit bleibt abstrakt. *Wirklich,* so scheint es, ist gegenwärtig allein die fortschreitende Stabilisierung der Industriegesellschaften, in denen sich der Mensch gewiß nicht auf den Gedanken gestellt hat, und die wachsende Schwäche der Erinnerung, die unsere Hoffnung noch aufbewahrt.

[1] Vgl. Seite 44 dieses Bandes.

[2] Soziale Leitwerte und die repressiven Normen unserer Kultur, schon von den Eltern ›internalisiert‹, gehören zum Bestand des ›Über-Ichs‹; ihre Bedeutung für die gesellschaftliche Tradition hat Sigmund *Freud* präzise beschrieben:
»Das Über-Ich ist für uns die Vertretung aller moralischen Beschränkungen, der Anwalt des Strebens nach Vervollkommnung, kurz das, was uns von dem sogenannt Höheren im Menschenleben psychologisch greifbar geworden ist. Da es selbst auf den Einfluß der Eltern, Erzieher und dergleichen zurückgeht, erfahren wir noch mehr von seiner Bedeutung, wenn wir uns zu diesen seinen Quellen wenden. In der Regel folgen die Eltern und die ihnen analogen Autoritäten in der Erziehung des Kindes den Vorschriften des eigenen Über-Ichs. Wie immer sich ihr Ich mit ihrem Über-Ich auseinandergesetzt haben mag, in der Erziehung des Kindes sind sie streng und anspruchsvoll. Sie haben die Schwierigkeiten ihrer eigenen Kindheit vergessen, sind zufrieden, sich nun voll mit den eigenen Eltern identifizieren zu können, die ihnen seinerzeit die schweren Einschränkungen auferlegt haben. So wird das Über-Ich des Kindes eigentlich nicht nach dem Vorbild der Eltern, sondern des elterlichen Über-Ichs aufgebaut; es erfüllt sich mit dem gleichen Inhalt, es wird zum Träger der Tradition, all der zeitbeständigen Wertungen, die sich auf diesem Wege über Generationen fortgepflanzt haben. Sie erraten leicht, welch wichtige Hilfen für das Verständnis des sozialen Verhaltens der Menschen, z. B. für das der Verwahrlosung, vielleicht auch welch praktische Winke für die Erziehung sich aus der Berücksichtigung des Über-Ichs ergeben. Wahrscheinlich sündigen die sogenannt materialistischen Geschichtsauffassungen darin, daß sie diesen Faktor unterschätzen. Sie tun ihn mit der Bemerkung ab, daß die ›Ideologien‹ der Menschen nichts anderes sind als Ergebnis und Überbau ihrer aktuellen ökonomischen Verhältnisse. Das ist die Wahrheit, aber sehr wahrscheinlich nicht die ganze Wahrheit. Die Menschheit lebt nie ganz in der Gegenwart, in den Ideologien des Über-Ichs lebt die Vergangenheit, die Tradition der Rasse und des Volkes fort, die den Einflüssen der Gegenwart, neuen Veränderungen, nur langsam weicht, und solange sie durch das Über-Ich wirkt, eine mächtige, von den ökonomischen Verhältnissen unabhängige Rolle im Menschenleben spielt« (*Neue Folge der Vorlesungen zur Einführung in die Psychoanalyse*, Gesammelte Werke, S. Fischer, [3]1961, Bd. XV., S. 73 f.).

Der soziale Friede als verwirklichter Traum der Revolution

I

»Es ist wahrer, als man meint«, schrieb Madame *Roland* am 5. Tage des Jahres II der Freiheit (18.7.1790) an *Bancal,* »daß die Zeiten der Revolution, die so dazu angetan sind, die moralischen Fähigkeiten und alles, was es an edlen Regungen gibt, zur Entwicklung zu bringen, in gleicher Weise die rasche und dauerhafte Verbindung zwischen zwei Menschen begünstigen, die aus ihrer und seiner Energie entspringen. Unter dem alten Regime mußte man sich vielleicht vorher beobachten, um sich sicher zu kennen; aber bei einem gleichen Haß gegen die Sklaverei, die Tyrannen und die Laster, die sie erzeugen oder schützen, wenn man in einer Epoche lebt, wo dieser Haß sich in der Haltung und in Opfern offenbaren muß, da hat man immer den rechten Maßstab in sich, um seinesgleichen zu schätzen [...]« In einer stürmischen Zeit, in der die Staatsangelegenheiten Herzenssache einer Frau sein konnten – »ich denke, träume, empfinde nichts andres«, schrieb Madame *Jullien* ihrem Mann –, war Brüderlichkeit rasch hergestellt, und die Begeisterung gemeinsam gefundener Wahrheit schenkte, wenn wir den überlieferten Zeugnissen folgen, tiefes Glück. »Lassen Sie mich mit der Naturgeschichte und allen übrigen Wissenschaften außer der einen zufrieden, *Mensch zu sein und den öffentlichen Geist zu propagieren*«, rief Madame *Roland* (im Januar 1791). Gleichzeitig war jede Wahrheit der Feind aller anderen Wahrheiten. Camille *Desmoulins* fand es dem Vater gegenüber erwähnenswert, daß er einen »Kollegen [...] im feindlichen Lager hatte, der mich genügend schätzt, um den Haß, den er gegen meine Anschauungen hat, nicht auf mich auszudehnen« (am 3. April 1792)[1]. Wenig später trat die »heilige Guillotine« gegenüber abweichenden Anschauungen in »glänzendste Geschäftigkeit«, wie irgendein Munizipalbeamter triumphierend schrieb, und die Restauration ließ nach 1794 erst recht das Blut der Andersgesinnten in Strömen fließen. Die Zeiten waren finster: »Immer im Sturm, immer unterm Beil des Volks, gehen wir beim Lichtschein der Blitze unseren Weg«. Der soziale Friede, nur erst ein Traum der Revolution, lag in weiter Ferne.

Diese finsteren Zeiten, da soziale Gruppen offen unterschiedliche Ziele anstrebten, die einander ausschlossen, und jede Wahrheit noch der Feind aller anderen Wahrheiten war, verdämmerten schließlich in der aufkommenden Morgenröte des strukturellen Konsensus. Es ist eine der Errungenschaften der nachrevolutionären Warengesellschaft, daß im wachsenden Einverständnis der Bürger die Duldsamkeit gegen gewisse, systemkonforme Abweichungen zunahm; daß eine rationalisierte Form von Herrschaft, nun ›Leitung‹, ›Verwaltung‹, ›Führung‹ genannt, daß Bürokratie sich an die Stelle des utopischen Konzepts einer herrschaftsfreien Sozialordnung setzte und jedem das Seine gab und individuelle und soziale Werte nicht mehr als unvereinbar gelten durften. Differenzen der materiellen Freiheit wurden im Lichte der formalen unsichtbar, so daß kaum einer mehr unruhestiftend nach ihnen fragt. Nach blutigen Revolutionen, nach dem Elend des Frühkapitalismus und der imperialistischen Kriege stieg aus der Perfektion sozialer Zwänge, in denen die Freiheit zu Asche verbrennt, wie ein Phönix der *soziale Friede.*

Die Wissenschaft, ›Mensch zu sein‹, von Madame *Roland* so emphatisch beschworen, wurde für die Entwicklung sozialintegrativer Techniken nutzbar und löste den Terror ab. Selbst mögliche ›Laster der Tyrannen‹ stifteten keinen Haß mehr, sondern wurden über die Massenkommunikationsmittel jedermann zugänglich.

Diese Entwicklung sollte zu entschiedenstem Nachdenken Anlaß geben. Eines ihrer Merkmale ist die Wandlung des *Legitimitätsprinzips.* Das monarchistische Prinzip der Legitimität und so auch das der Erbnachfolge und der kirchlichen Sanktion von Herrschaft wurde im Verlauf der Emanzipation des tiers état anachronistisch: nicht die Guillotine, die Fabrik erst und wenig später die Bankiers haben eine bürgerliche Welt vom Feudalismus befreit. In der zweiten Hälfte des vergangenen Jahrhunderts wurde das alte Standes- und Königsprivileg der Erbnachfolge sogar als naturwissenschaftliche Vererbungstheorie für uns alle demokratisiert. Seither sind Herrschaftsordnungen legitim, wenn Herrschaft entweder vom Volkssouverän unmittelbar, plebiszitär, bestätigt, oder mittelbar, durch eine von ihm gewählte und kontrollierte Regierung ausgeübt wird. Es ist nun der Wille der Allgemeinheit, der dem Sozialverband und seiner politischen Ordnung die Legitimität und nicht nur die Legalität gibt; die Beherrschten selbst sind, ein wichtiger Schritt zum sozialen Frieden, der neue Souverän.

Diese Behauptung mag beim Studium der demokratischen Prozedur ein wenig verständlicher werden. Zugleich wird sich enthüllen, was sie konkret bedeutet. So sagte Theodor H. *White* (48) von Richard *Nixon,* dieser habe in Übereinstimmung mit einem Legitimitätsprinzip gehandelt, als er 1958, im Wahlkampf, »die überparteiliche Pose eines Staatsmanns« annahm, und bezeichnete als Kennwort dieses Prinzips: ›Erfahrung‹. Die Haltung, der *Nixon* sich öffentlich unterordnete, wird als die ›Aura des Geschichtlichen‹ bezeichnet, mit dem amerikanische

Präsidenten sich kontinuierlich umgaben; es ist die Konstanz dieser Aura, die den Staatsmann öffentlich legitimiert; in Übereinstimmung mit einem Legitimitätsprinzip handeln, heißt, sich gleichfalls mit dieser Aura umgeben. Darin eingebettet, erwies sich das Kennwort ›Erfahrung‹ für den Wähler als außerordentlich attraktiv (48). Daraus folgt, daß jede Herrschaft und jeder Herrschaftsanspruch legitim wären, in denen überlieferte Posen öffentlich fortgeführt werden; Posen, die charismatisch ausstrahlen, was die öffentliche Meinung erwartet – etwa ›Erfahrung‹ oder ›Überparteilichkeit‹. Solche Strategien antworten auf die Irrationalität im politischen Verhalten größerer Bevölkerungsgruppen, und nur *der* ist ein über den Parteien stehender, erfahrener Staatsmann, der die Pose eines solchen vor den Nachrichtenmedien am eindrucksvollsten durchsteht.

In der sehr präzisen Fassung, die *White* dem neuen Legitimitätsprinzip gegeben hat, unterscheidet es sich nicht mehr wesentlich von der Refeudalisierung in der Marktwirtschaft. Dort kreiert die Wirtschaftswerbung Produktpersönlichkeiten, die als ein strategisch fundiertes Ganzes im Erleben des Konsumenten das Angebot repräsentieren; die physische Wirklichkeit des Produkts, auch das, was es sachlich bedeutet, wird zweitrangig. Namentlich bei Erzeugnissen der gleichen Produktgattung, die vom Sachnutzen her untereinander austauschbar wären, gilt das von der Werbung produzierte ›Image‹ als einziges relevantes Unterscheidungsmerkmal. Die *Images* werden zu den Charakteren der ökonomischen Dingwelt; sie orientieren den Verbraucher darüber, was er vom Produkt erwarten soll. Das Halten von Marktanteilen aber fordert, das Image zu stabilisieren; das Legitimitätsprinzip *Whites* ist mit der Forderung nach Image-Konstanz in der Zirkulationssphäre identisch. Sicherlich hatte Kennedy nicht ohne Grund in L. *Harris* den Leiter eines erfolgreichen Marktforschungsinstituts als ›seinen‹ Meinungsforscher engagiert (48): Herrschaft ist von der Zustimmung der Beherrschten abhängig geworden. Hier sind wir in der Tat weit von den blutigen Machtkämpfen der bürgerlichen Revolution entfernt. Die Tyrannei dieser Abhängigkeit scheint zu fordern, daß der Regierende sich mit den Stimmungen und Gefühlen der Wähler, als dem eigentlichen Souverän, zu identifizieren und diese Identifikation öffentlich glaubhaft zu dokumentieren habe; nur so kann er die für die Eroberung ausreichender Marktanteile erforderliche Bekanntheit finden (49). Dies war deshalb ein Schritt voran zum sozialen Frieden, weil strukturelle Veränderungen einer einmal etablierten sozialen Ordnung auf diese Weise nicht mehr zu propagieren sind. Das Leitbild einer ›formierten‹ Gesellschaft, die gemeinsame Ziele anstrebt und keine Klassenunterschiede mehr anerkennt, verlangt auch in der Bundesrepublik vom führenden Politiker, über die Massenkommunikationsmittel wirksame Gefühlswellen auszusenden, die von den Taktikern der Wahl sorgfältig auf die öffentlichen Erwartungen abgestimmt wurden.

Diese neuen politischen Strategien, die Kunst, mit erwartungsgerecht zugeschnittenen *Angeboten* den Wähler zu beeinflussen und seine Zustimmung herbeizuführen, haben, mitsamt den Techniken der Image-Pflege, ihre Geschichte. Im September 1808 unterhielt sich *Napoleon* mit dem österreichischen Gesandten, Baron von *Vincent*. Man sprach über die Unternehmen Ihrer Majestät in Spanien; in Wien bedauert, vom Kaiser selbst als seine ›größte Dummheit‹ desavouiert. »Könnte man in diesem Falle, Sire«, bemerkte der Gesandte, »nicht sagen, daß die kürzesten Dummheiten die besten sind, und es klug wäre, auf jene zu verzichten?« Sein Gesprächspartner forderte ihn auf, nach einem Mittel hierfür zu suchen. Als Baron von *Vincent* antwortete, es sei doch nicht schwer, auf die Fortführung eines kriegerischen Unternehmens zu verzichten, »das für Eure Majestät und für ganz Europa so große Nachteile hat«, gab ihm der Kaiser jene Erläuterung, derentwegen die Geschichte des Gesprächs hier eingeflochten wurde: »Ah, Sie haben gut reden. Bedenken Sie doch meine Lage. Ich bin ein Usurpator; um bis dahin zu gelangen, mußte ich den besten Kopf und den besten Degen von Europa haben. Um mich nun zu halten, muß jedermann ferner davon überzeugt sein. Ich darf das Ansehen dieses Kopfes und dieses Degens niemals sinken lassen! Ich kann mich nicht angesichts des Universums hinstellen und sagen, daß ich mich ernstlich getäuscht habe und mich nun mit einer geschlagenen Armee zurückziehe!« *Napoleon,* der von sich sagte, seine Erinnerung reiche nur bis in jene Jahre zurück, in denen er begonnen hätte, ›etwas zu werden‹, und der recht genau sah, daß man den Ruf eines Politikers oder Feldherrn so gestalten könne, wie man es gerade für zweckmäßig hielt[2], war selbst bei der Wahl seines Herrschaftstitels von Strategien der sozialen Beeinflussung nicht frei: »Talleyrand wollte«, so erklärte er Herrn und Frau Rémusat im Jahre 1804, »daß ich mich zum König mache, dieses Wort stammt aus seinem Wörterbuch [...] Dann ist auch der Titel ›König‹ verbraucht; er bringt alte Ideen mit sich. Der Titel, den ich trage, ist größer, er ist noch ein wenig unerklärlich und wirkt auf die Einbildung«. »Männer wie der Abbé Sieyes«, fügte er lachend hinzu, »können immerhin schreien: Despot! Meine Macht wird stets populär bleiben. Ich habe heute das Volk und die Armee für mich; wer unter solchen Bedingungen nicht regieren könnte, wäre sehr dumm«.

Public Relations, Wahlfeldzug und Wirtschaftswerbung zeigen beispielhaft, wie sich Nationen nach der Guillotinierung absoluter Könige und nach perfekter Korrumpierung des verfassungsmäßigen Souveräns politisch steuern. Das klassische Diktum, zwar sei die Demokratie eine schlechte Regierungsform, aber die beste, die wir kennen, gilt als nicht widerlegt. Es liegt den Deutschen fern, sich ›polnische Zustände‹ zu wünschen.

Überaus deutlich wird allerdings, daß in den modernen Gesellschaften die Ausübung von Herrschaft zunehmend die Form der Anwendung von *Humantechniken* annimmt. An diesem ›Arsenal des neuen Leviathan‹ (80) erinnert wenig an das promesse du bonheur, mit dem das bürgerliche Zeitalter weltgeschichtlich anbrach. Mit der revolutionären Tradition wird auch das Elend vergessen, das, seine Erscheinungsform wandelnd, zwischen den Zeilen des Bekenntnisses zum sozialen Frieden und zur Integration lesbar bleibt. Es sind Humantechniken, die gegenwärtig jene Konformität im Fühlen und Verhalten der in Sozialverbänden zusammengefaßten Individuen herbeiführen, die im vorindustriellen Zeitalter formelhaft, in der Art des cujus regio, ejus religio unverbrüchlich gefordert wurde und die sich durch Ungleichheit vorm Gesetz und offene Unterdrückung revolutionärer Bewegung zu stabilisieren suchte. Dr. *Rigby* berichtete seiner Familie in England am 29. 7. 1789, er habe ein sehr interessantes Schauspiel gesehen: »Mehr als siebzig Personen, die vor einigen Monaten in das Gefängnis zu Aix gesperrt worden waren, weil sie, wie man uns sagte, sich einigen Maßnahmen der Hofpartei widersetzt hatten, wurden von einer Schar Marseiller Bürger befreit, die zu diesem Zweck nach Aix zogen, das über zwanzig Meilen entfernt ist. Wäre die Revolution nicht gekommen, so wären sie wahrscheinlich gehängt worden [...] Es waren auch Gefangene dabei, die seit Jahren eingesperrt waren. Eine hübsche junge Frau wurde uns gezeigt: ihr Herr, von dem sie arg mißhandelt worden war, hatte, um zu verhindern, daß sie klagbar wurde, die Geschicklichkeit, sie in das Gefängnis zu Aix überführen zu lassen, wo sie neun Jahre lang eingesperrt blieb«.

Bei feudaler oder patriarchaler Gesellschaftsform erhielt sich die Willkür des herrschenden Stands lange genug und fand im Gehorsam der Untertanen ihre Bestätigung. Allerdings ließ sich ein sozial immobiler Verband abhängiger Untertanen, deren jeder an seinem Platz blieb, schon nach der alle Volksschichten ergreifenden Auflehnung des Reformationszeitalters nur noch unvollkommen und vorübergehend restituieren – obwohl die Gegenreformation in den klassischen katholischen Ländern tiefgreifende Erfolge erzielte. Sie festigte hierarchische Rückstände, die nicht einmal sämtlich im Prozeß der Industrialisierung überwunden wurden. Gegen alle europäischen Rückschläge dieser Art behält die Französische Revolution das Verdienst, die Verbindung zwischen Staatsgewalt und Untertan, Regierung und Regiertem labiler gemacht zu haben (21).

Am Ende bedurfte es in den Industrievölkern der neuen Geschichte entschiedener Anstrengungen, um überhaupt noch konforme Einheiten zu produzieren und das für den automatisierten Lauf der öffentlichen Angelegenheiten und das Gemeinwohl erforderliche zureichend übereinstimmende Verhalten der Bürger mit friedlichen Mitteln sicherzustellen. Der überwältigende Erfolg solcher Bemühung machte sich frühzeitig bemerkbar; schon Niels Lhyne fand es schwierig, »irgendwelchen wirklichen Unterschied zwischen diesen Männern der Opposition und zwischen der Majorität, gegen die sie opponieren, zu finden. Alles vereinigte sich für ihn zu einem einzigen großen, feindlichen Haufen von Langeweile«.

In unseren Tagen wurde eine bisher unerhörte Gleichförmigkeit des Verhaltens erreicht; zusammen freilich mit der Entpersönlichung aller sozialen Beziehungen. Auch hier war ein hoher Preis für die Beschwichtigung sozialer Spannungen zu entrichten. Das für die Harmonisierung der Bevölkerung benötigte Ensemble gesellschaftlicher Praktiken ließe sich unter verschiedenen Blickpunkten analysieren: Einerseits unter dem Aspekt der *Sozialisation* und bezöge sich damit auf die soziale Strategie, das Neugeborene auf dem Wege über internalisierte Verhaltenserwartungen der Mitwelt zu prägen – über Verhaltenserwartungen, in denen das Wertsystem der Gesellschaft chiffriert ist; wir haben in unserem Exkurs über Tradition und Familie in der Warengesellschaft einiges dazu gesagt; es bezöge sich auf den Versuch, den Heranwachsenden unter Ausnützung des natürlichen Machtgefälles zwischen ihm und Eltern oder Erziehern dem zu unterstellen, was die Arbeitswelt von ihm an Tugenden fordern wird. Das liefe auf *Anpassung* hinaus. Andererseits wären gesellschaftliche Steuerungstechniken unter dem Aspekt der *Enkulturation* zu untersuchen, den Vorgang betreffend, durch den wir uns Maßstäbe, Ideen, Symbole gegenwärtiger Kultur aneignen; das läuft auf *Bildung* hinaus. Gebildet wäre, wer die kulturelle Moral seines Zeitalters mitsamt ihren Widersprüchen verinnerlicht hat und sich im öffentlich zugelassenen Variationsspielraum des Denkens sicher zu bewegen weiß. Das mit der Enkulturation zugleich verhängte Verbot, außerhalb der zugelassenen Problemfelder zu suchen, zu zweifeln zu fragen, erweckt freilich im Fragenden Angst, wenn er jene Forderungen erst einmal introjiziert hat, so daß sein Gewissen bewirkt, was das Interesse der Herrschaft ist. Bildung bereitet sich an dieser Stelle im sozialen Gehorsam ein frühzeitiges Ende (34). Sogar Abweichungen von einer etablierten wissenschaftlichen Methodik machen dem einzelnen Unruhe.

Zusätzlich verhindert die Anwendung der Arbeitsteilung auf Wissenschaft und Denken, daß einer noch über das Ganze gesellschaftlicher Zusammenhänge reflektiert; er erinnert sich nicht einmal mehr daran, daß seine Partikularität nicht alles ist. Bildung scheitert an dem, was sie in moderner Auffassung allein noch möglich macht: eben an der Arbeitsteilung. Als *Humantechniken* sensu strictiori bezeichnen wir dagegen solche Steuerungsvorgänge aus dem Ensemble gesellschaftlicher Strategien, die eine zureichende Koordination der Erwachsenen in Stimmung und Arbeitsweise sichern sollen und die überdies ›öffentliche Meinung‹ herstellen; sie tragen auf ihre Weise zur Konformität menschlichen Bewußtseins bei, dessen Anspruch auf Mündigkeit vergessen wird. Aber ebenso vollendet sich darin der soziale Friede, der dafür sorgt, daß möglichst vieles beim alten bleibe. Wer sich etwa von diesem innerdeutschen sozialen Frieden ab- und der Welt um uns zuwendet und dabei Leben und Denken vieler seiner Nachbarn betrachtet, mag sich daran erinnern, wie Madame *Roland* die königliche Familie beschrieb: »Ihr Mahl, ihr Schlaf, nichts hat sich verändert; sie spielen Tricktrack, und in einem Unglück, das uns mit Grauen erfüllt, scheinen sie an nichts zu denken«.

Funktionierende Steuerung bedarf der Massenmedien, von denen *Riesman* sagte, sie seien eine Verschwörung, die das Ausmaß der wachsenden politischen Indifferenz verdecke. Sicherlich vermögen die Äußerungen von Politikern, die durch Meinungsforschung vorbereitet, bestimmt und kontrolliert werden, kaum den zugrunde liegenden Konsensus omnium zu verbergen, der darauf hinausläuft, den bestehenden Zustand so zu belassen, wie er ist (32). Aber gewisse Ansätze aus den Jahren der Französischen Revolution werden auch darin erfüllt und perfektioniert. Natürlich besorgen die ›sciences of human relations‹ die »demokratische, spontan-automatische Harmonisierung von individuellen und gesellschaftlich notwendigen Bedürfnissen, von autonom und heteronom« heutzutage auf *nicht* terroristischem Wege (28), aber insoweit Steuerungstechniken internalisierbare Vorschriften für das erwünschte Sozialverhalten durchsetzen, bewahren sie doch die Intention *Saint-Justs,* die Herrschaft des Menschen über den Menschen solle durch die der *Sitten* ersetzt werden. Auch diese revolutionäre Intention hat sich gewandelt, indem sie sich erfüllte. Man muß auch einräumen, daß eine der Förderung und Erhaltung des Wohlstands und des sozialen Friedens verpflichtete Gesellschaft rechtlich emanzipierter Bürger leistungsfähiger Steuerungstechniken bedarf, wenn sie vom nackten Zwang sich zwar lossagt, aber auf öffentlich diskutierte Planung verzichten will, und trotzdem Vollbeschäftigung und Güterkonjunktur um des sozialen Friedens, der politischen Integration und um ihrer Glaubwürdigkeit willen stabilisieren muß.

Andererseits werden diese Techniken zu Unrecht als ›wertneutral‹ bezeichnet, als wäre, was die Epoche politisch und ökonomisch unter gegebenen Bedingungen fordert, seiner Erforderlichkeit wegen von kritischer Prüfung entlastet. »Man nimmt an, daß Steuerungstechniken neutrale Maßnahmen seien, die sich ebensowohl für gute wie für böse

Zwecke einsetzen lassen. Es ist eine verbreitete Vorstellung, daß Steuerung im Dienste akzeptabler Zwecke gut oder zumindest nicht böse sei. Dies ist eine gefährliche Annahme, weil sie die mächtigen einschränkenden Kräftefaktoren außer acht läßt, die von jeder von außen kommenden Steuerung des Menschen ausgehen und seine individuelle Verantwortlichkeit leugnen, auf der seine Würde beruht. Damit wird vorausgesetzt, daß die Gesellschaft und nicht der Mensch das Ziel ist. Wenn der Mensch das Ziel ist, dann ist jede Form von Steuerung, die seine Autonomie tangiert, unerwünscht« (65a).

Wir fügen hinzu, daß das, was bestenfalls dem Versuch zur rationalen Steuerung der Gesellschaft zu verdanken wäre, die Technik der social control, jetzt dem einzelnen Menschen als etwas Irrationales begegnet. Denn sehr im Gegensatz zu dem was die Große Revolution intendierte und was als beste Tradition de französischen Aufklärung gelten darf, sind Humantechniken ebenso wie Sozialisation und Enkulturation keiner *kritischen* Öffentlichkeit mehr unterstellt. Sie ermöglichen es, in der Steuerung sozialer Gebilde auf das Bewußtsein des Bürgers zu verzichten. Gerade die für plebiszitäre Kanzlerdemokratien und andere an Meinungsforschung orientierte Spielarten des klassischen Parlamentarismus so wichtige Homogenisierung in der Gesinnungs-, Meinungs- und Willensbildung der Regierten vollzieht sich im trüben Medium ›öffentlicher Meinungen‹, die nicht länger als kritisches Raisonnement Herrschaftsansprüche in Frage stellen.

Die ›opinion publique‹ war in der Epoche der Großen Revolution »das aufgeklärte Ergebnis der gemeinsamen und öffentlichen, von den Philosophen, den Vertretern der modernen Wissenschaft, angeleiteten Reflexion auf die Grundlagen der gesellschaftlichen Ordnung« (29). Was man heute so öffentliche Meinung nennt, sichert dagegen, im Zeitalter der dahinschmelzenden bürgerlichen Tabus und des Zweifels an manchem noch empfohlenen sozialen Leitwert anstelle des prüfenden Fragens die Urteils- und Meinungsidentität in der Gesellschaft. Es ist nicht mehr unabhängiges Denken, das in der Auseinandersetzung mit anderen Öffentlichkeit schafft: ›öffentliche Meinung‹ korrigiert vielmehr den Verstand. In ihr bleibt kaum mehr rational Ausgewiesenes, vom einzelnen Überprüftes, nichts ist einsichtig. Die konforme öffentliche Meinung, die zum Scheine sogenannten ›entgegengesetzten Standpunkten‹ Raum läßt, die entweder doch gerne in der Konformität konvergieren möchten oder sich auf die Frage beschränken, ob Waldteufel grün oder gelb seien (wobei *Lenin* hinzufügt, er glaube überhaupt nicht an Waldteufel [82]), ist mithin der Vernunft des Bürgers entrückt, der selbst ins Medium der Meinung mit eingeht. Das, was auch er mit produziert hat, tritt ihm als verselbständigte Gewalt gegenüber und produziert nun, was er seine ›Ansichten‹ nennt. Die Hoffnung *Robespierres* auf ein Meisterstück der Gesellschaft: einen ›Instinkt‹ zu schaffen, der *ohne Beistand des Denkens* den Menschen das Gute tun und das Böse meiden ließe (28), geht in Stück weit in Erfüllung. So nähern wir uns einem gesellschaftlichen Zustand, in dem die Verweigerung der Zustimmung, in der das Nicht-Konformsein zur einzigen Tugend des Bürgers wird; eine Tugend, von der allerdings zu befürchten wäre, daß sie den sozialen Frieden in Frage stellt.

II

Daß sich Autoritätsverhältnisse und Herrschaftspraxis in den westlichen Industrienationen geschichtlich wandelten, läßt sich jedenfalls nicht nur an den Verfassungen ablesen, die dem Bürger Rechtssicherheit und Freiheiten einräumen, sondern auch am Arsenal von Steuerungstechniken der social control, deren Vorhandensein, notwendige Bedingung unserer gesellschaftlichen Ordnung, zu tiefen Gegensätzen zwischen Verfassungs*gedanke*, Verfassungs*norm* und Verfassungs*wirklichkeit* führt. Nachdem die raisonnierende Öffentlichkeit des 18. Jahrhunderts dem einzelnen Bürger Sphären der Rechtssicherheit, der Unabhängigkeit, des Privaten erkämpft und rechtlich verankert hatte (29), verschwand sie von der politischen Szenerie. Überhaupt hat das Interesse der Wohlstandsgesellschaft und haben ihre Ziele die Forderungen der bürgerlichen Revolution aufgezehrt, indem sie sie partiell erfüllten: »Die Moderne fängt mit der Annulierung der Besitzverhältnisse über den Menschen an, schreitet zur Formulierung der Menschenrechte fort; parallel und im tieferen Sinne reaktionär dazu läuft eine grandiose, kaum verschleierte, lange dauernde Versklavung weiter Teile der Welt« (83).

Die social control, zunehmend der vernünftigen Durchdringung entzogen, die den einzelnen fesselt und den Souverän der Demokratie, das Volk, korrumpiert, ist auch hier der Preis, den wir für die geschilderte Annäherung an Freiheit und Gleichheit zu zahlen haben. Die Nachhut der bürgerlichen revolutionären Kritik sind Intellektuelle, in der Bundesrepublik meist ›linksintellektuell‹ genannt, der Sympathie mit dem Kommunismus verdächtigt oder als heimatlose Linke denunziert. Von manchem Ministrablen werden sie zum Verlassen unseres Landes aufgefordert. Wo die Bürger von ihren Köpfen doch politisch keinen rechten Gebrauch mehr machen können, muß man sie nicht mehr abschlagen wie in den Jahren des großen Aufruhrs, aber die wenigen, deren Bewußtsein gegenwärtigen Zuständen vorauseilt, sollen wenigstens anderswohin gehen. Dort wird man sie dann Mores lehren. Als Nachfolger C. *Desmoulins'*, der in der Freiheit der Presse das große Mittel sah, »dessen Wohltat wir der Revolution verdanken« (am 15. 8. 1792 [1]), versucht diese Nachhut für die Höhe des zu entrichtenden Preises ein öffentliches Bewußtsein zu wecken und das Gefühl für mögliche Folgen der gegenwärtigen Politik zu schärfen. Mit dem alten Ruf, ›Haltet den Dieb!‹ werden sie aus Zeitung, Zeitschrift, Fernsehen zunehmend verdrängt. Gemeinhin wird in den Massenkommunikationsmitteln die Nachricht zum Widersacher der Wahrheit (84). Hier wird kein Bildersturm vorgeschlagen, denn an der gesellschaftlichen Unentbehrlichkeit der Massenkommunikationsmittel besteht trotzdem nicht der geringste Zweifel. Man muß bedenken, daß in den modernen Staatsgebilden der westlichen Hemisphäre die einheitsbildende Kraft von Faktoren wie: Staatsgedanke, Nationalbewußtsein, Vaterlandsliebe, Religion nachgelassen hat und auch die homogenisierende Macht von völkischer Tradition und sexuellem Tabu zu schwinden droht. Noch strebten soziale Teilmächte nach Herrschaft, wären sie von der sozialen Kontrolle befreit; andererseits nähern sich einzelne einem Lebensstil, aus dem sie offenbar keine Stimme des Bösen Geistes so leicht mehr herausjagt und wie Gretchen der strafenden Obrigkeit unterstellt. An die Stelle des ethnischen Gruppenpartikularismus, an dem Österreich-Ungarn zerbrach – und der gegenwärtig, legiert mit dem Klassenkampf, die innere Stabilität der Vereinigten Staaten erschüttert –, scheint sich in europäischen Industrienationen der Pluralismus der pressure groups zu setzen, der die Idee der Französischen Revolution, die menschliche Wirklichkeit gemäß der kritischen Rationalität der Individuen einzurichten, nicht weniger als 1793 oder 1794 an der Verwirklichung hindert.

Weil also die öffentliche Meinungs- und Willensbildung auch in der nicht-plebiszitären Demokratie für die Formulierung der sozialen Einheit und des politischen Schicksals der Nationen unentbehrlich bleibt, sind Politik und Gesellschaft auf ein dichtes, ununterbrochenes Zirkulationsnetz angewiesen – eben weil anders die Sozietät nicht koordiniert werden kann. Die vorgeplante Strukturierung von pluralen Gebilden, die der Tendenz noch bestehender Subkulturen, sich abzuspalten oder partikular zu verkrusten, entgegentritt, läßt sich nur über die Vermittlung von Massenmedien erreichen; jede Störung oder Einschränkung der Zirkulation konformer, d. h. passender Nachrichten wäre integrationshemmend und beeinträchtigte den wechselseitigen Austausch sozialer Merkmale. In der Tat besitzt gegenwärtig, wer politisch mächtig ist und es bleiben will, den Meinungsmarkt oder das menschliche Bewußtsein – und nicht mehr nur den apparativen Körper der Information. Wir erinnern daran, daß soziale und nationale Ziele beschränkt sein müssen auf das, was sich durch Kanäle der Kommunikation transportieren läßt. Die erste Abhängigkeit der social control von ihrem Instrument liegt darin, daß man sich vom Medium bereichsweise aufzwingen läßt, wohin es mit den Menschen gehen soll. Was sich leicht popularisieren läßt, weil es den selektiven Filtern öffentlicher Vorurteile sich anbequemt, gewinnt besonderes Gewicht, und darin liegt die zweite Abhängigkeit der Willensbildung vom Apparat der Kommunikation.

Als Technik der Lenkung von Massen in Gesinnung und Überzeugung hat sich der Nachrichtentransport in den Massenmedien des statistischen Durchschnitts weitgehend anzugleichen; konsequent wird, was Inhalt des Bewußtseins der Bürger werden kann, durch Meinungsumfrage determiniert. Der Durchschnitt setzt sich nicht ›blind‹ durch, sondern gesteuert. Zwischen den Ergebnissen der Meinungsforschung, der Kapazität der Informationskanäle und dem Druck partikularer Interessen bleibt der Politik als Lehre und Praxis dessen, was alle angehen soll, kein sehr weiter Spielraum für Entscheidungen, die ein anderes Ziel hätten als das: mit dem Bestehenden sich einzurichten. Nur Versuche zur Refeudalisierung und Refaschisierung finden im geschilderten Verhältnis ein geeignetes Milieu. Schließlich wird der Wahlakt, »zentraler politischer Vorgang in jeder Demokratie [...] zur reinen Werbeerfolgskontrolle« (49).

Das Instrument selbst beginnt in der Tat, politische Ereignisse unerbittlich zu lenken: in den USA sind es die Fernsehkameras, die die Parteitage disziplinieren und einen neuen Stil der Diskussion erzwungen haben. Es liegt ja in der Natur des Fernsehens, jede Minute schweigenden Nachdenkens zu verhindern. Höchstens fünf Sekunden Pause läßt es zwischen Frage und Antwort, Argument und Replik noch zu (48). Ideen, zu deren Formulierung es der kurzen Besinnung bedürfte, sind vom Kontakt mit den Millionen der Zuschauer ausgesperrt. Sobald einem Politiker das Mißgeschick widerfährt, einen Gedanken zu äußern, der für die Bedingungen des Schirms zu schwierig ist oder dem Durchschnittshörer zu ungewohnt klingt, muß er versuchen, so schnell wie möglich auf ausgefahrene Gleise zurückzugelangen. In den Vereinigten Staaten ist es schon das Schlimmste, was man von einem Politiker sagen kann, daß es ihm psychologisch an der Fähigkeit mangele, etwas Emotionales auf den Zuschauer auszustrahlen (48). Auch unser Fernsehen, das trotzdem Neven DuMont über Breslau berichten ließ, produziert in seinen sonstigen Sendungen gleich den Hörer mit, der sich gegen Neven DuMont empört und ihn von der Tribüne zerrt. Nicht nur seine Meinung, auch der Mann, der sie äußert, ist der Feind: Sobald nämlich sich der einzelne Bürger aus dem Kulturschutzgebiet allgemein akzeptierter Vorurteile entfernt, wird die uralte Intoleranz gegenüber dem Andersgesinnten plötzlich wieder spürbar; der soziale Friede endet, seit sie selten wurde, an der entgegengesetzten Meinung. Nur in einigen Illustrierten findet die liberale Kritik noch einen Platz neben sex, crime und Insertionen. Im Nachtprogramm, im Studio der Funkhäuser, Inseln der Vernunft in einer sprach-los werdenden Welt manipulierter Bilder, reden sie für ihresgleichen. Beim ›einfachen Mann‹, dem Nachfolger der Plebejer, finden sie keinerlei Resonanz, legen wohl auch kaum viel Wert auf die Stimme des Volkes. Schon *Multatuli* schrieb im Jahre 1873 einem Freund, er könne immer noch besser mit einem redenden Minister auskommen als mit einem Arbeiter, der ans Raisonnieren gerät, »ich sage Desraisonnieren gewöhnlich« (18).

So existieren die Bürger nur als bloße Objekte einer Weltgeschichte, die im einzelnen von handfesten Interessen für sie gemacht wird, während sie als Ganzes ungesteuert auf ihren eigenen Bahnen rollt. Es fällt deshalb nicht immer leicht, in die Formel von den ›handfesten Interessen‹ konkrete Personen einzusetzen, an denen das Mißgeschick hinge. Zwar haben Funktionäre des Dritten Reichs, soweit sie in der Bundesrepublik wieder zu Amt und Würden gelangt sind, viele brauchbare Geister in die Ministerialbürokratie berufen, die früher auch Nationalsozialisten waren – da sehen sie zusammen von oben herab auf andere, mindere Führungspositionen des öffentlichen und wirtschaftlichen Lebens, die gleichfalls von ihresgleichen besetzt sind; dies wird sich bemerkbar machen. Noch gibt es genügend personalisierbare wirtschaftliche Macht, die den Gang der öffentlichen Dinge beeinflußt. Aber es ist nicht auszuschließen, daß die Subjekte, von denen wenige das Böse wollen, viele das tun, was sich in ihrer Funktion als ›richtig‹ ergibt, im gesellschaftlichen Funktionszusammenhang weitgehend austauschbar werden. Nicht mehr die Person, sondern der Ort, den sie einnimmt, determiniert ihr Verhalten; die alte Frage nach dem ›Wer?‹ wird durch die neue: ›Wo?‹ ersetzt. Die *führungsfähigen* unter den Subjekten sind in der Lage, sich der Herrschaft dessen, was sich etabliert hat, zu integrieren und sich seinen wechselnden Formen bescheiden anzupassen.

Die vom Herrschen, vom Verfügen ausgeschlossenen einzelnen unterliegen jedoch, soviel sollte deutlich geworden sein, keiner Manipulation *von außen,* die ihre subjektive Freiheit zur Farce machen würde: Verinnerlichter sozialer Leitwert und Vorurteile auf der Seite der Individuen, das wenig differenzierte informative Angebot der gegenwärtigen Politik sind innig miteinander verschränkt; was der Bürger vergißt, soll auch bei den Regierenden vergessen werden. So ist es möglich, im Sinne sozialer Konformität verschiedene Einfluß- und Aktionsgruppen der Gesellschaft miteinander zu versöhnen. Man nimmt es in Kauf, daß dabei das, wofür eigentlich Steuerungstechniken subjektiv veranstaltet werden, nämlich die politische Zielsetzung selbst, in Abhängigkeit nach zwei Richtungen gerät: Sie hofft, sich mit Hilfe wirksamer Methoden und Medien der Kommunikation einerseits und in Abstimmung auf präformierte und präfabrizierte Sollwerte individueller Verhaltenssteuerung andererseits als öffentliches Bewußtsein durchzusetzen, aber politisches Ziel kann nur noch sein, was sich sowohl der modernen Informationstechnik gemäß aufbereiten, durch Kanäle der Massenkommunikation ohne Verlust transportieren läßt *und* den Adressaten in Vorurteilshaltungen bestätigt. Wie sich versteht, wird die Realität dabei zunehmend unerkennbar. Vergangenheit, Gegenwart, Künftiges werden zwischen den Drähten der Telegrafen und im Sicherungsbedürfnis der Unwissenden zusammengebraut.

Entsprechende Abhängigkeiten bestehen im Wirtschaftsraum: Produziert werden kann, was sich durch Wirtschaftswerbung und deren Technik präsentieren und sich andererseits mit der Erwartungsmatrix der Konsumenten verschränken läßt. Das Produkt wie Information, Ware wie politische Alternative sich in der Innerlichkeit des Bürgers selbst begegnen, dieser sich in jenen veräußerlicht findet, zeigt, wie weit die Integration fortzuschreiten in der Lage war. In der Abwesenheit von Zwang, als von außen, als spürbar heteronom auferlegter Nötigung, gibt sich *Freiheit* zu erkennen. *Gleiche* sind, die gleiches und gleich viel konsumieren. Politisch meint Gleichheit, daß niemand sich mehr auf die Suche nach der unpassenden Nachricht begibt. Nicht das Blut, wie einst *Himmler* behauptete, sondern die Ware und was sie konstituiert, die zum ›Angebot‹ gewordene soziale und politische Pseudo-Alternative und was sie gegen die Last der Realität abgrenzt, sind die großen Vereinheitlicher. »Die Ware ist an und für sich über jede religiöse, politische, nationale und sprachliche Schranke erhaben [...]« (K. *Marx* [13]). Auf diesem Wege war die technisch-ökonomische Einheit des Waren- und Nachrichtenmarktes, über den die Individuen ihre Bedürfnisse befriedigen, in der psychischen Harmonie vieler Marktpartner zu verankern.

In der Warengesellschaft stiftet allein die social control Integration. In ihr wird der Mensch all dem, was politisch wichtig dünkt, »in seinem ganzen Wesen gehorsam«, was schon *Saint-Just* 1792 auf dem Wege über ›Institutionen‹ (der Erziehung, des moralischen Lebens usw.) zu erreichen hoffte; konnte es doch weder dem Terror allein noch der Einsicht des Bürgers überlassen bleiben, diese Einfügung zu stabilisieren. Brüderlichkeit, von der man fast meinen könnte, sie sei kein mögliches politisches Ziel, kommt auf diesem Wege nicht zustande, bestenfalls ein Stück Sicherheit.

Immerhin leistet die uns zum Wohlleben führende Warengesellschaft ihren typischen Beitrag zur Humanisierung derer, die potentiell Wolf unter Wölfen sind. Hier kommt Psychologie als wesentlicher Aktionsparameter von Produzent und Regierendem ins gesellschaftliche Spiel und lehrt, wie wir uns einander und den Produktionsverhältnissen anpassen können. Der mit der Perfektionierung effektiver Steuerungstechniken verbundene Zwang zur Transformation politischer und sozialer Absichten in *psychologische* ist ja die für unsere Gegenwart charakteristische Form von Humanisierung. Den Begriff der ›Anpassung‹ hat die Psychologie von der Biologie entlehnt und operiert mit ihm teils kritisch, teils helfend. Dies hilft in der Tat – hilft zu vergessen, daß der Konformismus in unserem Land weder auf bloßer Anpassung an einem gegebene Umstände beruht noch auf einem gemeinsamen Interesse der Freiheit, sondern auf einem bemerkenswerten Austausch zwischen der Innerlichkeit des Bürgers einerseits, dem Öffentlichen, dem Allgemeinen, dem Faktischen andererseits. Was den Kern von Persönlichkeit ausmacht, ließe sich am Angebot von Denkstilen, von Informationen und Gütern ebenso ablesen, wie sich das, was gesellschaftlich produziert wird, an dem wiedererkennen läßt, was den Individuen spontan, als Innerlichkeit, ›auf der Zunge liegt‹. Das, was sich als ›Individualität‹ präsentiert, läßt sich weitgehend gesellschaftswissenschaftlich beschreiben. Der Rest sind Austausch-, sind Abwehrmechanismen, dank derer das Individuum in sich selbst das Spiel der social control repetiert: Es gerät, wie der Gang der öffentlichen Dinge, in Abhängigkeit von Mechanismen, die es gegen die revolutionäre Macht der Erinnerung einst produziert hat.

Wenn freilich dergleichen schlechte Identitäten und ihre Mechanismen erst einmal an einem Zipfelchen zu fassen sind, muß die gesamtgesellschaftliche Entwicklung ins Stocken geraten. In der Tat tendiert die gegenwärtige Gesellschaft dazu, sich in der Art eines quasistationären Systems auszubilden, das sich gegenüber lästigen Störungen immer wieder auf die Homöostase einschwingen möchte und mit der Kraft der Verdrängung danach trachtet, die Einschwingamplitude möglichst flach zu halten. Dies ist nach den bitteren Erfahrungen kritischer Selbstregulierung über Wirtschaftskrisen und über den vom Zaun gebrochenen Krieg, heutzutage Ernstfall oder ›Vorwärts-Verteidigung‹ genannt, sehr beruhigend, doch friert die Dynamik des bürgerlichen Zeitalters und seiner revolutionären Tradition dabei ein. Der soziale Friede, als der erfüllte Traum der Revolution von der klassenlosen Gesellschaft, ist vom einzelnen Staatsbürger so unabhängig geworden, daß es seiner Vernünftigkeit nicht mehr bedarf: Vernunftgemäßes Handeln, das die Veränderung gegebener Verhältnisse im Falle der Gefahr vorbereiten könnte, ist kaum mehr möglich. Wir fürchten, daß wenigstens, auf die Dauer gesehen, so unsicher ist wie Sicherheit, die nicht auf Vernunft und Solidarität beruht. Für den einzelnen bedeutet, am Ausgang der bürgerlichen Revolution, politisches Handeln kaum mehr als das eilige Sichanpassen an eine konfektionierte Wirklichkeit, weil er Angst hat, den Anschluß verpaßt zu haben. Der soziale Friede, durch die Abwesenheit schmerzhafter Konflikte gekennzeichnet, wird zum Friedhof von Freiheit.

Der Sieg der Bestehenden über den, der noch glaubt, er selbst bestünde sein Schicksal, wird vom Handelnden nicht einmal bemerkt. Die Philosophie, wo sie dazu neigt, das Erkannte sogleich auch anzuerkennen, entzieht der Reflexion zusätzlich den kritischen Impuls: »Natur und Geschichte, wenn auch mit verschiedenen Grenzen, haben wir nicht selbst gemacht. Beratung über die zweckmäßigste, das heißt über die einzig stabile Verwirklichung kann unsererseits überhaupt nicht stattfinden«, und: »Die Geschichte (wird) scheinbar durch den Menschen gemacht. Wir wollen die Frage nicht prüfen« (63). In den Sozialwissenschaften und für die ›Ingenieure der sozialen Ordnung‹ wird die Frage, *wie* ein erwünschtes Verhalten erreicht werden kann, jedenfalls wichtiger als die Frage, *wohin* es endlich führen soll. In ›Wertfreiheits‹-Postulaten finden dergleichen Einstellungen ihr erkenntniskritisches Fundament. Behielte die philosohpische Vernunft in dieser ihrer Selbstabdankung recht, so wird auch Madame *Roland* am Ende noch einmal recht behalten: »Ich bilde mir nicht ein, es könne je möglich sein, ohne etwas lebhaftere Krämpfe sich aus dem Sumpf dieser Korruption zur Freiheit zu erheben« (1). Die ›etwas lebhafteren Krämpfe‹ brachten sie auf das Schafott. Der kritische Impuls dessen, der am gewaltsamen Tode vorbeikommen will, aber Unterdrückung und Unfreiheit nicht akzeptieren kann, lebt allein von der Einsicht, daß die Dinge nicht so sind, wie sie sein sollen, und also auch nicht so sein müßten, wie sie gegenwärtig sind. Die Erscheinung des Beobachtbaren seinem Wesen anzunähern, war die Hoffnung der bürgerlichen Revolution sowie der tiefere gesellschaftliche Sinn der Forderung, sich auf den Kopf, das ist: auf den Gedanken zu stellen und die Welt nach ihm zu erbauen. Wir bedürfen der Hoffnung, daß sich in der angeblich ›ontologischen‹ Differenz von Wesen und Erscheinung etwas höchst Praktisches und eines Tages auch Praktizierbares verbirgt, denn *wir selbst* müssen unseren Garten bebauen.

[1] Dieser Kollege war *Danton*.

[2] Im Gespräch mit dem Dichter *Fontanes* am 21.3.1804.

»Ich aber will dem Kaukasos zu«

I

Gegensätzlichkeit bilde Nationen wie Individuen, erklärte Madame *Roland* in einem Brief vom 5. 5. 1791 (und fuhr noch ohne rechtes Vorgefühl für den Ausgang der Revolution fort: »Sogar der Bürgerkrieg, so gräßlich wie er ist, würde die Wiedergeburt unseres Charakters und unserer Sitten näher bringen«). Gegensätzlichkeit und Widerspruch stehen nicht hoch im Kurs, wenn sie, wie heutzutage, einer demokratischen Regierung bestenfalls nur als private Marotte gelten. Wo aber Gesellschaften keine politischen Alternativen mehr kennen oder zulassen, sondern die Kritik einzelner am System der zwangshaft angestrebten sozialen Integration zum Opfer bringen, heißt die einzig verbleibende Alternative: Erstarrung oder Untergang. Diese, nicht selbst gewählt und eigentlich gar keine Alternative, ist nicht mehr in ihre Hand gelegt. Das gilt nicht nur für unser Land, wie der Blick nach allen Himmelsrichtungen zeigt. »Vergebens all unsere Mühe«, schrieb Madame *Roland* im eingangs zitierten Brief, »unsere Freiheit vollkommener zu machen, wenn wir nicht alle unsere Nachbarn zur nämlichen Verehrung der Freiheit aufreizen [...] Ja, vereinigen Sie die Freunde der Menschheit aus allen Nationen: es braucht nichts Geringeres als diese allgemeine Konföderation«.

›Beratung‹ findet selten statt und könnte sich auch in einer Zeit nur schwerfällig bewegen, in der die Tradition des revolutionären Bürgertums endgültig aus dem Bewußtsein der herrschenden Politik zurückwich. Was bleibt, wenn der Wunsch nach glücklicherem Leben sich verlief, entpuppt sich nicht nur als Angst vor dem Experiment, sondern als platte Restauration. Der Mangel an Gestaltungskraft in der Lösung sozialer und politischer Probleme im Nachkriegsdeutschland, den wir schon eingangs beklagten, die restaurative Tendenz, wird allerorten fühlbar. Für die Neigung zur Auslöschung der Gegensätzlichkeit und zur Etablierung kleinbürgerlicher Homogenität gibt es viele Beispiele. Während manche sexuellen Vorgänge auf der Leinwand nach dem Zensor rufen lassen, plädieren die Rufer für die Wiedereinführung der Todesstrafe und empfehlen der Jugend Filme, die, wie ›Der alte und der junge König‹, die brutale Subordinierung verherrlichen. Niemand denkt daran, James Bond zu verbieten. Das vaterländische Epos ›Wenn die Kraniche ziehen‹ wurde, obwohl russischer Herkunft, seiner restaurativen und harmonisierenden Tendenz wegen als

›sehr empfehlenswert‹ bezeichnet. Aber in jeder Epoche müßte versucht werden, wie einst Walter *Benjamin* schrieb, »die Überlieferung von neuem dem Konformismus abzugewinnen, der im Begriff steht, sie zu überwältigen« (45).

Ein solches Stück permanenter Revolution, das in der Lage wäre, die alles verschlingende Konformität aufzuheben, begänne damit, die unpassende Nachricht, die abweichende Kritik, die an unseren sozialen Bedingungen sich abmühende Reflexion endlich in die Steuerung der Nation und in das Selbstverständnis der Gesellschaft heimzuholen. Die Heimatlosigkeit des Gedankens, den man gemeinhin ›links‹ nennt, ist die Folge der Konformität und nicht deren Ursache, wie man uns glauben machen will. Vor allem wäre es an der Zeit, die Gegenwart durch die Augen *aller* aufgeklärten Köpfe zu sehen; denn für den Despotismus des ›sozialen Friedens‹ und der Konformität gilt, was Madame *Roland* über den ihrer Zeit erklärte: »Ich glaube, daß man heute den Despotismus nur noch durch umfassende Assoziationen schrecken, verfolgen und niederwerfen kann; man muß ihn auf allen Seiten angreifen, um ihn bei uns selbst auszurotten« (am 5. Mai 1791). Was am Ausgang der bürgerlichen Revolution, deren Nutznießer wir alle sind, zu beklagen wäre, ist die wuchernde Übereinstimmung der demokratischen Gesamtkirche in restaurativen Glaubenswahrheiten – bei Fortbestand so vieler sozialer und politischer Antagonismen, ist die Zustimmung fast aller zu fast allem, was im Sinne der Erhaltung und Förderung des Status quo oder gar wie eine Rückdrift zum autoritären Staat gesellschaftlich geschieht. Der Staat »gleicht nach diesem System mehr einer aufgehäuften Menge von leblosen und lebendigen Werkzeugen der Wirksamkeit und des Genusses, als einer Menge tätiger und genießender Kräfte« (W. v. *Humboldt* [53]).

Weder tätige noch genießende *Kraft,* wenngleich immerfort Güter produzierend oder konsumierend, entwickelt das Volk konservativ-autoritäre Vorstellungen und spottet seiner Freiheit: »Es steht dem Massenmenschen nicht zu, die Obrigkeit zu kritisieren, denn davon verstehen die kleinen Leute nichts ... Unsere Aufgabe muß es sein, erst in der Schule und später in der Erwachsenenbildung, durch Presse, Rundfunk und Fernsehen solche Anmaßungen zu unterbinden«, erklärte ein Befragter anläßlich einer Enquete (44). Der Betrogene schreit nach einer Autorität, die ihn vor dem Gedanken schützt, den er am Ende selbst auch haben könnte: »Wir brauchen keine Untersuchungen über politische Psychologie, sondern die Polizei« (44).

Der Konsensus der Warengesellschaft, der in solchen Bekundungen sich entlarvt, erscheint wie eine Übereinstimmung *ohne* vorhergegangene rationale und sprachlich formulierte Übereinkunft. Die Billigung derer, die immer der gleichen Meinung sind, hat längst die Qualität des politischen Akts verloren, in dem die Wähler, als der Souverän der Demokratie, dem Gang der öffentlichen Dinge bewußt ihre Zustimmung gaben oder verweigerten. In der nachrichtentechnisch präfabrizierbaren Harmonie, im Einklang der sozialen Stimmung wird das Denken der Individuen gleichgeschaltet, werden sie jedes wirklichen Denkens billig enthoben. Je mehr aber der Staat manipulativ einwirkt, »desto ähnlicher ist nicht bloß alles Wirkende, sondern auch alles Gewirkte«, schrieb W. v. *Humboldt* (53) und fuhr fort: »Auch ist dies gerade die Absicht der Staaten. Sie wollen Wohlstand und Ruhe. Beide aber erhält man immer in dem Grade leicht, in welchem das einzelne weniger miteinander streitet. Allein was der Mensch beabsichtet und beabsichten muß, ist etwas ganz anderes. Es ist Mannigfaltigkeit und Tätigkeit«. Die Gleichschaltung der Bürger wird als Bedingung von ›Ruhe‹, von Sicherheit gefordert, die Aufhebung der Mannigfaltigkeit, die nach Tätigkeit sich drängt, als eine des sozialen Friedens angestrebt. Wer aber nachdenkt, weiß: Nur wer gegen den Strom schwimmt, kommt zu guter Letzt zu den Quellen.

Daß die soziale Integration – dazu gedacht, die gegenwärtige Gesellschaft gegen die diktatorische Integration des Faschismus abzusetzen – dessen ›Volksgemeinschaft‹ praktisch fortführt, indem sie die kritische Vernunft exmittiert, ist in einer Epoche völlig untragbar, in der die bewußte Beherrschung und der vernünftige Steuerung sozialer Vorgänge sich als Aufgabe des Jahrhunderts deutlich zu erkennen gibt. Es wird dringlich, alle gesellschaftlichen und staatlichen Widersprüche kritisch zu entfalten und ins Wort zu bringen, weil die konsequente Anwendung naturwissenschaftlicher Methodik auf die physische Natur den Untergang des Menschen in seine eigene Hand gelegt hat (85). Der St. Dooms-day könnte leicht die letzte Veränderung sein, die statische Gesellschaften produzieren, wenn sie die technischen Mittel hierzu erlangt haben. Sobald die revolutionäre Energie, die man in sich selber abwürgt, im Naturstoff qualitätslos freigesetzt wird, sind Freiheit und Vernunft nicht mehr nur innenpolitisch Desiderate. Neben der Lenkung nationaler bedarf auch die der supranationalen Entwicklung noch anderer Anstrengungen als die, die social control zu perfektionieren. »Wir sind zu schwach und zu verderbt, um uns allein aufzurichten; möge es überall Licht werden, es ist Zeit, daß das Menschengeschlecht aus dem Chaos hervorgehe« (Madame *Roland*, 5. 5. 1791). Am wenigsten werden Public Relations, wie sie fast jede Nachricht heutzutage begleiten, uns vor künftigen Gefahren schützen. Was man so ›Werbung um öffentliches Vertrauen‹ nennt, entzieht sie unserem Blick, denn es ist Nebel. Wissen vermutlich viele Herrschende schon nicht viel, so die Beherrschten nicht einmal dieses wenige: »Was wirklich von nationalem Interesse ist, findet hinter verschlossenen Türen statt« (86).

Die allseitige Abhängigkeit der Individuen in unserer Gegenwart, in der mit dem Export der industriellen Produktionsweise und dem der ›Philosophie der Ware‹ die Gesellschaft sich anschickt, zur Weltgesellschaft zu werden, ist gewiß nur einer der Tatbestände, die sich der soziologischen Reflexion aufdrängen; er verhindert, daß sie sich, selbst wenn sie es möchte, ausschließlich ums eigene Haus kümmere. Der andere Tatbestand ist, daß bislang mit dem Fortschreiten der sozialen Organisation, der totalen Verwaltung und mit der Entwicklung leistungsstarker Steuerungstechniken der Krieg, als totaler, eine immer drohendere Realität wurde. Mag ihn das Gleichgewicht des Schreckens auch blockieren, so nimmt doch, was ihn ermöglicht, indem es ihn abwehrt, als Herrschaft über den Menschen zu. Schließlich ist beherrscht zu werden anscheinend nur wenigen schrecklich. »Es war eine schöne Sache um die Freiheit«, schrieb C. *Desmoulins* am 10. 6. 1789 in einem Brief, »als Cato sich lieber die Eingeweide aufriß, als einen Herrn zu haben« (1).

II

Man wird einwenden, daß in solchen Überlegungen die Kritik am Bestehenden vom Gespenst des kommenden Krieges den gleichen Gebrauch mache wie das Bestehende selbst; er wird als letzte Rechtfertigung benutzt, die jede Kritik oder Metakritik aus den Angeln zu heben trachtet. Vorläufig jedenfalls ist es in unserem Lande noch nicht offen möglich, den Krieg als Fortführung der Politik mit anderen Mitteln gelassen in die Strategie der Regierung einzubeziehen. Indessen haben wir, neben dem Hinweis, daß er trotzdem über Nacht über uns kommen kann, unserer Erörterung noch etwas hinzuzufügen. Wir sollten uns vergegenwärtigen, daß jenes System sozialer und politischer Vorurteile, das als öffentliche Meinung in vielen Kreisen der Gesellschaft die Gedanken der Zeit filtert und bewertet, an deren sachlichem Gehalt kaum interessiert ist; es ist auf den Grad ihrer Übereinstimmung mit den kollektiv verpflichtenden Sollwerten programmiert. Daß gerade die »aus der Vereinigung mehrerer entstehende *Mannigfaltigkeit*« das höchste Gut ist, welches die Gesellschaft gibt, ist vergessen (53). Wer regiert, will nicht informieren, sondern uniformieren; wer regiert wird, möchte nicht belehrt, sondern in Vorurteilen bestätigt sein. Über den Gang des Denkens und die Genese der politischen Entscheidung bestimmen unter solchen Bedingungen nicht die Sachzusammenhänge, denen die Vernunft sich widmen könnte, sondern vorgeschaltete Normensysteme, die dem, was rational zu bewältigen wäre, vor jeder ernsthaften Realitätsprüfung seinen Weg vorzuschreiben trachten.

Was den sozialen Zusammenhang als Ganzes charakterisiert, wiederholt sich im Individuum, dessen Normensystem gleichfalls prärational funktioniert. »Sie tragen von nun an den Stacheldraht in sich. Man muß ihnen keine Vorschriften machen, sie zensieren sich schon ganz von selbst, sie wagen nicht einmal mehr unbotmäßige Gedanken zu haben« (40). Was den Indoktrinationen nicht konform ist, den Konsensus verweigert, wird bei zunehmender Strenge des Angleichungsdrucks zunehmend unerkennbar. Auch Wahrnehmen ist teilweise Problemlösung: was kollektiven Normen nicht entspricht, wird bei rigorosem Konsensus gleichsam unsichtbar: Wir Deutschen haben den Krieg nicht begonnen. Nur wenige waren Nationalsozialisten. Es gibt keinen Bildungsnotstand. Unsere Brüder im Osten werden ausschließlich unterdrückt. Die Versteinerung der sozialen Imperative, ihre Sachblindheit, notwendig auch das Denken und Hoffen der einzelnen mitbetreffend, käme, bliebe sie bestehen, einer Kapitulation der kritischen Vernunft vor den Problemen des menschlichen Zusammenlebens gleich: Sie wäre eine Annäherung an die Organisation des Verhaltens bei Tieren. Deren Sozialverhalten ist in der Tat in Form unentrinnbarer Zwänge gesichert, und damit wird, solange die Umwelt der Tiere sich nicht eingreifend ändert, das Überleben der Gattung gewährleistet. Aber die Umwelt des Menschen ändert sich, indem *er* sie arbeitend verändert. Jede Wandlung in den ökonomischen und politischen Bedingungen unserer gegenwärtigen Sollwerte und Herrschaftsformen muß zu tiefen Anpassungsverlusten zwischen sachlich gefordertem Verhalten und verinnerlichter Moral führen. Die aus der Dialektik der Auseinandersetzung befreite social control kann, weil sie starr ist, die Existenz der Gattung dann nicht mehr sichern, und doch ist es die einzige Rechtfertigung der gesellschaftlichen Ordnung, *daß* sie Leben erhält. Die rationale Anstrengung, die Gefahr des totalen Verfalls politischer Vernunft und Praxis dadurch zu verringern, daß man den Konsensus in seinem Zustandekommen durchsichtig macht, also die Techniken öffentlich diskutiert, die ihn herbeiführen sollen, ist unentbehrlich. Anders als das mit seiner Gattung fast vollständig identische tierische Individuum in präformierten Umwelten wird der Mensch in selbstgeschaffener Umwelt nur Mensch bleiben, wenn er sich *wandelt.* »Ich aber will dem Kaukasos zu«, wie *Hölderlin* ausrief: wachsend für neue Aufgaben, bereit zur immerwährenden Überprüfung sozialer Leitwerte und politischer Positionen – und dazu entschlossen, Unsicherheit zu ertragen. Das freilich wird den Konsensus, das soll die Position der Autorität und damit die Bereitschaft zu individueller Billigung erschüttern. Auch reicht es nicht aus, wenn soziale Ordnungen die Existenz nur der Gattung, nicht aber die fruchtbare Entfaltung des Individuums gewährleisten. Der Mensch ist kein Tier.

Was in der stationären Gesellschaft vom Souverän zu fordern wäre, ist *Ungehorsam.* Er allein ist noch konstruktiv, will freilich auch gefördert und gelernt sein. Denn die spontane Bereitschaft, den Konsensus dort zu verweigern, wo sein Anspruch sich nicht rational auszuweisen vermag, ist nach den Erfahrungen der Gegenwart vom befriedeten Souverän kaum zu erwarten. Man müsse den Leuten alles fernhalten, was durch Kritik ihr Vertrauen in die politische und geistige Führung untergraben könne, erklärte ein Angestellter im Laufe der schon einmal zitierten Enquete (44). Diese Stimme des Konsensus wurde im Votum eines Studenten besonders deutlich, der die Aufgabe der »gutwilligen politischen Kräfte« allein darin sah, »dafür zu sorgen, daß die Leute auf der Straße der politischen Führung vertrauen und daß dieses Vertrauen erhalten bleibt«. Zielsicher fuhr er in der Selbstentblößung der Korruption fort: »Deshalb ist es ... auch unverantwortlich, wenn Redakteure, wie z. B. die vom Spiegel, selbst wenn man ihnen nicht verwehren kann, daß sie Juden sind, alles Hohe und Heilige in den Schmutz zerren« (44). Das bezeichnete er als ›seine‹ Meinung.

In der Tat ist die Gleichschaltung des psychischen und des gesellschaftlichen Apparates weit fortgeschritten: kaum einer gebraucht das Possessivpronomen ›mein‹ auch nur mit einer Spur von Recht. Die individuellen Wünsche, Bedürfnisse, Gedanken sind so sehr präformiert, daß sich die Unterscheidung zwischen ›Eigen und Fremd‹, ›Selbst und Anderem‹ verdunkelt. Mit dem Tatbestand seiner *Entfremdung* vergaß der neue Souverän gleichzeitig, daß der Ruf nach dem Zensor und die Diffamierung der Kritik seit jeher die Interessen der Herrschenden gegen das Heraufkommen einer neuen Gesellschaft vertrat: »Ohne Zweifel, lieber Malherbes«, schrieb Ludwig XVI. am 13. 12. 1786, »erweitert die Freiheit der Presse den Kreis menschlicher Kenntnisse [...] aber die Menschen gehen immer dermaßen über den Punkt hinaus, an dem die Weisheit ihnen Halt gebietet, daß es nicht nur einer strengen Polizei für die Bücher bedarf, sondern einer rührigen Überwachung der Personen, die das Amt haben, sie zu prüfen, damit die schlechten Bücher möglichst wenig Verbreitung finden. Ich weiß, jede Inquisition ist gehässig, aber die Zügellosigkeit muß in Schranken gehalten werden, denn ohne dieses Mittel würden Religion und Sitte bald ihre Macht und die königliche Gewalt den Respekt verlieren [...]« (1). Er sagte der Geistlichkeit zu, die schlechten, nämlich die gottlosen Bücher zu verfolgen: »Wir werden unser Versprechen halten, weil die zu verwegene Philosophie des Jahrhunderts einen Hintergedanken hat, weil sie die Jugend verdirbt und geeignet ist, alle Ordnung zu stören und in alles Zwiespalt zu tragen«. Es sind sehr moderne Bedenken, die Ludwig XVI. gegenüber dem Zwiespalt, der

Gegensätzlichkeit hegte, und auf den beängstigenden ›Hintergedanken der Philosophie‹ antwortet heutzutage das Notstandsgesetz[1].

Das königliche Schlagwort von der ›Jugendverderbnis‹ – in späteren Epochen vom Denkstil des autoritären Führers, der die Jugend auf den Schlachtfeldern seiner Größe verderben ließ, unabtrennbar – erinnert uns daran, daß der Vorschlag, den Sozialisierungsprozeß des künftigen Erwachsenen in der Familie und Schule kritisch zu analysieren, nicht auf sehr viel Gegenliebe stoßen wird. Aufklärung, die nicht bei einem noch so enzyklopädischen Kulturgespräch verharren möchte, ist suspekt. Was auf den Konsensus vorbereitet, ist geheiligt – dies mag der rationale Kern des berühmten ›Elternrechts‹ sein, ›unserer heiligen Kuh‹[2]. Der ›Hintergedanke der Philosophie‹ Ludwigs XVI. treibt weiter. Wir meinen, das Studium sozialer Kräfte sei generell wichtiger geworden als das der physischen Natur, die wir zu beherrschen lernten und zu unserem Nutzen ausbeuten. Die ungleiche Verteilung öffentlicher Mittel für Naturwissenschaften und Technik einerseits, Sozial- und Geisteswissenschaften andererseits hilft mit zu erschweren, was Aufgabe unserer Epoche ist: Jetzt ist es des Menschen eigene ›Natur‹, deren Herr und Besitzer er werden soll. Der Cartesianische Auftrag, den die Gesellschaft bislang in der Erschließung der Erde, der Steigerung des Wohlstands erfüllte, fordert nun, das Verhältnis der ›miteinander assoziierten Produzenten‹ im Arbeitsprozeß der Vergesellschaftung des Menschen zunächst rationell zu gestalten und dann der Gewalt menschlicher Produkte und Produktionsweisen über den Menschen ein Ende zu machen. Das ist weniger utopisch als die Hoffnung, den Status quo zu erhalten; ganz von selbst wird er zum Status quo minus. Daran hilft Erziehung mit, die ihr Ende darin sieht, daß aus der Beherrschung des Kindes durch die auf den Konsensus eingeschworenen Eltern *Selbst*beherrschung geworden ist, der Heranwachsende seinem Gewissen, als einem Inbegriff sozialstationärer Leitwerte, so folgt, wie vordem nur der äußeren Autorität. *Noch ist Demokratie nur durch die Verinnerlichung der guillotinierten Könige möglich geworden; dort sind sie endlich dem Zugriff der politischen Revolution entrückt.* Im Schatten ihrer Herrschaft legt sich der Souverän auf einen Stil des sozialen Verhaltens fest, der ihm zusätzliche Angst vor der Inquisition erspart, der aber gesellschaftlich wenig einbringt, was der Mühe wert wäre. Der Sollbestand der Verhaltenssteuerung enthält Wohlverhaltensklauseln und wird folglich durch Vermeidung definiert. Wer in allen sozial und politisch spannungsreichen Situationen Wege einschlägt, auf denen er hoffen darf, relativ unbehelligt zu bleiben, hat sehr wenig Spielraum für die progressive Entscheidung: für die sachgerechte nämlich, die zugleich auch die einzig ich-gerechte wäre.

Wenn Gleichheit *Konformität*, das Bedürfnis nach Glück *Konsumtion* und Freiheit zur ohne äußeren Zwang gewährten unkritischen *Zustimmung* wird, benötigen wir offensichtlich ein Verhaltensmodell, das, nach dem Votum Alexander *Mitscherlichs*, den Übergang von der Pflicht, zu gehorchen, zu der ganz anderen Pflicht: Gehorsam zu verweigern, deutlich machen kann. Indem Erziehung und öffentlicher Einfluß den einzelnen in die Gesellschaft einüben, sollten sie ihn zugleich gegen sie immunisieren (34). Daran hat es vielerorts gefehlt. Schon im September 1779 schrieb *Mirabeau* an den Nationalökonomen Dupont, es könne uns nicht entgehen, »daß man sich sehr, sehr oft schuldig macht, wenn man gehorcht; daß das schlimmste der Verbrechen, die der Mensch gegen sich selbst begehen kann, eben darin besteht, daß er sich Befehlen einer Regierung fügt, die ihm den Gebrauch seines Willens, seiner Meinung, seiner Gesinnung nimmt [...]« (1). Das lag weit außerhalb der Vorstellungen des Schweizer Gardehauptmanns Ludwig von *Flue*, Verteidiger der Bastille, als er 1789 seinem Bruder berichtete, man habe ihn der Ratsversammlung vorgestellt und angeklagt, daß auch er schuld sei an dem Blut, das vergossen worden ist. »Ich suchte mich, so gut als möglich, zu entschuldigen, und sagte: ich sei nicht schuld, da ich selbst ein Untergebener gewesen. Wenn einiges Unglück durch mich geschehen, so komme das daher, weil ich die Befehle meiner Oberen vollzogen« (1). Innere Bedingungen zu schaffen, die solchen Konflikt der Pflichtigkeiten menschlich zu lösen gestatten, und soziale, die ihn nach Möglichkeit vermeiden, ist der bürgerlichen Erziehung auch diesseits des Eisernen Vorhangs wenig gelungen. Der Obrigkeit gehorsam, die, so *Mirabeau*, »in jedem Augenblick das Verbrechen für eine seiner Pflichten erklären kann«, fand ein Mann wie Höss auch den Mord als pflichtgemäß zu begehen. Nach totaler Identifizierung mit der Autorität findet »das Gewissen keine Anwendung auf alles, was zugunsten des Objekts geschieht« (87). Auch die sozialpsychologische Analyse der Vor- und Nachphasen des 20. Juli 1944 würde die Unsicherheit beweisen, die den Menschen befällt, wenn die allgemein akzeptierte politische Ordnung von der Staatsmacht und von kollektiv übernommenen Regeln der Subordination auf wenige einzelne übergeht, die sich dem Befehl erfolglos widersetzen.

Der Anspruch der Obrigkeit auf den Gehorsam des Bürgers ist gerade in unseren Landen besonders heilig – »weil die Köpfe bei euch seit unvordenklichen Zeiten zur Knechtschaft geschaffen sind«, wie *Mirabeau* am 3. 12. 1789 einem deutschen Freunde schrieb. Auch das protestantische Vorurteil, jede Obrigkeit sei von Gott, stellt jeweils den herrschenden Schichten nur einen Freibrief aus. Für den korrumpierten Souverän, dessen Vernunft vom Konsensus versiegelt wird und den niemand in der Technik des Ungehorsams unterwies, liegt das Recht fraglos auf der Seite der sogenannten ordnungs- oder staatserhaltenden Mächte. Kollektiv verbindliche Verhaltensregeln und die von der social control eingepflanzten Vorurteile sind der große Codex des Guten und Bösen. Es spürt nicht einmal mehr, daß die Idee, jede Obrigkeit sei von Gott und der Gehorsam verpflichtend, nur die eine Seite *der* Münze ist, auf deren anderer Seite steht, daß Gott immer auf der Seite der stärkeren Bataillone sei.

Heuzutage befiehlt uns gewiß niemand so leicht einen Mord, schon gar nicht im Frieden. Aber der Stil mitmenschlichen Verhaltens, wie er sich unter rational nicht ausgewiesener, überdies tief verschleierter Herrschaft entfaltet und wie ihn Erziehung sowohl formt als fordert, ist unter den beschriebenen Bedingungen auch heute noch nicht von der verborgenen Dominanz primitiver psychischer Organisationsstufen befreit (34). Angesichts der lauernden Aggressivität und der Bereitschaft, dem zu folgen, was der rechtsradikale Hans *Zöberlein* sehr richtig den ›Befehl des Gewissens‹ nannte, bleibt der soziale Friede trügerisch. Solange sich nicht die ›Einheit der widerstrebenden Mannigfaltigkeit‹ in Freiheit durchhält und solange die Vernunft daran gehindert wird, Zukunft gemäß der revolutionären Kraft der Erinnerung an die Morgenröte der Emanzipation und des Glücks zu gestalten, sind wir und unsere Nächsten eines erfüllten Lebens nie sicher.

Hellsichtig schrieb J. E. *Bollmann* am 27. 12. 1793: »Wenige Revolutionen sind bis jetzt noch vollendet worden, und aus dem Nichtvollenden derselben entsprang größeres Übel als das, wo wider sie anfänglich ausbrachen« (1). Ordnung, die nur bestehenbleibt, weil Antagonismen unserer Gesellschaft verschwiegen und verdunkelt werden, und deren Hüter im flackernden Licht des Konsensus nur noch passende Nachrichten lesen und leiten, steht immer in Gefahr, unvermittelt ins Chaos umzuschlagen. Dessen zeitlich erster Indikator kann einmal gerade nicht der Aufruhr, sondern die Intensivierung und Versteifung von Ordnung sein, die Verregelung des sozialen und geistigen Lebens. Über Nacht zeigt sich dann mit einem Male das Neue wie eine blutige, alte Vettel (B. *Brecht*). Wer sich selbst wohlwill, sähe besser beizeiten zu, daß in der erst noch zu erringenden Souveränität und Befreiung jedes einzelnen Individuums die Unterwerfung des Menschen, die Anpassung an den betrügerischen sittlichen und politischen Standard der Zeit zugunsten einer Synthese von kritischer Einsicht und Liberalität, von Einfühlung und Rationalität überwunden werde. Dies erst gewährte *Brüderlichkeit.* Der wahre soziale Friede aber begänne mit einem Akt, den Konsensus gemeinsam zu verweigern.

Solange noch die falsche Ordnung, weil leidliche Stabilität gewährend, dem Richtigen vorgezogen wird, das sich nur über eine Labilisierung gegenwärtiger Zustände erreichen ließe, und solange der Regierte noch unreflektiert an ein gemeinsames Interesse mit den Regierenden glaubt, ist darauf kaum zu hoffen. Der Regierte weiß nicht einmal, daß auf den gegenwärtigen sozialen Frieden niemand bauen darf. »Sie wollen alle das Unmögliche«, schrieb *Marx* am 28.12.1846, »das heißt bürgerliche Lebensbedingungen ohne die notwendigen Konsequenzen dieser Bedingungen«. Bei der Verflechtung von Innenpolitik und internationalen Beziehungen kann das Ende des Friedens zwischen den Nationen sehr leicht zu den ›notwendigen Konsequenzen‹ dieser Bedingungen gehören. Zwar schrieb *Mirabeau* am 10.11.1787, das Jahrhundert sei zu fortgeschritten, als daß wir noch etwas von dem verlieren könnten, was wir erlangt haben; aber, wie schon im Vorwort unserer Studie bemerkt, sehr tröstlich ist das für uns Spätere nicht: Wir wissen, was dem Schreiber am Tage der Niederschrift noch verborgen war, daß nämlich kaum zwei Jahre später der Aufruhr begann.

[1] Die Übung, in der unlängst Polizeikräfte ›streikende Arbeiter‹ zu zerstreuen hatten, illustriert, welche Möglichkeiten ein Notstandsgesetz in der gegenwärtigen Situation eröffnet. Abstrakt betrachtet, wird freilich kein Gutwilliger etwas gegen Notstandsgesetze haben.

[2] Vgl. S. 146 dieses Bandes.

Literaturnachweise

1 G. Landauer (Hrsg.), *Die Französische Revolution in Briefen*, Hamburg 1961.
2 A. Goodwin, *Die Französische Revolution*, Frankfurt/M. 1964.
3 St. Zweig, *Fouché. Bildnis eines politischen Menschen*, Frankfurt/M. 1952.
4 J. Massin, *Robespierre*, Berlin-Ost 1963.
5 Fr. Sieburg, *Robespierre*, München 1963.
6 D. Cooper, *Talleyrand*, München 1961.
7 Napoleon, *Erinnerungen und Gedanken*, nach dem Tagebuch von G. de Gourgant, München 1961.
8 Fr. Sieburg, *Gespräche mit Napoleon*, München 1962.
9 H. v. Kleist, *Briefe*, Bd. 1, hrsg. von Helmut Sembder, München 1964.
10 J. W. v. Goethe, *Campagne in Frankreich*, 1792, Stuttgart 1948.
11 J. W. v. Goethe, *Gespräche mit Eckermann*, Frankfurt/M. 1949.
12 Marx/Engels, *Ausgewählte Briefe*, Berlin-Ost 1953.
13 Marx/Engels, *Briefe über das Kapital*, Berlin-Ost 1954.
14 Th. Fontane, *Briefe an Georg Friedländer*, hrsg. von Kurt Schreinert, Heidelberg 1954.
15 Fr. Hebbel, *Tagebücher*, hrsg. von Fr. Brandes, Bd. I/II, Leipzig 1913.
16 A. Rimbaud, *Briefe, Dokumente*, hrsg. von Curd Ochwardt, Reinbek 1964.
17 *Briefe der Weltliteratur. Rußland im 19. Jahrhundert*, München 1964.
18 Multatuli, *Briefe*, hrsg. von W. Spohr, Bd.I/II, Hamburg 1906.
18a Multatuli, *Minnebriefe*, Halle/S., o. J.
19 H. Mann, *Briefe an K. Lempke und Kl. Pinkus*, Düsseldorf, o. J.
20 H. Mann, *Ein Zeitalter wird besichtigt*, Berlin-Ost 1947.
21 E. Friedell, *Aphorismen und Briefe*, München 1961.
22 R. Höss, *Kommandant in Auschwitz*, München 1962.
23 S. Freud, *Briefe*, Frankfurt/M. 1960.
24 H. Marcuse, *Eros und Kultur*, Stuttgart 1957.
25 H. Marcuse, *Kultur und Gesellschaft I*, Frankfurt/M. 1965.
26 H. Marcuse, »Trieblehre und Freiheit«, in: (65).
27 H. Marcuse, *Vernunft und Revolution*, Darmstadt 1962.
28 J. Habermas, *Theorie und Praxis*, Darmstadt 1963.
29 J. Habermas, *Strukturwandel der Öffentlichkeit*, Darmstadt 1962.
30 K. Marx, *Zur Kritik der politischen Ökonomie*, Berlin-Ost 1947.
31 K. Marx, *Frühschriften (Nationalökonomie und Philosophie)*, Stuttgart 1954.
32 R. Dahrendorf, *Gesellschaft und Freiheit*, München 1961.
33 S. M. Lipset, *Soziologie der Demokratie*, Darmstadt 1962.

34 A. Mitscherlich, *Auf dem Wege zur vaterlosen Gesellschaft*, München 1963.
34a A. Mitscherlich, aus einem nicht veröffentlichten Vortrag.
35 G. Schoenberner, »Meinungslenkung contra Information«, in: (86).
36 P. Jostock, *Gibt es noch ein Proletariat?*, Frankfurt/M. 1962.
37 L. Winter, *Heinrich Mann und sein Publikum*, Opladen 1965.
38 W. Sabais (Hrsg.), *Die Herausforderung. Darmstädter Gespräche*, München 1963.
39 A. Rüstow, in: (38).
40 R. Jungk, in: (38).
41 E. Bloch, *Erbschaft dieser Zeit*, Frankfurt/M. 1962.
42 E. K. Francis, *Wissenschaftliche Grundlagen des soziologischen Denkens*, Bern/München 1957.
43 W. Abendroth, *Sozialgeschichte der europäischen Arbeiterbewegung*, Frankfurt/M. 1965.
44 H.E. Wolf, »Über den Kommunismus«, in: *Politische Psychologie*, Bd. I, Frankfurt/M. 1963.
45 W. Benjamin, *Zur Kritik der Gewalt*, Frankfurt/M. 1965.
46 E. Genbhardt, »Masse und Massenkommunikation«, in: *Das Argument*, 25 (1963); darin auch: W. Burisch, »Zum Begriff der Massenkommunikation«.
47 *Der Weg des Sozialismus:* Quellen und Dokumente, Reinbek 1963.
47a P. Brückner, »Fortschritte der analytischen Sozialpsychologie«, in: *Kölner Zeitschrift für Soziologie und Sozialpsychologie*, 8 (1963).
48 Th. H. White, *Der Präsident wird gemacht*, Köln 1963.
49 K. Gayer, *Wie man Minister macht*, Herford 1963.
50 *The American Historical Review*, Vol. LXIII, Nr. 3, 1958.
51 R. Walser, *Jakob van Gunten*, München 1964.
52 Ch. L. de Montesquieu, *Persische Briefe*, Frankfurt/M. 1964.
53 W. v. Humboldt, *Ideen zu einem Versuch, die Grenzen der Wirksamkeit des Staates zu bestimmen*, Leipzig, o. J.
54 Fr. List, *Wesen und Wert einer nationalen Gewerbeproduktivkraft*, Frankfurt/M. 1946.
55 L. Tieck, *Des Lebens Überfluß*, Stuttgart 1965.
56 Kreikebaum-Rinsche, »Das Prestigemotiv in Konsum und Investition«, in: *Beiträge zur Verhaltensforschung*, 4 (1961).
57 H. J. F. Kropff, z. B., *Angewandte Psychologie und Soziologie in Werbung und Vertrieb*, 1960; und andere Arbeiten.
58 D. Riesman, *Die einsame Masse*, Reinbek 1958.
59 W. Metzger, *Psychologie*, Darmstadt 1954².
60 Vgl. etwa K. Skowronek, »Die wachsenden Aufgaben der Werbung«, in: *Jahrbuch für Absatz- und Verbrauchsformen I* (1960); ferner G. Bergler u. a.
61 M. Buber, *Drei Reden über Erziehung*, Heidelberg 1954.
62 A. Gehlen, *Die Seele im technischen Zeitalter*, Reinbek 1976⁵.
63 W. Szilasi, *Philosophie und Naturwissenschaft*, Bern/München 1961.
64 Horkheimer/Adorno, »Sociologica II«, in: *Frankfurter Beiträge zur Soziologie*, Bd. 10, Frankfurt/M. 1961.

65 »M. Horkheimer zum 60. Geburtstag«, in: *Frankfurter Beiträge zur Soziologie*, Bd. 1, Frankfurt/M. 1955.
65a B. Bettelheim, »Individual Autonomy and Mass Controls«, in: (65).
66 E. Walter, *Kapitalismus im Übergang*, Hamburg 1963.
67 So Anatole France.
68 Ellen Key, *Das Jahrhundert des Kindes*, 1902 (1926^{36}).
69 H. Endrulat, Diss. Phil. Fak. Univ. Münster 1955, unveröffentlicht.
70 Fr. Neumark, »Wandlungen in den Auffassungen vom Volkswohlstand«, in: *Frankfurter Universitätsreden*, H. 28, Frankfurt/M. 1962.
71 Th. Veblen, *Theory of the Leisure Class*, (deutsch, *Theorie der feinen Leute)*, Köln, o. J.
72 A. de Tocqueville, *Über die Demokratie in Amerika*, Regensburg 1959.
73 Zit. nach, *Die Französische Revolution in Augenzeugenberichten*, hrsg. von Georges Pernound u. Sabine Flaissier, Düsseldorf 1962.
74 So K. H. Eissler in: *Psyche*, XVII, 5 (1963), S. 241ff.
75 J. Swift, *Essays*, Frankfurt/M. 1965.
76 G. Bastide in einem Vortrag.
77 G. Anders.
78 Th. W. Adorno, *Minima Moralia, Reflexionen aus dem beschädigten Leben*, Frankfurt/M. 1951.
79 St. Bernadus, Span. Jesuit und Pädagoge des XV. Jahrhunderts.
80 Jean-Jacques Chevalier.
81 Vgl. auch (35), (46)
82 W. Lenin, Materialismus und Empiriokritizismus, Moskau 1947.
83 So A. Mitscherlich.
84 G. v. Uexküll.
85 R. F. Behrendt, *Der Mensch im Lichte der Soziologie*, Stuttgart 1963^{2}.
86 »Information oder herrschen die Souffleure?« in: rororo aktuell (682), 1964.
87 Sigmund Freud.
88 B. Brecht, *Me-ti. Buch der Wendungen*, Frankfurt/M. 1965.

Peter Brückner wurde am 15. Mai 1922 in Dresden geboren und besuchte das Gymnasium in Zwickau. Nach dem Krieg wurde er in die KPD aufgenommen und beauftragt, am Aufbau der Universität Leipzig mitzuarbeiten. 1948 übersiedelte er in den Westen, setzte das Psychologiestudium fort und promovierte 1957. Er arbeitete vorerst in sozialpädagogischen Institutionen und gründete später mit anderen ein Institut für Marktpsychologie in Heidelberg. Hier kam er mit dem Kreis um Alexander Mitscherlich in Berührung und knüpfte die ersten Kontakte zum Frankfurter und Berliner SDS. 1967 wurde Brückner als Professor für Psychologie an die Universität Hannover berufen und 1972 zum erstenmal für zwei Semester vom Dienst suspendiert, wegen angeblicher Unterstützung der Roten Armee Fraktion. 1977 wurde er wiederum suspendiert, diesmal wegen der Mitherausgabe des von einem anonymen »Mescalero« verfaßten »Nachruf auf Buback«. Trotz eines Freispruchs vor Gericht wurden Lehr- und Hausverbot erst Ende 1981 aufgehoben. Wenige Monate später, am 10. April 1982 starb Peter Brückner.

Freiheit, Gleichheit, Sicherheit schrieb Peter Brückner 1965. Der Band erschien 1966 im S. Fischer Verlag, Frankfurt/Main.
Anfang 1973 erschien im selben Verlag eine revidierte Neuauflage mit einem 1972 für diese Ausgabe geschriebenen Vorwort.